JN195436

ことばはなぜ
今のような姿をしているのか

ベルント・ハイネ / 著

宮下博幸 / 監訳

文法の認知的基盤

関西学院大学出版会

Cognitive Foundations of Grammar
by Bernd Heine

Copyright Oxford University Press 1997
Originally published in English in 1997 by Oxford University Press, Oxford.

This translation is published in 2017
by Kwansei Gakuin University Press, Nishinomiya.

まえがき

　1994 年 7 月，メルボルンのラトローブ大学で開催された『オーストラリア言語学会 1994』の期間中に，私は文法の認知的基盤に関するコースを担当した。その後そのコースの学生たちから，私の話したことが印刷された形で手に入るかと問い合わせを受け，そこで言語学，認知科学，心理学，人類学ならびに他の関連分野の学生に役立つような入門書を執筆することにした。さらに一年後，アルバカーキのニューメキシコ大学でのアメリカ言語学会でコースを担当する際にも，同じテーマについて議論する機会があった。本書はメルボルンとアルバカーキでの学生たちとの議論の賜物であり，本書は彼らに捧げるものである。

　本書には他の多くの人たちもさまざまな形で貢献してくれた。特に Jürgen Broschart, Joan Bybee, Ulrike Claudi, Bernard Comrie, Karen Ebert, Suzanne Fleischman, Orin Gensler, Tom Givón, Ingo Heine, Paul Hopper, Christa Kilian-Hatz, Christa König, Tania Kuteva, George Lakoff, Dirk Otten, Mechthild Reh, Heinz Roberg, Franz Rottland, Hans-Jürgen Sasse, Mathias Schladt, Fritz Serzisko, Eve Sweetser および Elizabeth Traugott には，批判的なコメントや助言をいただいたことに感謝したい。また Hassan Adam（スワヒリ語），Kossi Tossou（エヴェ語），Mohamed Touré（バンバラ語）には，母語に関する情報を忍耐強く提供してくれたことに，さらにオックスフォード大学出版局の二名の匿名の評者には草稿に対するコメントに感謝したい。最後に本書の基礎となった研究に対する，オーストラリア学術協会，ドイツ学術協会，アレクサンダー・フォン・フンボルト財団，フォルクスワーゲン財団のこれまでの支援に感謝する。

1997 年 3 月
ドイツ，ケルン

　　　　　　　　　　　　　　　　　　　　　　　　　　B. H.

目　次

略 語 一 覧

1	1人称または第1クラス	時・ア・モ	時制・アスペクト・モダリティ
2	2人称または第2クラス	指代	指示代名詞
3	3人称または第3クラス	主	主格
4など	第4クラスなど	受	受益者
O	他動詞の目的語	述標	述語標識
S	自動詞の主語	助	助動詞
SU	自動詞の主語	女	女性
ア	アスペクト	状	状態的
一時	一時的所有	譲渡可	譲渡可能
引	引用詞	随	随伴形（associative）
永続	永続的所有	絶（ABS）	絶対格
過	過去時制	接続	接続詞
仮	仮定法	絶対（ABSO）	絶対格
完	完了時制	双	双数
冠	冠詞	属	属格
完結	完結相（completive）	存在	存在標識
完了	完了相（perfective）	対	対格
疑	疑問標識	代名	代名詞
強勢	強勢標識	他主	他動詞または二重目的語をとる動詞の主語
強調	強調標識	単	単数
具	具格	男	男性
結合	結合詞	中	中性
現	現在時制	抽象	抽象的所有
コ	コピュラ	定	定性標識
向	向格	ト	トピック

導入	導入標識	不特	不特定
同伴	同伴格	部分	部分詞
特	特定	不変	不変化詞
能	能格	分	分詞
場	場所格	未完	未完了相
非女	非女性	無生可譲	無生可譲渡所有
フォ	フォーカス	無生不可譲	無生不可譲渡所有
不可譲渡	不可譲渡所有	命	命令法
複	複数	名ク	名詞クラス
物所	物理的所有	与	与格
不定	不定標識	類	類別詞

第1章

枠組み

1.1　基本前提

　言語の構造は，私たちと私たちを取り巻く世界との相互作用の産物である。私たちが会話を築き上げ，言語カテゴリーを発達させるやり方は，私たちが周囲の環境を経験し，その経験を人間特有のコミュニケーションに用いるやり方から，じかに派生したものだと考えられる。

　人間に共通するコミュニケーション方策のひとつは，ある概念を別の概念を使って述べることによって，異なった概念どうしを関連づけることにある[1]。本書ではまさにこの方策が，文法がなぜその姿をしているのか，さらにはなぜそもそも文法が存在するのかを大きく規定していると主張したい。したがってこの方策はまた，本書における理論の枠組みの基礎となっている。この枠組みは，さらに次のような基本前提に基づいている。

A.　言語の主要な機能は意味を伝達することである。なぜ言語が現在のように使われ，今のような構造をしているのかという問いには，それゆえまずこの意味伝達の機能の観点から答える必要がある。

B. 意味を表現するために使われる形式は，恣意的であるというより，む
しろ動機づけられている（ここで「動機づけられている」というのは，
言語形式がある特定の機能を果たすために導入されるときにはむしろ
すでに意味を持っており，恣意的に生み出されるのではないというこ
とである）。

C. 言語を使用し発展させる動機は言語構造の外にあるため，言語外的な
説明は言語内的な説明より説得力がある。

D. 言語は歴史的な産物であるから，まず言語を形づくってきた要因との
関連で説明されねばならない。

E. 共時論と通時論の区別は，考察の対象となる事実から生じるのではな
く，むしろどういった観点を採用するかによって生じるものである。

F. 文法変化は語彙的な形式・構造から文法的な形式・構造へ，文法的な
形式・構造からさらにより文法的な形式・構造へという一方向性を持
つ。

　これらの前提の中にはおそらく重要度の低いものもあるだろうし，変に思
われるものもあれば，言語学の主流と相容れない見方もある。それゆえ若干
の説明が必要である。

　前提 A の根底にあるのは，人が言語を使用する際には，どのような統語
や音韻を使うかではなく，むしろ伝達したい意味をできるだけよい方法で言
葉にするにはどうしたらよいかに配慮するという事実である。このことがま
ず示唆するのは，言語の使用が目標に向けられたものだということである。
人は目的や目標を達成するために言語を使用するのである。第二に，言語形
式はそれが表現する意味に適応する傾向があり，通常その逆ではないことで
ある。第三に，統語や音韻のような言語構造の具現形から言語を説明しよう
とすると，言語使用や言語構造の中心的な特徴ではなく，むしろ周辺的もし
くは随伴現象的な特徴に着目しがちである（ここでは「意味」という用語を
例えば談話・語用論的な機能を含む広い意味で使っていることに注意された
い）。さらに以下で見るように，言語は単に意味を反映したものではない。
つまり意味内容のみではなぜ言語がその姿をしているのかを十分に説明でき
ないこともある（Bates & MacWhinney 1989: 7 参照）。

　前提 B はソシュール以後の言語学の基本的原理の一つと矛盾するように見えるかもしれない。言語研究ではフェルディナン・ド・ソシュール(Ferdinand de Saussure)（1922: 101c. 102b, 180-4）に従い，言語記号は「恣意的」もしくは「動機づけがない」(この二つの用語は同義語として使われる傾向がある)と仮定することが慣習となっている。すなわち形式（シニフィアン）と意味（シニフィエ）との間には自然で内在的な結びつきはないとされる。したがってシニフィエはどんなシニフィアンによって表現されてもかまわないということになる。このことは異なる言語が存在することや，言語が変化することにより帰納的に証明されるとソシュールは論じている（Wells 1947 参照）。

　しかし実際のところ B の前提はソシュールの恣意性の原理と矛盾するものではない。恣意性や動機づけの概念がソシュールとは異なった意味で用いられることも多い。そのうち最もよく見られる意味は次の例のものである。

(1)　a.　They keep the money. 「彼らはそのお金をとっておく」
　　　b.　They keep complaining. 「彼らは不平を言い続ける」

　(1) のような例に関しては，少なくとも三つの方法で動機づけまたは恣意の区別が行われるようである。一つ目は言語構造に関わるものである。(1) の keep という語彙には，二つの異なる形態統語的な構造と，二つの異なる意味がある。すなわち keep は (1a) では主動詞として機能し，行為動詞としての語の意味を持つが，(1b) ではアスペクトを表現する助動詞（または連鎖動詞）とされる。このような構造的な言語基準に基づくなら，(1a) と (1b) の keep の音韻的同一性は，偶然もしくは恣意的，すなわち動機づけがないということになるかもしれない。しかし他の構造的な属性（例えば共有されている意味素性や統語規則）に着目すれば，言語学的に定義可能で，かつ動機づけのある関係が存在すると見なすこともまた可能である。

　二つ目は，母語話者の直観と関わるものである。例えば構造的な言語基準を使うかわりに，英語話者 1000 人に (1a) と (1b) の keep が関連しているかどうかを尋ねるという方法もある。統計的に有意な多数が「関連している」というなら，その関係は動機づけられているという結論となる。

　三つ目のアプローチは通時論と関連するものである。(1a) と (1b) の keep は語源的に同一，すなわちどちらも歴史的に同じ祖先から派生したと考えら

れる。両者の関係はそれゆえ恣意的ではなく動機づけがあると言える。

　適切な用語はないものの，上で見た三種類の動機づけは，構造的，心理的，起源的動機づけと呼ぶことができるだろう。この区別は完全に満足のゆくものでないし，またこれですべてでもない。例えば社会的動機づけや地域的要因によって誘発される動機づけなど，他の種類の動機づけも考えられる。しかし私は他の多くの言語学者と同様に，これら三つの動機づけに限定して話を進めたい。なお Saussure (1922) の関心は，構造的動機づけまたは心理的動機づけに絞られていたようである（1922: 180ff.; 第 2 章参照）。

　さらに本書で関心を向けるのは起源的動機づけのみとしたい。というのも話題にした三種の動機づけのうち，明らかに言語学の領域に入るのは起源的動機づけのみだからである。言語学者が心理的動機づけの研究に対して有益な貢献を行うこともありうるが，しかしこの分野は本来心理学の領域に入るものである。またソシュール以来，構造的動機づけが言語学の主要な関心となっているものの，構造的動機づけにどのような根拠があるのかはそれほど明白でない。それに対し起源的動機づけは判定方法が明確なため，他の二つの動機づけに比べて理論に依存する度合いが少ないという利点を持っている。すなわち起源的動機づけは通時的証拠によって簡単に誤りを正すことができるのである。例えば (1a) と (1b) の keep の関係が起源的に動機づけられているかという問題は，採用する理論もしくはモデルの問題ではなく，ある変化が起こったか起こらなかったかの問題である（1.2.2. 節参照）。しかし起源的動機づけが説明力を持つ概念ではないことに注意する必要がある。その動機はむしろ他の要因，とりわけ前提 A との関連で説明されねばならない。

　前提 C は，言語の主要な機能が意味を伝達し，意志伝達に成功することであるという前提 A に基づいている。したがってコミュニケーションの目標を考慮した形での言語構造の説明は，言語内のメカニズムに基づく説明に比べて，さらに多くの洞察を生み出す可能性が高い。例えば語彙借用を語彙，統語，または形態的構造の点から説明するのは，意味伝達という話者の動機に基づいて説明するのに比べて「説明的」ではないと言えるだろう。

　前提 D は，言語が現在使っている人々によって生み出されたのでなく，何世紀も何千年もかかって発達してきたという観察結果に基づいている。今ここで文法という言葉を使うなら，文法は，今ほど制限がなかった過去の言

語使用のパターンが慣習化して（そしてある程度化石化して）できた産物だと言うことができる。それゆえ共時的構造をもとに言語を説明しようとしても，なぜ言語が今の姿をしているのかという問題のほんの一部しか説明できないことが多い。言語と言語使用の特徴の多くはむしろ通時的発展を考慮して初めて，満足のいく説明がなされるのである。この点がはっきりと現れているのが次の例である。英語では他の多くの言語と同じように，定冠詞と不定冠詞の使用に非対称性が見られる。(2a)，(2b) や (3a) のような発話は可能だが，(3b) は非文である。つまり不定冠詞は単数名詞を規定することはできるが，複数名詞を規定することはできない。

(2) a. I see the child. 「私はその子供を見る」
    b. I see the children. 「私はその子供たちを見る」
(3) a. I see a child. 「私はある子供を見る」
    b. *I see a children. 「私は子供たちを見る」

　この非対称性を説明しようとするなら，問題の冠詞の歴史的発展を考慮せざるを得ない。英語の不定冠詞 a(n) は，数詞「1」にさかのぼることができる。数詞の「1」は明らかに複数名詞の修飾要素として不適切である（例えば *one children）。a(n) はもはや数詞ではないが，複数名詞との共起が不可能であるという構造上の性質は，不定冠詞への発展の後にも残っている。英語の定冠詞の発生の際にはそのような制限は当然ながら存在していなかったので，単数・複数名詞の両方に出現可能なのである（さらに詳しくは第4章参照）。このような例が示唆するのは，共時的な構造に現れているものが，言語使用に見られる発展過程の氷山の一角にすぎないということである。

　前提 D が意図するのは，共時的な視点に基づく説明は意味がないということではない。とはいうものの共時的な説明に進む前に，説明すべき事実がどの程度まで歴史的な要因のせいであるかを立証するほうが簡単で効率がよい。したがって上で見た英語の定冠詞と不定冠詞の振る舞いの非対称性を説明するのに通時的な分析の前に共時的な分析を行うのは，説明の作業をいたずらに複雑なものにしてしまいがちである。

　前提 E は，共時的または通時的な言語もしくは言語使用などといったものは存在しないという事実によるものである。実際には言語使用があるのみ

なのである。言語研究者はよく自分たちの研究対象を共時言語学と通時言語学に分けるが，これが非常に有益なことは明らかである。ただコミュニケーションという個人的行為に関わる人間，すなわち話し手と聞き手にとって，その区別はほとんど重要でない。私たちが共時的な視点を採用するか，通時的な視点を採用するかは，追求しようとする目標によるのであり，問題となる研究対象によるのではない（1.2.1 節参照）。

　前提 F は今や言語学においてごく普通のものとなっている。つまり文法形式の発展は，より文法的でないものからより文法的なものへ，開いたクラスから閉じたクラスのカテゴリーへ，具体的なものからより抽象的なものへと進んでいくのである（例えば Heine, Claudi, & Hünnemeyer 1991; Traugott & Heine 1991a; Bybee, Perkins, & Pagliuca 1994 参照）。これまでこの一方向性の原理に対して多くの例外が主張されてきたが(Campbell 1991; Greenberg 1991; Ramat 1992 参照)，それらは間違っているとわかったり，文法化以外の過程が関わっていることが指摘されている（Hopper & Traugott 1993）。

　以下の章でも，上で挙げた基本前提が繰り返し登場する。その前提によって私たちは現代言語学の多くの研究とはさまざまな点で異なる言語の見方を採用することになるだろう。

1.2　方法論について

　前節で明らかになったことと思うが，本書のアプローチで必要となるのは，現代の言語学で主流となっている言語の扱いには通常見られないような視点から言語を観察することである。それは例えばこれまで言語を説明する際に核心であり続けた理論的な概念が，本書では随伴現象的，もしくは周辺的なものと見なされ，一方以前は言語の説明の範囲外に置かれてきた別の概念が，今や中心と見なされるということである。しかしこの視点は同時に問題も提起する。そのうちのいくつかを本章で簡単に論じておき，詳細は次章以下でさらに見ることにしたい。

1.2.1　概念転用
　本書で用いられる方法が依拠するのは次の観察である。つまり一つの言語

形式に複数の意味があるのは概念転用が生じた結果であり，ある意味でのみ使われた形式が，拡張してさらにもう一つあるいはそれ以上の意味を持つに至ったと考えられる。例えば英語の語彙 keep は少なくとも二つの意味を持っていることを見た。もう一度（1）を挙げてみよう。

(1) a. They keep the money.
　　 b. They keep complaining.

　keep に二つの意味があることは，次のような概念転用を想定すると説明可能である。つまり keep はまず主動詞として（1a）のような文脈で使われていたのだが，後に keep がもはや主動詞ではなく助動詞となっている（1b）のような文脈へとその使用範囲が拡大したと考えられる。このような転用にはとりわけ次のような特性が見られる。

1. 転用は一方向的である。すなわち通常（1b）の keep のような助動詞が主動詞へと発展していくような反対方向の発展は予想されない。
2. 一方向性は具体的な意味から，より抽象的な意味へと進んでいく。(1)の例について言うなら，これは例えば(1a)の keep が money「お金」のように，目に見え，触れることのできる補足語とともに現れるのに対し，(1b) の complaining のような補足語は例えば触れることができないという点でいっそう抽象的である。
3. 転用は歴史的な過程であるため，通時言語学の原理との関連で説明される。

　keep の例には，比較的具体的な意味を持つ語彙から，スキーマ的意味を表す文法カテゴリーへと進んでいく一方向的な転用が見られる。文法カテゴリーは出来事の相対時間や境界構造やモダリティと関係するのが典型的である。

　この概念転用のパターンは，以下の章で議論する他の多くのパターンと同じく，メタファー（例えば Heine, Claudi, & Hünnemeyer 1991; Sweetser 1990; Stolz 1991, 1994b）やメトニミー（Traugott & König 1991）のような言葉のあや，または誘導推論（invited inferences）や会話の推意（conversational

8

8

implicatures）といったような，文脈から導かれる過程に関わるものとしてさまざまに記述されてきた。これらの概念はどれも概念転用の過程を理解するのに重要ではあるが，ここでそれらを検討することは差し控えたい（しかし 7.4 節を参照）。ただ Heine, Claudi, & Hünnemeyer(1991)で示したように，この過程には非連続的な要素と，連続的な要素の両方があり，非連続のジャンプと，文脈に依存した意味の段階的拡張の両方の点から多面的に記述可能だと言える。

1.2.2　多義について

　上で概要を述べた視点を採用すると，一つの言語形式に結びついた二つの意味が，単義／同音異義なのか，それとも多義なのかをどう決定すればよいかという，古いがまだ解決を見ない言語学の問題に対しても別の方法を提案することになる[2]。この問題に対して満足のいく解答を見つけることは言語学の重要な課題であり，かつ論争の絶えない課題でもある。ここで解答として提案するのは，本書の全体の主張に沿うもので，私たちが動機づけに関して行った三種類の区別と同じように，多義に関しても構造的，心理的，起源的なものを区別することが可能だということである。この区別を再び（1）の例を使って示してみたい。

　（1）a.　They keep the money.
　　　　b.　They keep complaining.

　さまざまな問題をとりあえず度外視するなら，多義は基本的に次の三つの基準の組み合わせによって定義されてきたと言ってよい。

1.　二つもしくはそれ以上の関連する意味がある。
2.　それらの意味は一つの言語形式のみに結びついている。
3.　その言語形式はどのように使われる場合においても，同一の形態統語カテゴリーに属している。

　（1）の語彙 keep が構造的多義の一例だと立証するのは，それほど容易なことではない。1.1 節で構造的動機づけに関して触れたのと本質的に同じ問

題が，ここにも当てはまるからである。したがって keep は，第2の基準に
は従うようであるが，例えば第1の基準は当てはまらない，と議論すること
も可能である。そもそも助動詞とその派生元の主動詞との意味的な関係をど
う捉えたらよいかを，特定の理論的な立場から独立した形で答えるのは難し
い。同様のことが基準3にも当てはまる。すなわち keep は（1a）では主動
詞だが（1b）では助動詞（または連鎖動詞）なので，異なる統語的カテゴリー
に属すると論ずる言語学者もいるだろうし，助動詞と主動詞は同一の統語カ
テゴリーに属すると主張する言語学者もいるのである（詳細は Heine 1993
を参照）。前者の言語学者は上の基準をもとに（1）の keep は多義ではない
と言わざるを得ないだろうし，後者の言語学者は（（1）の keep が「異なっ
ているが関連する意味」を持っていると見なすに十分な形式的な基準を見つ
けられるのであれば）多義の例であると言うだろう。このように構造的多義
かどうかを決定するのは簡単ではない。さらに深刻なことには，構造的多義
を定義する便利な方法を見つけるやいなや，それによって実際に何が成し遂
げられたのかという疑問がすぐさま沸き起こってくるのである。

　心理学的多義に関してはまた別の問題が生じる。例えば（1）の意味の関
連性についてのネイティヴスピーカーの直観または意識をどのように判定し
たらよいかという問題である。人によってはこの問題は言語学者の方法論の
領域外にあるため，例えば心理学者に解答をゆだねるべきだと言うかもしれ
ない。またこの問題には今のところ言語的な証拠が手に入らないかもしれな
いが，本来的にはそのような証拠によって解答が与えられると信じる言語学
者もいる（Lyons 1977: 552）。

　起源的多義の場合にはこのような問題は生じない。つまり（1）はまがいも
なく起源的多義の例である。というのも（1a）と（1b）の keep は歴史的に同
一の語彙にさかのぼることができるからである。

　近年の研究の多くでは，多義という用語は起源的多義の意味で広く使われ
ている。そういった研究では，多義は意味変化が共時的に現われたものとし
て記述される傾向がある（Geeraerts 1992: 183）。そのような研究に共通し
て見られるのは，多義の第3の基準の適用を必要としないということであ
る。すなわち多義は必ずしも同一の形態統語的カテゴリーに関わる場合にの
み限定される必要はないということである（Brugman 1984; Traugott 1986;

Norvig & Lakoff 1987; Lakoff 1987; Emanatian 1992)。例えば英語の語彙 over には前置詞用法や副詞用法，またそれらの派生用法があり[3]，それゆえ over は異なる形態統語的カテゴリーと結びついていると言えるが，Brugman (1984) はこれを多義の例と見なしている。

多義の伝統的な定義を取り巻く上のような問題を避けるために，Lichtenberk は同源多義（heterosemy）という用語を導入している。彼がこの用語で指すのは，「（一言語内で）二つまたはそれ以上の意味もしくは機能が，同一の源から派生したという意味で歴史的に関係し合い，その共通の源から異なる形態統語カテゴリーへと発達して生まれる場合」である（1991: 476）。Lichtenberk の同源多義の概念は，それゆえ起源的多義の特別な場合ということになる。特別な場合と言うのは，同源多義が第3の基準を満たしていない起源的多義の場合に限定されたものだからである。さらに注意しておきたいのは，問題の語彙が音韻的に同一でない場合，すなわち第2の基準が満たされない場合にも同源多義が存在すると言われることである。例えば (4) の英語の have や 've は音韻的にはどれも同一でないが，同源多義の例ということになる。これは起源的多義の考え方と一致するものである。起源的多義は第2の基準を守る言語形式に限られるものでないからである。

(4) a. They have two children.
    b. They have to come.
    c. They've come.

起源的多義の考え方はまた，類型的相似基準（Typological Convergence criterion）として知られるものの重要性を理解する材料にもなる（Croft 1991: 166-7; Hopper & Traugott 1993: 71 参照）。類型的相似基準は次の例で説明される。英語の方向を表す to（I drove to Chicago「私はシカゴに車を走らせた」に見られる）と，受け手を表す to（I gave the package to you yesterday「私は昨日あなたに荷物を渡した」）は，英語以外の言語においても両者に相当する語がしばしば同一の形式で表現されるという事実により，これらの to が多義であることの証拠とするのである[4]。それに対し英語の two と too の場合は類型的相似基準を満たさないので，同音異義として扱われることになる。この例が示すように，この基準が当てはまる場合には常に

起源的多義である可能性が高い。反対に英語の two と to, too の間に見られるように[5]、起源的多義が存在しない場合には，この基準が当てはまることは期待できない。

　起源的動機づけを主な研究対象と見なすことに対しては，これまで二つの反論がなされてきた。まず起源的関係が実際にあることを証明する証拠の中には，信頼性の低いものが少なくないとの議論がある。しかしこれは有効な反論とは言えない。というのも構造的関係や心理的関係を証明するのも同様に困難であり，またそれ以上に議論の余地があると考えられるためである。私たちは文法カテゴリーの発展に関する近年の研究成果により，幸いにも文法化の主なパターンに対して相当な知識を持ち合わせている。その知識をもとにかなり信用度の高い言語学的再建を行い，起源的動機づけに関する仮説を立てることが可能である。

　第二に，起源的関係を定めるにはまず非起源的な構造的関係を確立しておく必要があるとの議論もありうる。これは特殊な場合にはありうるものの，通常そのようなことはない。(4) の例を取り上げてみよう。学者の多くは (4a) と (4b)（(4c) においても同様）の語彙 have が構造的に同一であると主張する（＝「主動詞仮説」）。また二つの例の have は構造的に同一ではないと主張する学者もいる（＝「自立性仮説」；詳細は Heine 1993: 8ff. 参照）。それぞれの立場は等しく筋の通ったもので，十分な理論的論証と多くの証拠により支持される。しかし (4a) と (4b) の have が起源的関係を持つか否かは本来理論やモデルの問題ではなく，むしろ歴史的事実の問題である。つまり二つの have の例は起源的に関係し合っているか否かのどちらかであり，採用しようとする理論的立場とは無関係である。結局構造的現象と起源的現象はまったく異なる性質をもっており，それゆえ分けて考えるべきだと思われる。

1.2.3　普遍主義と相対主義

　言語形式の多様性に直面していらだつせいか，言語は混沌としたものであるから，その構造は言語を「より単純な」基本的な機能もしくは認知的パターンに還元しなければ発見や記述ができないと決めてかかる言語学者がいる。例えば認知言語学は言語内的な多様性であれ，言語間の多様性であれ，言語

の多様性を統一性へと還元する便利な手段と見られる傾向がある。

　このような見方がいささか素朴に見えるのは，認知が複雑さに欠ける現象に分類されるものとは思われないためである。とはいえ言語が示す構造的複雑性と多様性の大部分は，言語がどの形式を取るかを決定する言語外的な要因，特に認知の観点から記述し説明することが可能だと考えられる。この見解には，はっきりとした根拠がある。前節で挙げた前提は，本来人間がシベリアに住んでいようとカラハリ砂漠に暮らそうと，同一の知的，知覚的，身体的装置を持っており，同一の普遍的な経験にさらされ，同一の伝達の必要性があるという観察に基づくものである。このことから，人間の言語とその使われ方が地理的・文化的境界を越えて同一であることが予期されるだろう。本書の中心的な目標の一つは，この点を実証することである。

　しかしながら言語の複雑さが例外なく認知的単純性に還元しうるという見解はやはり素朴すぎるものである。というのも環境を概念化し，コミュニケーションを行う方法には，文化によって相当の違いがあるためである。そのため言語の構造化と言語使用における多様性を見つけ出すこともまた目標となる。このことから普遍主義的視点に加え，相対主義の視点の必要性が生じてくる。

　普遍主義の視点を支持する根拠は数多く，現代言語学の主な学派はどれもその根拠を提示している。それに比べ相対主義的な立場は不利である。この立場の代表者である，Benjamin Lee Whorf（1956）の著作はどう見ても問題なしとは言えない。それどころかこの立場を熱烈に支持する者でさえ，自分がウォーフの主要な説に近づきすぎているという印象を与えないように配慮するのである。しかし近年相対主義の立場を支持する興味深い証拠がいくつか出されてきている。そういった証拠が示すのは，人間が発達させ，言語の使用や構造に影響を与える概念化には，いくつかの特徴的な選択肢があるということである。

　この点を説明するには，いくつか例を挙げれば十分だろう。世界では文化によって空間定位がどのように概念化されるかに関して相当の違いが見られる。本書では，以下のような空間定位もしくは指示の基本システムを区別している（第3章も参照）。

1. 直示定位（Deictic orientation）。このシステムの典型的なケースでは，指示対象が話し手，聞き手，もしくは両者にとって近い距離に位置している。直示定位とはふつう話し手の視点からの直示であり，空間定位が話し手の前提とする位置や視点に関して表現されるものである[6]。しかし特別な場合には，その直示の中心が聞き手へと移動することもある[7]。典型的な話し手と聞き手は言語を用いてやり取りを行う際に互いに向き合っているので，両者は直示の対応関係が反対となり，したがってまた反対の空間指示を行うことになる[8]。この体系は特に「上」「下」「前」「後」「中」「左」「右」といった概念と結びついている。ここで注意しておきたいのは，これらの概念は概念的および名称的に通常区別される直示概念のほんの一部の領域でしかないことである。また研究者によっては，直示定位のかわりに「相対的システム」という用語も使っている。

2. 対象直示定位（Object-deictic orientation）。直示の中心が話し手（または聞き手）ではなくむしろ車や椅子といった無生物であることがある。この場合については対象直示定位という用語を提案したい[9]。このシステムに現れる概念は，直示定位に登場する「上」や「前」といったような概念と同一である場合が多いが，例えば「大聖堂のファサード（正面）側に（at the facade of the cathedral）」の「ファサード側」のように，直示定位には現れない参照点もありうる（Levinson 1996a, 1996b）。この対象直示定位の体系はまた「内在的体系」もしくは「指示の内在的フレーム」と呼ばれてきた[10]。

3. ランドマーク定位（Landmark orientation）。「前」や「左」のような直示概念に加え，関係する人々の特別な物理的環境に参照点や構造が根ざしていることもある。そういった参照点とは川，山，海のような地形的なランドマークであり，それらが位置を示すのに用いられる。ランドマーク定位を介して表現される通常の概念は，「その川から離れて」（対をなすのは「その川に向かって」），「その山に面して」などのようなものである。ランドマーク定位は文化特有の度合いが強く，目印として重要な地理的特徴が存在するか否かにある程度依存している。この地理的に顕著な特徴には，例えば古代エジプト人にとっての

ナイル川や，ポリネシアの漁師にとっての陸・海の区別などがある。

4. 基本方位定位（Cardinal orientation）。このタイプの定位領域は，典型的な対人的やり取りの範囲外にある指示対象を含むものである。これは話し手や聞き手によって想定される位置，また特定の対象物から独立した，絶対的もしくは不変の参照点という視点から定義される。この領域内の唯一の下位システムとまでは言えないだろうが，最も顕著な下位システムと考えられるのが，基本方位システムである。しかしながら基本方位に現れる「北」「南」などの概念は，他の言語でも私たちの定義とまったく同じように定義されるというわけではない。

相対主義の視点を支持する根拠の一つは，直示定位と関係するものである。Hill（1974, 1982, 近刊）によれば，定位には閉じた体系と開いた体系が区別できるという。私はそれぞれを対面モデルおよび一列モデルと呼ぶことを提案したい。この二つのモデルは，空間的な前後方向をどのように見るかが異なるという点で区別される。この相違は図1-1で示される。つまり話し手（A）が仮に対面モデルを使用する文化に属しているとすれば，その人は箱（B）が丘（C）の前にあると言うだろう。一方，一列モデルに慣れた人は，箱（B）が丘（C）の後ろにあると言うだろう。対面モデルでは，図1-1のランドマークである丘（C）は話し手（A）に向かい合っていると把握されている。一列モデルでは，丘が話し手と同じ方向に向いている，すなわち話し手に（そのため箱に対しても）背を向けていると把握される。

対面モデルは西洋世界で見られる唯一のモデルであるが，また他の世界にも大きく広がっている。一列モデルは北ナイジェリアのハウサ語について詳細な記述がなされている。しかしそれだけでなく他の多くのアフリカ，非アフリカ社会でも普通に見られることが報告されている。

対象直示定位も，興味深い文化間の相違を示すものである。私が知る限りの社会では，どれにおいても内在的（本来的）な指示フレームを持つ対象物，すなわち前と後ろという下位領域と常に結びついている対象物と，内在的な前後のない対象物，すなわち「前のない」もしくは「特徴のない」対象物とを基本的に区別することができる（Svorou 1994: 21）。例えば家の前側は，表玄関があるところである。コンピュータの前側は使用者が座るほうであ

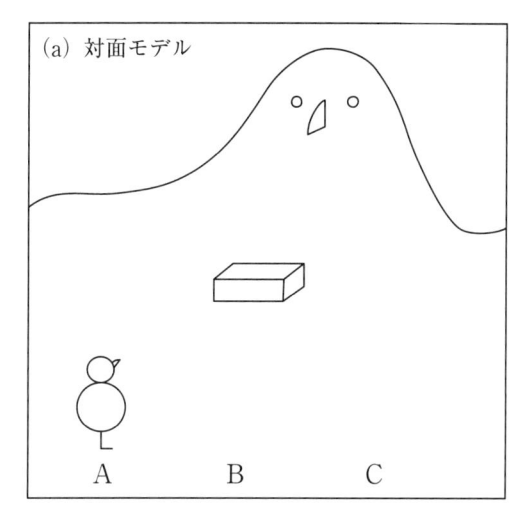

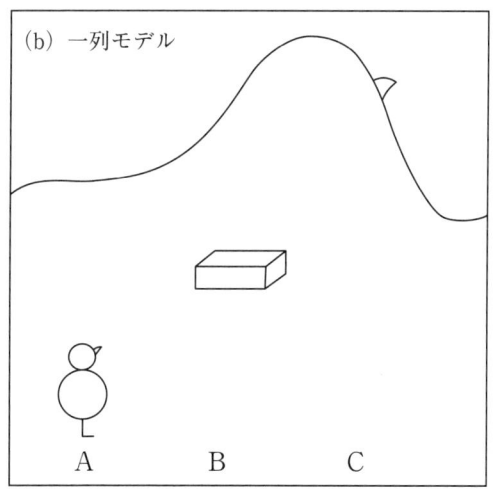

図 1-1　対面モデルと一列モデル

る。それに対し木や山，石は西洋社会では通常内在的な指示フレームが欠け
ている。つまり，後者の場合は前後がどこにあるかは状況に応じて話し手と
聞き手の両者，または片方の相対的な位置によって決められ，問題となる対
象物の内在的な特性によってではない。しかしながら文化によっては木や山
に内在的な前と後ろがあるものもある。例えばケニアのチャムス語話者に

とっては，木の前はその幹が傾いている側であり，もしその幹が完全に垂直に見えるなら，最も大きい枝があるか，さもなくば最もたくさん枝がある方向が前となる。同様にケニアのリフト峡谷およびその周辺に住むキクユ語話者および他のバントゥ諸語を話す人々にとっては，山の側面の急なほうが山の後ろ，その反対側が前と把握される（Mathias Schladt, 個人的談話による）。

　また文化によっては対象直示定位のさらに手の込んだシステムが見られる。メキシコのマヤ系のツェルタル語話者は特に見事なシステムを発展させてきたようである。この社会では，ナイフや鉢，葉や羽や厚板のような指示対象が，対象直示的な組織を持つものと見なされている（Levinson 1994: 816ff.参照）。この構造については第7章でより詳しく検討するつもりである。

　相対主義的仮説を支持する最も大きな根拠は，なかでもおそらく基本方位定位によるものだろう。例えば英語の話者なら，「鍵は電話の後ろにある」または「カナダはアメリカの北にある」のように言い，「鍵は電話の北にある」または「カナダはアメリカの後ろにある」とは言わないだろう。このことは私たちが場合によって異なる概念的雛型を参照して位置を描写する傾向があることを示している。つまり，鍵の相対的位置は直示定位のシステムを始動させるが，国の位置は基本方位定位の点から表されることが多いのである。

　さて，多くの文化では実際に直示定位と基本方位定位の区別を行うのであるが，そのような区別を欠くと報告されている文化もある。そういった文化では，直示定位とそれを指す言葉の両方もしくはどちらかがないと言われる。そのような文化では基本方位定位が雛型として使われ，私たちの基本方位定位である東西南北のような固定した方角や方向を，他の文化では直示的もしくはランドマーク定位によって表現される空間概念の指示にまでも用いるのである。例えば基本方位定位のみを使用する社会では，人々は「鍵は電話の北にある」のような言い方をすると考えられる。さらに「ジョンは郵便局の前にいる」「私のグラスは瓶の左にある」「君の左脚に虫がいる」などと言うかわりに，「ジョンは郵便局の北にいる」「私のグラスは瓶の西側だ」「君の東の脚に虫がいる」と注釈可能な表現を目にすることになる（Levinson 1992; Brown & Levinson 1993a: 2, 1993b）。

　以上の発見は注目に値するものである。すなわち世界の文化に見られる認知的パターンは非常に豊富だという印象を与えるからである。このような相

違が言語の構造に影響することは疑う余地がないだろう。しかし認知パターンがこのように多様だからといって，人間の行う概念化の主要なパターンは本来普遍的だという主張に依拠する本書の理論的枠組みに，克服できない問題が生じるというわけではなさそうである。とりわけ第3章で見るように，人間の概念化が文化間で均一ではないことを示す例は数多くある。すなわち解決しようとする課題にはさまざまな解答を与えることが可能なのである。しかし同時に，与えられた課題に対処すべく発達した解答の数と種類には限りがある。このことが意味するのは多様性と統一性の両方が存在するということである。すなわち人間はシベリアにいるのか，カラハリ砂漠にいるのかということとは関係なく，概念化のための同一の選択肢の集合を本来的に有しているのである。

1.2.4 コミュニケーションについて

　シベリアもしくはカラハリ砂漠の人々が周囲の世界を経験する様式は，彼らの文法を今の姿にする直接の原因だと考えられる。このような言語のカテゴリー化にとって，中心的な駆動力が概念化の方策であるということは確かではあるが，とはいえ概念化のみが言語の現在の構造を作り出す唯一の要因というわけではない(本書の後の章の議論を参照)。さらにコミュニケーションもまた同じく重要な要因である。本書の関心は概念化とその文法に与える影響であるが，言語を分析する者が接することができるのは，基本的にコミュニケーション行為の結果生じた産物としての言語のみであることを意識しておく必要がある。

　言語コミュニケーションは特定の条件下で行われる。そういった条件の中にはとりわけ話し手・聞き手のやり取りに通常関わってくる役割関係がある。やり取りにはさまざまな種類があるが，話し手は，自分が控えめでつつましい人間であり，知的能力，社会的地位などで聞き手に劣っている人間であるように見せる傾向がある。その結果が話し手と聞き手の見かけ上の地位の非対称という状況であり，この状況は何らかの形で談話の中に反映されることが多い。この非対称性が言語的なやり取りによく顔を出す反映例のひとつは，話し手が聞き手に対して自分を表現するのに使う数々の表現に見られる。例えば多くの文脈で「私って馬鹿」と言うことは完全に容認可能である

が，「君って馬鹿」と言うことはあまり容認されない。というのも後者の言い方をすると，社会的なやり取りの中で広く受け入れられている規範を破ることになるからである。

　この非対称性は言語構造に対し，限られた影響力しか持たないことも多い。しかしかなり多くの言語ではこの非対称性により，話し手が社会的に低い地位を暗示する言葉を使って自分を指すよう期待されるという，言語使用上の慣習化したパターンが生み出される。一方聞き手はその際に社会的に優位な存在とされる。この区別を表わす方法の一つは，聞き手一人を指すのに複数を表す代名詞を使うことによるものである。ヨーロッパの言語などでは，複数を表す文法概念がより高い社会的地位を表すのに使われていることが多いようである。あるいは特に東アジアのいくつかの言語に見られるように（特に Cooke 1968 を参照），人称代名詞が特別の社会的地位の特徴と結びついた名詞から派生することもある。例えばビルマ語では一人称と二人称の単数の代名詞に関して，（5）に挙げたような語彙からの起源が確認されている[11]。

(5) ビルマ語（チベット・ビルマ語派；Cooke 1968: 74-6; Stolz 1994b: 78-9）

語彙起源の一人称代名詞		語彙起源の二人称代名詞	
kowv	「体」	kowv-dov	「優れた体」
tyunv-	「奴隷」	minx	「王」
dabeq-	「弟子」	hyinv	「師」

　とはいえこの話し手・聞き手の典型的関係の性質は，コミュニケーションと言語使用の構造に影響を与える要因の一つにすぎない。他の要因には例えば文化的，宗教的，社会政治的要因がある。こういった要因が言語コミュニケーションおよび文法の構造化にどのように寄与するかは，本書の枠を超えた主題である。ここでは，文法の包括的理論を目指そうというよりも，そうした理論に取り組む際に考慮すべき要因の一つに注意を促したいとだけ言っておこう。

1.3　本書について

　本書で使われるアプローチは新しいものではない。というのもそれは時として類型的普遍文法（Typological Universal Grammar）と称されるものの伝統を引き継ぐアプローチであるためである。類型的普遍文法は，さまざまな言語に見られる規則性を世界の言語のサンプルに基づき検証することを目的とする，一般言語学の一つの方向である。このタイプの言語研究に関して詳細をさらに知りたければ，Ferguson(1978)，Comrie(1981)，Mallinson & Blake(1981)，Bybee(1985)，Bybee, Perkins, & Pagliuca(1994) などの概説を参照されたい。

　同時に本書のアプローチは，さまざまな形で現れる言語構造が，そのよりどころとなる概念的な基礎を考慮することで最もよく理解されるという主張に基づく点で，類型的普遍文法の枠組みで書かれた他の研究とは異なる。このやり方を採用する主な理由は，言語形式には文字通りにとると意味不明のものがあるが，そういったものはその発展の原因をなすと考えられる認知的要因を参照することで説明されるためである。例えば多くの言語で基本方位の「西」は，「沈む」「降下」「下降」といった意味を持つ言葉で表される[12]。そのような言葉で表される理由は，基本方位の「西」が世界の言語においてほとんどいつも何らかの形で日没の概念，すなわち沈む太陽を指す表現の観点から表されることに注意すれば明らかである。そういった言語で可能性が高いのは，東を表す言葉が「昇る」「上がる」「出現する」などのような表現と類似していることである（Brown 1983 および 3.2 節参照）[13]。本書の主要な関心はそれゆえ特別な言語形式もしくは文字通りの意味ではなく，その形式もしくは意味の選択の原因と考えられる，背後の捉え方である。これまで言語と認知の関係に関しては，多くの立場が取られてきた。そのうちおそらくこれまで特に影響力を持ってきたのは以下の主張である。

1.　言語は心的活動および他の活動を作り上げる中心である。この立場は少なくとも 18 世紀から提唱されてきたものであり，さらに時代が下ってからも Sapir（1921, 1949）や Whorf（1956: 213-14）が唱えている。

2. 言語は人間の素質のうちの生得的部分に基づいている。このアプローチは生成文法の伝統の中で広まっているが（例えば Chomsky 1986），Wierzbicka の普遍的意味素性の研究にも見られる（Wierzbicka 1972, 1988, 1992: 11）。

3. 言語は認知に等しい（Langacker 1987, 1991）。

4. 言語は人間の概念化を反映したものである（Lakoff & Johnson 1980; Lakoff 1987）。

　本書が採用するのは 4 の立場である。言語構造はいわば人間の概念化パターンを反映している。というのも言語はそういったパターンによって形成されるからである。概念的組織化と概念転用に関する情報を含むアプローチには，そういった情報を無視するアプローチに比べ，高い説明力が潜んでいるはずである。概念の組織化に関する情報により，異なった言語表現間，例えば基本方位と日没のような，まったく異なる概念の間に存在する体系的な結びつきを説明することができる。さらに重要なのは，それにより，人間の経験およびその経験がコミュニケーションで使われる様式を参照しつつ，言語構造を説明することが可能となることである。例えば第 3 章で議論されるように，太陽の位置と動きは，基本方位定位を概念化して名づけるための，最も重要な認知的雛型となる。世界の言語で西や東のような基本方位を表すのに使われる命名法を説明するには，この雛型を参考にしない限り難しいだろう。

　本書の主な目的は，これまでの文法記述の説明では厄介だと見なされているトピックを用いながら，異なった多くの言語からの証拠材料を利用することで，本章の前提を立証することである。トピックとして扱われるのは，指示対象の同一性表示のような厳密な意味での文法的な概念[14] から，所有や比較に関わる概念のようなレキシコンと文法の領域の境界に位置する概念にまで渡るものである。

　本書は 8 章に分かれている。第 1 章は基本的な前提のいくつかを議論し，それ以下の考察がよりどころとする理論的背景の導入を行うものである。第 2 章は基数詞の考察にあてられる。この主題は過去数十年にわたり，頻繁に議論の対象となってきた。本書の関心は特定の問題，つまり数詞の構造には

動機づけがあるのか，あるとしたらどの程度なのかという問題である。第 3 章は空間定位の領域，とりわけ「後ろに（behind）」「の前に（in front of）」といった副詞や接置詞がどのように発達し，またそれらの構造がどのように説明されるかという問題を扱う。

　空間定位が普遍的重要性を有する領域であるという特徴を持つのに対して，第 4 章は世界のすべての言語に見られるわけではない文法カテゴリーの一つ，不定冠詞を扱う。不定冠詞は定冠詞とは異なる特性を示すが，第 4 章ではその特性のいくつかを取り上げる。第 5 章の主題は所有である。世界の言語には「私はお金がない」という単純な言明を表現するのに戸惑うほど多くの変種が見られる。この第 5 章の主な目的は，その多様性を説明することである。議論では付加語的（もしくは名詞的）所有と述語的（もしくは動詞的）所有の両方を扱う。

　世界の言語において常に識別されていると思われるもう一つの文法領域は比較である。第 6 章では不均等の比較，すなわち「リンダはビルより賢い」といった形式の表現に注目する。比較を言語化する言語手段は驚くほど多様であるが，それらの言語表現が派生する概念起点領域はごく限られている。第 7 章では，それまでの章で挙げられた一般化の例が，文法形式のみならず，レキシコンの領域にも拡大することを論じ，レキシコン内部での一方向的な発達例のいくつかを議論する。最後に第 8 章では，それまでの議論からいくつかの結論を導く。

第2章

数詞

　数詞体系はこれまでとりわけ多くの学問的注目を集めており，言語学者や数学者の他，この分野に関わる多くの研究者によってさまざまな一般化が提案されてきた。この章の目標はそれほど大きなものではなく，数詞の構造における世界の言語に見られる規則性を指摘し，その規則性を説明することである。こうしたことを行うにあたって，私の関心は記述を行うことでなく，主になぜ規則性が見られるのかを説明することにある。

　本章の議論，およびその後の議論において中心となるのは身体であり，それにはさまざまな理由がある。まず身体は研究の豊富な意味領域であり，広範囲の調査結果が利用できる。また身体は他の多くの領域を構造化する起点として用いられる，概念的に豊かな領域である。さらに身体は文法カテゴリーの発達の概念的雛型としても用いられるという理由がある。

　数詞に携わる他の多くの研究者（例えば Stampe 1976, Greenberg 1978c, Seiler 1989）のように，私も付加語的構造の基数詞のみに話を限定したい。つまり two apples「二個のリンゴ」や three horses「三頭の馬」といった表現における「2」や「3」のような数詞の用法に話を絞り，序数詞（例えば the second「二番目」）や数を数えるときに用いられる数詞（「1-2-3-4-5」）には言及しないつもりである。

なぜ数詞が現在のような形に決められ，表現されるのかという問いに進む前に，少々細かいことを考えてみよう。とりわけ私たちが知っておく必要があるのは，一般的に数の値を表現するのに，どのような手段が用いられるのかということである。

この問題についてのこれまでの多くの研究で示されているように，数詞体系を形成している語彙的な相違に基づいて再建される方策の数はほんのわずかである。方策の一つは西洋的な算術の意味での演算によるものである。すなわち加法，減法，乗法，除法のうち，どれがある特定の言語で数の値を示すのに使われているかが問題となる。もう一つの方策は，言語学的な分析により再建されるパターンに関するものである。例えば Schmidt (1926: 357ff) によって行われた世界の言語の調査によれば，数詞体系を形成する際には三つの主要な概念的原則が使われているという。一つ目は「体系なしに数える」というものであり，これは数を数える行為を単純化するのに用いうるような数的な土台がなく，「1」「2」「3」等に関して概念的に独立した語が存在するものである。しかし世界のいかなる社会でも，「13」や「29」のような数の値がもっぱらこの原則のみで表現されるほどにまで，この原則を利用している言語はないようである。二つ目は Schmidt の言うペア型であり，この場合には小さい数が大きい数を数えるための土台として用いられ，「3」は「2+1」，「4」は「2+2」といった具合に表現される。しかし加法だけがペア型の基礎をなす唯一の演算ではないことに注意してほしい。例えば「6」を「2×3」，「8」を「2×4」，「9」を「(2×4) +1」と表現するようなペア型が存在する言語もあるといわれている（以下の議論を参照）。Schmidt は，以上の二つの原則がさらにさまざまな形で拡張して使われることを付け加えている。最後のもう一つの重要な原則，すなわち三つ目の原則は，上と異なり人間の手足には五本の指があるという事実に基づいている。以上の残りのすべての数の構造は，何らかの形で手足の語彙を概念的雛型として含んでいるのである。

2.1 身体部位モデル

本書全体のテーマとも一致するが，私がここで主張するのは，さまざまな言語に見られる数詞体系は動機づけられており，恣意的ではないということ

である。1.1 節で指摘したとおり，私の関心はもっぱら起源的動機づけに関するものである。動機づけはもはや母語話者にも，または歴史言語学者にすらつきとめられないということも少なくない。とはいえ，だからといって動機づけが存在しないというわけではなく，私たちの知識に埋められるべき余地があるにすぎないのである。この問題には世界の言語に見られる数的概念を表現する際の多様性についてある程度論じた後に，再び戻りたいと思う。

　まず次の例について考えてみたい。中央アフリカのナイル・サハラ語族に属すマムヴ語には，表 2-1 で示したような基数詞がある。これらの基数詞が取りうる形態はここに挙げたもののみではないが，いくつかの形態上のヴァリエーションは私たちの目的にはあまり重要でないものである。またこの言語には 100 を超える数詞は存在しないようである。

　これらの数詞のうち五つ，つまり「1」から「5」（さらに「16」の数詞に現れる màdyà という語）は語源的に不明であり，これらの起源についての情報はない。一方その他の数詞については動機づけが判明しているものの，そういった数詞は数を数えることと一見直接には関係ないような概念領域に由来するようである。ここに含まれる起点概念には次のものがある。

1.　具体的な語：「手」「足」「人」
2.　行為：「つかむ」「とっておく」
3.　位置：「の上」

マムヴ語の数詞の構造にはさらに三つの算術概念が見られる。

1.　「6」「7」「8」で用いられている加法
2.　「9」で用いられている減法
3.　「40」「100」で用いられている乗法

　これらは以下の節で何度も登場する概念である。これらは数詞体系の基本要素と見なすことができる。これらの起点の構造から，次のようなマムヴ語基数詞体系の構造的特徴が導かれる。

表 2-1　マムヴ語（ナイル・サハラ語族，中央スーダン語派）
　　　　書記法は簡略化（Vorbichler 1971: 231-2）

数　詞	意　味	文字通りの意味
relí	1	
juè	2	
jenò	3	
jetò	4	
jimbu	5	
elí qodè relí	6	「手が1をつかむ」
elí qodè juè	7	「手が2をつかむ」
jetò. jetò	8	「4・4」
elí qoɓò relí	9	「手が1をとっておく」
elí ɓòsí	10	「両手」
qarú qodè relí	11	「足が1をつかむ」
qarú qodè juè	12	「足が2をつかむ」
qarú qodè jimbu	15	「足が5をつかむ」
qarú qodè màdyà	16	「足が6をつかむ」
múdo ngburú relí	20	「一人全体」
múdo ngburú relí, íjuní qa relí	21	「一人全体，その上に1」
múdo ngburú relí, múdo-ná-qiqà elí ɓòsí	30	「一人全体，もう一人，両手」
múdo ngburú juè	40	「二人全体」
múdo ngburú jimbu	100	「五人全体」

- マムヴ語では人間の手がもっとも顕著な起点のモデルとなり，数詞は5ごとのブロックに分けられている。つまり「5」が基本数であり，数のカウントは5つの数のブロックごとに新たに始まる。
- もう一つの基本数は「20」であり，これは概念的には手足の指の総数に由来し，その結果二十進法，つまり基本数として「20」を持つ体系となる。

　このマムヴ語の例に見られる構造は，世界の言語に広く存在している。その際，使われる個々の表現にはいくつかのヴァリエーションが見られる。例えば「一人全体」のかわりに「両手と両足」のような表現が「20」という語の起点となることもある。Stampe（1976: 596）にならい，このような構造はまとめて「片手・両手・片足・人全体タイプ」と呼んでよいだろう。

　身体部位モデルは実のところ随所に見られるものである。その影響は何らかの形で多くの言語に見られ，例えば英語のように単に十進法のみをとっている場合でさえ観察される。ある言語の数詞が一見すると身体部位モデルに関係しているとは思えない場合でも，やはりそれが身体部位モデルに関係しているといったことがよくある。例えば Meinhof（1948: 118）の報告によれば，ソト語では selɛla! もしくは taβɛla! という「跳べ！」を意味する動詞形が「6」を表すのに用いられているという。これらの形の起源は，「6」が「一方の手からもう一方の手へ跳び移れ！」という概念で表されることによる表現のようである。

　以上をまとめると，数詞体系と結びつきやすい言語的特性にはいくつかのものがあるが，それらの特性は，数詞を構造化するのに用いられる概念的雛型を参照してはじめて，有意味なものとして理解されるということになる。以下がその主な雛型とその言語学的含意である。

1.　人間の手は数詞体系を構造化するための最も重要なモデルである。それゆえ，「5」という数詞は多くの言語で繰り返しの最小基本数である。「基本数」とは数えていく際に，仕切り直しに使われる数である（Majewicz 1981 参照）。しかし注意したいのは，人間の手が基本数「5」の起源になりがちなのはたしかだが，この基本数を利用する表現には，たいてい「手」を表す語が現れないことである。手の存在はしばしば表現されずに含意されるのである。例えば表 2-2 に見られるように，ニュー・ヘブリディーズ諸島のアピ語の話者が「6」から「9」までの数詞で手という概念を表現する必要がないのは，この概念がすでに「新しく」を表す形態素により含意されているからである。

2.　数詞体系の最も一般的な構造は，「5」が「手」に，「10」が「両手」に，そして「20」が「両手と両足」や「一人全体」に類するものに由来するものだと思われる。知覚上の相違は片方の手ともう片方の手よりも，手と足のほ

表 2-2　アピ語，系統不明
（Seiler 1989: 10，Dantzig 1940: 25 に基づく）

tai		1	otai	「新しく1」	6
lua		2	olua	「新しく2」	7
tolu		3	otolu	「新しく3」	8
vari		4	ovari	「新しく4」	9
luna	「手」	5	lua luna	「二つの手」	10

うが大きいため，「10」という数詞は「5」という数詞よりも重要な基点となるようである。このことはまた，基本数として「10」を持つ言語のほうが，「5」を基本数とするものより多いことを意味する（2.5節参照）。

3.　「6」から「9」までの数詞は，その動機づけが明らかな場合には手の指の名で表されたり[15]，また命題的な構造を持っていたりする[16] ことが多い。その理由は，これらの数詞が指や手に関する叙述の形で作られることが多いためである。このことは言語的に見ても大きな意味がある。すなわち「6」から「9」までの数詞は節が持つ形態統語特徴を有することが少なくないのに対し，例えば「5」「10」「20」を表す数詞は，その構造が節ではなく名詞の形態統語構造を持つ可能性が非常に高くなるからである。先のマムヴ語はそのような状況の一例である。もう一つの例としてはズールー語が挙げられるが，これは2.3節で見ることにしたい。

4.　一般に身体部位，特に人間の手が数詞体系を構造化するための最も重要な概念的起点領域となっているのは，おそらく数詞を表現する際に，身体の動きが重要な役割を果たすためだと考えられる。例えば Greenberg は，ニューギニアの一部では「身体部位をもとに数を数えるジェスチャーの方法は，片方の手の指から始まって，手首，肘へと上がっていき，もう片方の手へと戻る。話し言葉では数は3もしくは4までしかないが，このジェスチャーを用いる方法により20までもの数の表現手段が与えられる」（1978c: 291-2）と報告している。

5.　数詞の分野の研究者（Stampe 1976: 598-9; Greenberg 1978c: 268-9, 276）が数詞体系の特徴として指摘してきたものの一つには，「30」のような10を

超える数詞の構造がある。このような場合，被乗数（「10」）はよく名詞のように扱われ，乗数（「3」）は名詞にかかる修飾語のように扱われる。例えば Greenberg は，ウォロフ語の数詞 nyar-i temer（2 -の 100）「200」が nyar-i nag（2 -の牛）「2 頭の牛」という表現と同じ構造であることに注目している。この類似には明白な理由があるように思われる。つまり，被乗数が名詞のように扱われるのは，被乗数が歴史的には名詞であり，上で述べたような名詞的特性のいくつかを保持してきたためだと考えられる。とすると乗数は名詞修飾語のように振る舞う傾向を示すことになる。またそういった数詞が名詞を修飾する場合には，ラテン語の例（1）のように数詞が属格構文の主要部となり，「本来の」主要部名詞は属格修飾語として現れることもある。また英語の three ears of corn（トウモロコシ 3 本）のような構造も参照されたい（Stampe 1976: 599）。

(1)　ラテン語

tres　　cent-　　i　　　　　　　　　　　　puer-　orum
3　　　100 ·　　男性:複数:主格　　　　　　　少年 ·　男性:複数:属格
「300 人の少年」（文字通りには「少年の 300 人」）

　これと同様に，数詞「5」が「手」に由来する場合であれば，同じような名詞的特性が見られるのではないかと考えられる。この予測は実際に正しいこともあるが，「10」を超える数詞の場合に比べ，当てはまる確率は少ない。これは「5」という数詞がより頻繁に用いられ，5 より小さい他の数詞の構造に強く影響を受けるという理由による。それゆえ，5 は名詞的な特性の多くを失う可能性が高い。しかし仮になお名詞のような振る舞いをする数詞「5」があるなら，その名詞から数詞への発展は最近のものだと言ってよいだろう。

6.　数詞は大きな数詞が小さな数詞に先行するような組み合わせから成り立つ傾向がある。以下の引用で Greenberg が述べているように，こういった場合にはコミュニケーションを効果的にするという要請に関わる認知的な原理が働いていると考えられる（ドイツ語の einundzwanzig「1 と 20」すなわち「21」に見られるようなあまり一般的でないパターンはここでは無視する）。

大きな数詞, 例えば 10,253 を 10,000, 200, 50, 3 の順で表現すれば, 一番初めの要素によって最終的な結果に対する適当な近似値が得られ, 数が続くごとにさらなる近似値が得られる。逆の順では, 聞き手は最後の数に到達するまで, どのような数なのか見当がつかないことになってしまう (Greenberg 1978c: 274)。

また Stampe (1976: 603) は別の説明を提案している。彼の説明によれば, 大きい数詞から小さい数詞へという配列は, 古い情報は新しい情報の前に置かれるとする, よく知られた原則との関連を思わせるもので, つまり数を数える際には小さい位数が大きい位数よりも入れ替わるのが速いため, 小さい数は新しい要素ということになり, それゆえ後に置かれるのだという。さらなる情報がない以上, これら二つの仮説に関しては評価のしようがないが, いずれにしても双方とも大きな数詞が小さな数詞に先行するという事実の説明にはなっている。

7. 数詞体系が5つ以下の数詞しか持たない言語では, 最大の数詞は「たくさん」「いくつか」「二つ三つ」といったおおよその数を表す数量詞に由来することが多い (Stampe 1976: 597; 2.2 節の議論を見よ)。

8. 数詞を形成するのに用いられるさまざまな演算のうち, 加法が最も広く用いられている。しかし主要な演算ではないものの, 減法を含む数詞体系も多く存在する。おそらく極端な例であろうが, 日本のアイヌ語では, ⟨i-wan⟩(4-10)「6」, ⟨ar-wan⟩(3-10)「7」, ⟨tu-pasan⟩(2-下)「8」, ⟨shine-pesan⟩(1-下)「9」のように, 「6」から「9」までの数詞が減法によって構成されることが観察されている (Stampe 1976: 602)。

数詞体系の形成に関わる演算は, 加法と減法のみではない。もちろんオーストラリアのアランダ語やワルビリ語 (Stampe 1976: 605) およびナミビア北部の伝統的に狩猟・採集を営んでいるコエ族のように, 乗法なしですます社会もあるが, 世界の言語を見渡すと乗法, それどころか除法の例さえ見られる。いったん「手」を数的概念として導入すると, 乗法がどのように現われるかは簡単に再建できる。「二本の手は5が二つであり, (身体の構造を無視すれば) 三本の手は5が三つである。これは合計をさらに合計したもので

あるが，このようにして乗法が生まれたのである」（Stampe 1976: 604）。

　また次の演算の振る舞いについての観察は，世界の多くの言語に当てはまると思われる（Greenberg 1978c: 257-8 を参照）。

1. 加法と減法は，この順に，数詞を形成するうえで最も一般的な方法である。
2. 乗法の存在は加法の存在を含意する。
3. 減法もしくは除法の存在は，加法と乗法の両方の存在を含意する。

　さまざまな演算の表現に使われる方策の分析は本書の範囲を超えているため，ここでは最も頻繁に用いられる演算である加法についての一般的な見解をいくつか挙げて結びとしたい。加法は語順，韻律，屈折またはこれらの組み合わせなどのさまざまな形式上の手段によって表現される。これまでのいくつもの言語の証拠（例えば Greenberg 1978c; Hurford 1987: 237）によれば，加法標識の最も一般的な起源は随伴標識（「と」）もしくは位置標識である。随伴標識は接続詞や加法標識（「と」,「～足す～」）へと文法化される傾向がある，位置標識の場合は「上」を表す形態素（Greenberg は「上方連結詞」と呼ぶ）が比喩的に加法標識として用いられる。つまり「三つを 10 に加えるとするなら，その三つは 10 という山の上に積み重ねられるのであって，その逆はありえない」（Greenberg 1978c: 265）ためである。上で見たように，マムヴ語では上方標識 ijuní「上」が「20」を越える数詞の加法に用いられるのに対し，スワヒリ語では随伴標識 na「と」が加法標識として数詞体系全体を通じて一般化した。文語ウェールズ語では，「39」までの数には ar「上」という連結詞が用いられるが，それ以上の数にはすべて結合詞 ac「と」が用いられる（Hurford 1987: 53）。また言語によっては他の手段が用いられることもある。例えば（2）では，加法の起源として所有構造が用いられており，「10」が所有者，「1」が被所有者として現れている。とはいえ，加法標識として最も頻繁に用いられる起点領域は，随伴標識と位置標識であると思われる。

(2) ケチュア語（Greenberg 1978c: 265）

anka　　ukni-　　yuk
10　　　　1・　　持っている
「11」

2.2　その他のモデル

　身体部位モデルは数詞体系を作り上げる際にいたるところで見られるが，他のモデルを思わせるような構造を目にすることもある。もちろん前節で挙げたパターンは統計的に見て世界の言語で優勢だと思われるが，身体部位モデルでは説明がつかないような数詞，さらには数詞体系を見出すこともある。そのような数詞体系は「3」「4」「6」「9」のいずれかを基本としており，それゆえそれぞれ三進法，四進法，六進法，九進法と呼びうるものである。四進法の例はサリナ・チュマッシュ諸語（Turner 1988）に見られ，六進法はBeeler がパトウィン語，ウィントゥ語，ノムラキ語といったウィントゥ語群の言語に関して記述している（Beeler 1961: 2）。

　人間の手の構造に基づかない，つまり五進法，十進法，二十進法のいずれでもない数詞体系や個々の数詞が存在するのは，さまざまな要因のためである。まず Stampe（1976: 596）が述べているように，社会によっては「数を必要としない」ようである。アンダマン語では「2」より多い数は数えないと言われている。またブラジルのマクロ・ジェー語族であるボトクード語には「ひとつ」と「たくさん」という語しかないと言われている。オーストラリアのウォロラ語には数詞の語根がひとつしかなく，単数（iaruŋ）では「1」，双数（iaruŋandu）では「2」，複数（iaruŋuri）では「3」もしくはそれ以上の数を意味する（Stampe 1976: 596; Greenberg 1978c: 256）。オーストラリアのアボリジニの社会は，拡張した数詞体系を発達させるのに特に気乗りがしなかったようである。Dixon はこれについて次のように述べている。「オーストラリア言語の語彙における他の言語との相違は，数詞体系の欠如である。通常言われるのは「1」，「2」，「いくつか」，「たくさん」という数しか存在しないということであり，「3」という数が存在する言語もあるようだが，それ

はしばしば複合語の形をとる」(Dixon 1980: 107-8)。これはオーストラリア先住民に数的概念を識別する能力が欠如していた，もしくは欠如している，ということを示しているのではない。例えば彼らには，掌のさまざまな箇所を指すことで，予定されている行事までの残りの日数を測ったり示したりする方法があった。さらに，彼らは英語の数詞の用法を学ぶ際にも，さしたる困難は経験しなかったようである（Dixon 1980: 108 参照）。

　第二に次の記述のように交易や商売戦略といった，文化特有の要因が数詞体系の構造に影響を及ぼすことがある。

> インド・ヨーロッパ語族では十進法の「100」を 120 と再解釈する言語があるが，その起源は，地理的には北大西洋沿岸とバルト海沿岸にあるようである。この用法の始まりは「ダースで」もしくは「多めの百で」魚やその他の商品が取引されたことに関係していると考えられ，この際の端数の 2 や 20 は，それぞれ割引のマージンであった（「ダースで買えばより安い」すなわち「10 個の値段で 12 個」といった状況を想像してみるとよい）。(Seiler 1989: 11)

　第三に数詞の拡大が起こる場合がある。例えばそれまでの数を数える体系において使用された最大の数が新たな基本数となり，そこから数え直す，ということが起こりうる。Beeler の報告によると，カリフォルニアのペヌーティ言語群には「6」という数詞が「数の終わりとして」用いられ，「一般的な大きな数と見なされる」言語があるという（1961: 2）。例えば「6」を表す同じ数字は，この言語群の北ニセナン語では「100」を表す語となっている。ペヌーティ言語群には「7」が「6+1」，「8」が「7+1」などと表現される体系を発達させてきた言語もあるが，以上を考え合わせるとこれはことさら驚くべきことではない。

　さらに既存の体系が他の別の体系として再分析された結果，人間の手を基準にしない数詞体系が生じることもある。Stampe（1976: 601）が記述しているように，ムンダ諸語のソーラー語では，構成要素の音声的磨耗によって「10」が新たな基本数「12」となるような変化が生じたため，典型的な十・二十進法体系に十二進法体系が入り込んだ。

　ソーラー語の発達は複雑であるが，おそらくそれほどまれではないだろ
う。この発達は表 2-3 にまとめてある。第一段階では十・二十進法が用いら
れた。次に「12」が新たな基本数として再解釈されることで，少なくとも「12」
から「19」までと「32」から「39」まで等々の数詞に関しては，十二進法が古
い体系に入り込んでいる。この成り行きを Stampe は「12 と 8 のストラヴィ
ンスキー的交代であり，知られている限りの言語の中では前代未聞である」
（1976: 601）と述べている。

　すでに存在する数詞を他の数詞として再分析することは，ひょっとすると
考えられているよりも一般的かもしれない。デンマーク語の tredive「30」（<
*3×20）と fyrretyve「40」（<*4×20）という数詞では，基本数 tyve「20」が「10」

表 2-3　ソーラー語における十二進法の発生
(Stampe 1976: 601 による)

第一段階

*gəl		'10'
*mi'-gəl-muy	1-10-1	'11'
*mi'-gəl-bar	1-10-2	'12'

第二段階

gəlji		'10'
gəl-muy	10-1	'11'
miggəl		'12'
miggəl-bɔy	12-1	'13'
miggəl-bagu	12-2	'14'
miggəl-gulji	12-7	'19'
bɔ-koRi	1 × 20	'20'
bɔ-koRi-miggəl-bagu	(1 × 20)-12-2	'34'
bɔ-koRi-miggəl-gulji	(1 × 20)-12-7	'39'
ba-koRi	2 × 20	'40'

の価値を与えられたようである。キリマンジャロ北斜面のマタパト・マサイ族の間では，10 の位の値はすべて二倍となっている。tomon と tikitam は他のマサイ方言のようにそれぞれ「10」と「20」を意味するのではなく，「20」と「40」を意味する。マサイ地域全体の中でマタパトは最も観光地化されているのだが，これは偶然の一致ではないかもしれない。

　多くの言語においては，例えば十進法と四進法のどちらを選ぶかという選択は問題とならない。むしろ私たちが目にするのは，一つ以上の体系の特性が組み合わさったものである。より正確に言えば，私たちが直面することが多いのは，身体部位モデルに加えて，他にも副次的モデルが発達しているような状況である。そのような状況に出会う場合には，後者のモデルはSchmidt（1926）がペア型原則（この章の冒頭を参照）と呼ぶ数詞や Seiler（1989: 8）が「不規則数詞」と名づける数詞に限られることが多く，それが他の規則的な連続を妨げるいくつかの数詞（ひとつだけであることが多い）となる。

　そのような不規則数詞は「10」以上の数であることもあるが，たいていは小さな数詞に限られることが多い。例えば Seiler はウェールズ語とブルトン語の「15」から「19」までの数詞を表 2-4 のように記述している。

　ここでは「18」が「不規則数詞」の例となっている。つまり乗法のパターンに基づく「18」が，加法による他の数詞の連続を妨げている。こうした類の不規則数詞は多くの言語に見られる。例えば印欧語の「8」という語が双数形であるのはその一例である[17]。似たような状況は多くのバントゥ諸語に見られる。例えばスワヒリ語は十進法であるが，数詞「8」を表す語（-nane）

表 2-4　ウェールズ語とブルトン語におけるいくつかの数詞の構造
（Seiler 1989: 8 に基づく）

数値	ウェールズ語のパターン	ブルトン語のパターン
15	5 + 10	
16	（5 + 10）の上に 1	6 + 10
17	（5 + 10）の上に 2	7 + 10
18	2 × 9	3 × 6
19	（5 + 10）の上に 4	9 + 10

に関しては「4 たす 4」(〈-na〉「と」, 〈-ne〉「4」) を意味する表現が起源となっているようである。これは 100 年以上も前に Pott (1865: 45) によってなされた観察である。

同様にペヌーティ言語群のウィントゥ語, ノムラキ語, パトウィン語では「5」は「手」に由来しており,「手」という概念に基づく身体部位モデルの一例だと言えるが,「6」は三進法モデル, すなわち「3 の二倍」という概念的基礎に由来している。また北ウィントゥ語のある記録には九進法が見られ, そこでは「11」「12」「13」「14」がそれぞれ「2」「3」「4」「5」という意味の語を含んでいる (Beeler 1961: 2, 3)。

身体部位モデルが世界的に見られることや, 文化の世界的な単位での発展, および英語, フランス語, スペイン語, ロシア語, その他の西欧言語が世界で担う役割を考え合わせると, 十進法以外の数え方は遅かれ早かれ消滅すると予言できなくもなさそうである。しかし十進法でないモデルもなお使用されており, それらのなかには衰退の兆候が見られるどころか, むしろ優勢なものもある。例えば Beeler は次のように報告している。

　　20 世紀初頭に Dixon が記録した北東マイドゥ語の数詞は, 約 50 年後の Shipley の調査結果と同じであるが, ひとつだけ著しい例外がある。Dixon の記録にある 7, 8, 9 は, Shipley の記録では 6+1, 6+2, 6+3 と解釈可能な表現に取って代わっているのである。(Beeler 1961: 2)

つまりここでは歴史的に制限された起点のパターンでなく, Shipley の記録した六進法の構造が優勢となり代替物となっていることがわかる。しかし全体として見ると, 数詞体系の新しい発達は反対の方向に進む。例えば北部ナイジェリアのプラトー諸語においては,「12」を基本数とする伝統的な十二進法がますます十進法に取って代わられている。ナイジェリアの公用語の英語と現地の通商語 (lingua franca) であるハウサ語は, Gerhardt (1987) によれば英語がハウサ語に直接影響を及ぼしたのではないということだが, ともに十進法となっている。これらの言語に見られる十二進法から十進法への移行は, 伝統的な数詞「12」が「10」という意味で再解釈されるか, もしくは十二進法の「11」「12」を表す語がそれぞれ「10+1」「10+2」に置き換

わるというパターンを伴っている。

　以上の結論として言えるのは，身体部位モデルと調和しない基数詞もしく
は数詞体系が見られる場合も，たいていその説明がつくということである。
しかし，数詞の構造には他にもいくつかの特殊性が見られることがある。そ
の一つは，同一の言語のまったく同一の数の単位に異なる表現が与えられる
場合があることである。前述のようにマムヴ語においては「6」に関して二
つの異なった語がある。一つは elí qodè relí「手が 1 をつかむ」で，これは
身体部位モデルに由来しているが，もう一つは màdyà で，これは「16」と
いう数詞のみに現れ，語源的には不透明である。さらに英語には「10」を指
すものが「ten」「-teen」（例えば eighteen）「-ty」（例えば eighty）のように
三種類ある。このような二重性や三重性はなぜ存在し，なぜ「10」「20」「100」
といった基本数が含まれるときにそれらが特によく見られるのだろうか。

　この解答にはいくつもの可能性があり，さらに細かい分析が必要とされる
が，ここでは三つの解答の可能性に言及するにとどめておこう。まず新しい
体系が古い体系にとって代わる場合がありうる。このような場合は少なくと
もしばらくの間，ある数が旧体系と新体系の両方の形式で同時に表現される
ことが予期される[18]。

　第二に，基本数を表す表現が X という環境では音韻変化を被るが，Y と
いう環境では被らないということが考えられる。この音韻変化により，次第
にその表現は，一方の形式は X の環境，もう一方は Y の環境といった相反
的な環境により，二つの異なる形式で現れる[19]。

　第三の解答の可能性は，起点となるモデルの選択に関わるものである。上
で見たように，身体部位モデルは基本数を作り出すにあたって最も好まれる
雛型である。このモデルは人間の手足の指を，数を数える際の単位と見なす
ので，「20」までの数詞を作り出すには非常に効果的である。またこのモデ
ルは乗法によってさらに大きい数詞へと拡張されることもあるが，また他の
モデルが「10」「20」もしくはさらに大きい基本数を持つ数詞体系を作るの
に採用されることもある。このような場合，基本数は二つの異なる表現を持
つことになり，そのうち一方は身体部位モデルに，もう一方は別のモデルに
由来することになる。この別のモデルでは，無生物の集合名詞「山」「袋」「集
団」「束」などが基本数の表現として使われる。次に挙げるウガンダのソー

語の例では，小さな数詞は五進法をとっており，単数形 an，複数形 én-ek
「手」という名詞が基本数の表現の一部となっているが，「20」以降の 10 の
位の数詞は，名詞 îr「家」の複数形 îr-kon に由来する îr-kon「（複数の）
10」が基本数である。「20」という数は二つの体系の交差点に位置しており，
（3）に見られるように二つの異なった表現がある。

(3) ソー語（ナイル・サハラ語族，クリアク語派：Carlin 1993: 110）

tud	en- ek	nɛbɛc	または	ir- kon	in	nɛbɛc	「20」
五つ	手・複数	2		家・複数	関詞	複数	2

　カリフォルニアの東ポモ語は二十進法をとるが，身体部位モデルに関連し
た表現は見られないようである。むしろ「20」は xai-di-lema-tek「いっぱい
になった棒」と表現され，「20」の倍数は「棒」の数で表現される（Farris
1990: 179）。

　ザイール東部のバレーザ語では，「100」という数が二つの異なる体系の交
差点となっている（Vorbichler 1965: 94-6）。この言語では語源不詳の名詞
àbùcí「10 であること」が十進法の基本数として用いられ，ábúcí àbùcí「10
個の 10」すなわち「100」が作られる。「100」以上の数では名詞 ubvu「100」
を基本数とした集合的モデルも同時に用いられる。ubvu の本来の意味は
「蔓（ツル）」であったようであり，そこから「100 のタカラガイをつないだひも」
という追加的な意味が獲得され，最終的に「100」となった。タカラガイは
植民地時代以前の主要な通貨であったということに注目したい。ubvu もま
た数詞体系と金銭を数える体系との交差点に位置するのである。後者の体系
は（4）に挙げるような表現から成っている。

(4) バレーザ語（ナイル・サハラ語族，中央スーダン語派；Vorbichler 1965: 96）

　　wádí　　「40 個のタカラガイでできた貨幣のひも」
　　ubvu　　「100 個のタカラガイでできた貨幣のひも」
　　bomu　　「wádí のひも 50 個」

　身体部位モデルは小さな数詞に限定される傾向があるが，またこのモデル
が大きな数詞へと拡大される言語もある。例えばアステック語では，「5」
（ma-cuil-li）という数詞と「10」（mà-tlae-tli）という数詞は「手」（ma）を

概念的な起点としているが，大きな数詞に関しては別の身体部位が用いられてきた。その身体部位とはすなわち tzon-「髪」であり，これにより cen-tzon-tli「400」（文字通りには「ひとつ・髪」の意；Stolz 1994b: 83）という数詞が生まれたと考えられる。

2.3 形態統語上の特徴

以上の観察で示唆されるように，文法的カテゴリーの形態や統語がどのように構造化されるかは，それが由来している概念的起点を知ればおおかた説明がつく。したがって基数詞の構造は前節までで述べてきたことをもとに説明が可能である。

基数詞の最も注目に値する特性は，おそらく部分的に形容詞や名詞のような振る舞いをすることであろう（Greenberg 1978c; Corbett 1978a, 1978b）。形容詞的な特性としては，例えば修飾する名詞と数，性，場合によっては格が一致することや，通常の形容詞と同じ位置に現れることが挙げられるだろう。名詞的な特性は，例えば数詞が修飾する名詞を数詞自身が支配する場合に見られ，この場合には数詞が修飾する名詞は，属格複数の構成要素としてコード化されることが多い（以下の議論を参照）。

また上で挙げた研究者は，小さな数詞と大きな数詞の間には大きな相違があることも指摘している。Corbett（1978a: 358）の研究によれば，ロシア語の基数詞 odin「1」，dva「2」，tri「3」には形容詞的な特徴はあるものの，名詞的な特徴はない。その一方で sto「100」，tysjača「1,000」，million「1,000,000」には名詞的な特徴はあるが，形容詞的な特徴はないという。Corbett は多くの言語にわたって慎重に調査した結果，次のような「普遍性の候補」を提案している。

1. 単純な基数詞の統語的振る舞いは，常に形容詞と名詞の振る舞いの中間にある。
2. ある言語において単純な基数詞が異なった統語的振る舞いをする場合，名詞的な振る舞いを見せる数詞は，さほど名詞的でない振る舞いを伴う数詞よりも大きい数である。(1978a: 363)

　大きな値の数詞は名詞のようにふるまう，もしくは名詞のような特徴を持つということを，Corbett は次のように説明している。

> このように大きな数詞は，数詞として使われる名詞なのである。その一例としては，古代教会スラヴ語の t'ma「多数」が「10,000」を意味するようになったことを挙げることができよう。文化的発展の過程で新たな数詞が先行する体系の最も大きな数として導入されるにつれ，以前は最大であった数詞は，先行体系にいっそう組み込まれ，名詞的特徴を失っていくのだと思われる。(Corbett 1983: 245-6)

　言語によっては基数詞が名詞や形容詞ではなくむしろ動詞のようにふるまうといった（Orin Gensler，個人的談話による；Robins 1985 を参照），いくつかの比較的重要度の低い観察を考慮しないとすれば，この説明はスラヴ語派のみならず，世界中の多くの言語に当てはまると言ってよい。身体部位モデルは小さな基本数の有力な起点であるのに対して，大きな基本数は集合名詞に由来する可能性が高い。以下の章で見るように，ここには概念転用という，より一般的な過程の事例のいくつかが見られる。この概念転用が起こる際には，具体名詞が接置詞や接続詞などの閉じたクラスの語への発展の最も一般的な起点となる。
　このような概念転用に基づく発展によって，名詞がまた形容詞的な語へと導かれることがあるということは，色彩領域の例を見ると明らかとなる。新しい色彩語彙が現れる際の，最も一般的な概念的起点領域の一つは植物の領域であり，たいてい花や果実のような植物の一部である。植物の一部を表す語彙が色彩を表す語彙へと発展することは（例えば英語の orange, violet），名詞がますます名詞としての特性を失い，名詞の修飾や性質の表現を主な機能とする表現に特有な特徴を帯びるということである。このような過程は Heine, Claudi, & Hünnemeyer（1991, 第 2 章）において，カテゴリー的メタファーの点から記述されている。カテゴリー的メタファーにおいては，具体的対象物の領域の概念，上掲書の術語では対象物領域，が性質領域の概念を表現するための構造的な雛型として用いられる。この概念転用が意味するのは，植物の一部を表す特定の語は名詞的な特性を失い，しだいに形容詞のカ

テゴリーと結びつく特性を獲得するということである。数詞に関しては，Hurford がこの過程の形態統語的な帰結を次のように要約している。「数詞の意味からすると『名詞修飾語』（形容詞）が数詞を表す第一の最も自然な統語的カテゴリーである」（1987: 197）。

Corbett（1983: 236）は，スラヴ諸語では「5 から 10」「100」「1000」の名詞的な特性の一部が失われてきたことを観察している。とはいえ名詞的起源は大きな数詞に限られるわけでなく，小さな数詞が名詞に起因することもある（しかし以下の議論を参照）。これは「5」「10」「20」といった数詞の主な起点領域が「手」「足」「人」といった身体部位の名詞であることから，当然予期されることである。Hurford はこの過程を次のように解釈している。

> したがって例えばニューブリテン島のメラメラ語においては（...）lima- という形式が手の集合（つまり「手」）を指すが，数詞として使用されると，lima は五つのものが集まった集合（つまり「5」）を指す。これほど大きく意味が違う以上，数詞としての借用形はそれ以前の名詞の形態統語的振る舞いの特徴を必ずしも残していないと予想される。（Hurford 1987: 200）

しかし大きな数詞にはさほど形容詞的特性が見られないのに，小さな数詞にはこの特性が見られることは，どう説明したらよいだろうか。これには少なくとも二つの要因がある。まず大きな数詞の起点領域はそもそも名詞のみであるが，小さな数詞では状況が異なることが挙げられる。2.1 で挙げたマムヴ語の表を再び見てみると，「9」が「手が 1 をとっておく」，「11」が「足が 1 をつかむ」といったように，多くの描写的な表現が数詞を表す語に発展していることに気づく。見てのとおりこのような表現は命題的な形式をとっており，名詞的な形態統語構造ではなく，節の形態統語構造をとる。こうした表現に由来する数詞は，それゆえ名詞的特性を有することはほとんどない。例えば表 2-5 に見られるように，ズールー語の「6」から「9」までの数詞は，指を使って数を数える際に慣習としている様式[20]を描写する具体的表現に由来している。

表に挙げた数詞形が示しているのは，「6」と「7」の概念的起点は名詞で

表2-5　ズールー語のいくつかの数詞
（ニジェール・コンゴ語族，バントゥ諸語；Doke 1930: 326）

数詞	意味	文字通りの意味
isithupha	6	親指
isikhombisa	7	人差し指
isishiyagalombili	8	二本の指を残すもの
isishiyagalolunye	9	一本の指を残すもの

あり，「8」と「9」のそれは名詞化した動詞句だということである。したがって前の二つの数詞は後の二つの数詞に比べて名詞的な特性が強いと予測される。また小さな数詞は形容詞のようなカテゴリーに起源を持つこともありうる（次の議論を参照）。このような場合，結果として生じる数詞が名詞的特性を有する見込みがないのは明白である。

　二つ目の要因は使用の頻度に関わるものである。数が小さくなればなるほど，その数詞はより頻繁に使われる可能性が高い（Hurford 1987）。文法化の研究者の多くが議論してきたように，使用頻度は文法化の度合いとプラスの相関関係にある。つまり，ある項目が頻繁に使われれば使われるほど，そのカテゴリーの特性を失い，他のカテゴリーへと発展してゆく可能性が高い。したがって名詞から形容詞への発展は，大きな数詞よりも小さな数詞に影響を及ぼすことが多いのである。

2.4　動機づけの透明性について

　基数詞は，言語形式が恣意的もしくは動機づけのないものだということを議論するためにFerdinand de Saussure（1922）が用いた典型的な例であった。Saussureはフランス語の数詞neuf「9」，dix「10」，vingt「20」のような「単純な記号」は全く恣意的である（または動機づけがない）と見なすが，一方でdix-neuf「19」のような「統語体」は「相対的に動機づけられている」とする（Saussure 1922: 180-4）。つまり後者の動機づけは，そういった統語体それぞれがその構成部分との統合関係を有し，同じパターンを持つ他の統語

体と連合関係を有する点にある（Saussure 1922: 180-4）[21]。オノマトペや，フランス語の dix-neuf の例のように相対的に動機づけられ，ある程度しか恣意的でない「周辺的例外」を無視すれば，名前は名づけられたものの性質について何も明かさないと Saussure は言うのである。

　本書がよりどころとする基本前提は，意味を表すのに用いられる形式は恣意的に導入されるのではなく，動機づけがあるというものである（1.1 節参照）。これは重要な前提であるが，しかしまた議論の余地のあるものだということに異論はないだろう。これがそれほど議論を呼ばないものとなるのは，第 1 章で扱ったように私たちの関心が特に「起源的」動機づけにあること，つまり構造的もしくは心理的動機づけに関してはここで何も主張しないことを付け加える場合である。しかしこの変更をほどこした形でも，この主張は依然として強いものである。しかし本来この主張が意図するのは，第一に一見意味のないように見える言語形式が歴史的に見るとしばしば意味を持った形式に由来しており，第二にそういった今日の形式を十分に理解するには，その形式が作り出される原因となった動機づけを再建することが不可欠だということである。とはいえ起源的動機づけを再建するには，多少の問題点もある。

　Saussure は構造的ないしは心理的動機づけの観点，またはおそらくこれら両方の観点から議論していた。私たちの関心である起源的動機づけの問題点は，フランス語の neuf「9」や dix「10」のような数詞が起源的に動機づけられていることをどう証明するのかということである。これまでの議論で見たように，身体部位モデルのような起点構造を参照することで，数詞形式の背後にある起源的動機づけの一部を再建することは可能である。しかしこのモデルはフランス語の neuf や dix といった場合には当てはまらないようである。

　この問題点に対しては主に二つの立場をとることができる。一つ目の立場は，これまでこういった数詞の背後にある起源的動機づけを再建できていないのであるから，起源的な動機づけなど存在しないと言えるのではないかという，言語学者の間でもまれではない立場である。この立場は，X を知ることができないからには存在しないのだという暗黙の前提に基づいているようである。

　二つ目の立場はここで採用されているものである。これまでの節で見たところでは，数詞が恣意的に作り出された例はないようだが，数詞の導入が動機づけられていることを示す例なら多く挙げることができる。それゆえいまだ動機づけが見出されない事例には説明が必要ではあるが，起源的動機づけは何かしら存在すると仮定したほうがよいとする立場である。ここではそれゆえ起源的な動機づけがすでに再建されている「透明な」言語形式と，まだ動機づけが再建されていず明白でない，もしくは「不透明な」言語形式とを区別しておくことにしよう。例えばナミビア北部の中央コイサン諸語であるコエ語の基数詞 /x'oá「3」と thíyà「4」は，これらの語彙的起源（/x'oá「少し」，thíyà「たくさん」）が完全に復元できるので透明である。同じようにマムヴ語の話者が elí 6òsí「10」という数詞（文字通りの意味は「両手」）を用いる場合にも，透明性があると言える。それに対しフランス語の neuf「9」と dix「10」や，これらの英語の相当語は不透明である。

　しかし言語形式が基本としている構造的特徴はいまだに復元可能であるが，その言語形式の語源は先史の闇に包まれているということもしばしばある。このような場合には「パターンの透明性」という用語を用いることを提案したい。パターンの透明性は当該の構造の統語的特性や概念的特性に関係する。概念的特性を見て取れる典型的な例は，「5」「10」「20」といった基本数が存在する場合である。これまでの議論で見たように，数詞を構造化する基礎としてこれらの数詞を用いる言語に出会うときには，身体部位モデルを示すパターン透明性が存在する事例だと考えてよい。

　意味的透明性とパターン透明性の区別は，本書の目的にはそれほど重要ではない。双方とも起源的動機づけの表れだからである。前者なのか後者なのかは単に歴史的隔たりの問題だと言えよう。つまり意味的透明性は比較的最近の発展を示すが，もはや意味的透明性を伴わないパターン透明性が見られる場合は，かなり古い時期に概念転用が起こったことを示すものだと言ってよいだろう。

2.5　まとめ

　本章において議論された問題は，特に次のようなものであった。

1. なぜ「5」「10」「20」を基本数とする体系の五進法，十進法，二十進法が統計的に見て世界中の言語で優勢なのか。

2. なぜ「10」という数に基づく十進法が，世界の言語に最も広まっているのか。

3. なぜさまざまな数詞，とりわけ「10」「20」「100」などの基本数に二つ以上の表現がある言語が存在するのか。

4. なぜ基数詞は形態統語的に名詞と形容詞の両方の特性を持つのか。

5. またなぜ小さな数詞は形容詞と共通の特性を多く持つのに，大きな数詞はより名詞的であることが多いのか。

6. なぜ複雑な数詞での加法の演算に用いられる標識(つまり「〜足す〜」)は，随伴（「と」）もしくは上方の位置（「上」；Greenberg 1978c: 265; Hurford 1987: 237 を見よ）の表現に使われる機能語としばしば似ているのか。

　本章では全体を通じてこれらの問いに答えてきたのだが，ここで簡単にまとめてみよう。問い (1) と (2) は身体部位モデルとの関連で答えることができる。小さな基本数の概念起点領域となるのは身体部位モデルのみであるため，人間の手足に見られる指の本数の数詞が基本数として最も生じやすくなるのである。また多くの言語で最も好まれている数のまとまりは，両手のようである。これまで研究者（例えば Greenberg 1978c; 2.1 節参照）によって指摘されてきたように，数えるという行為は数詞体系の発達において重要な役割を担っており，またその際に二つの手が視覚的な助けとして関わることが多い。手に比べて足は，特に履物を使用する社会では，視覚的な助けとするにはかなり不便である。

　問い (3) に対してはいくつか解答の可能性がある。一つの解答は，基本数が異なる概念的数領域の境界線にあり，そのためその基本数が異なる起点モデルから派生されることによるものである。例えば「20」は「片手・両手・片足・人全体タイプ」(Stampe 1976: 596)，すなわち身体部位モデルから派生しうるが，同時に「束」「山」などといった集合的な語も起点として持ちうる。この場合にはそれぞれの語が異なるモデルに由来するわけであるから，同義の数詞が存在しても驚くことはないだろう。もうひとつの解答とし

ては，それまで使われてきた基本数が同様の概念的パターンに基づいて作られた新しい基本数，もしくは他の言語から借用された基本数により補足されることによるものが考えられる。

　問い(4)と(5)は2.3節の主題であった。そこでは基数詞の形態統語的な特徴が起点概念カテゴリーの性質に依存することを見た。例えば大きな値の数詞は名詞起源であることが多く，それゆえこういった数詞は小さな数詞よりも名詞的特性を示すと考えられる。名詞から派生した数詞はその名詞的な構造を失って形容詞のような名詞修飾語的な特性を獲得する傾向にあるが，これについてはさまざまな説明が可能である。例えば Heine, Claudi, & Hünnemeyer (1991) は，このような発展が存在論的領域から他の領域への転換に関わっているとする。すなわち数詞の発生源となった名詞は対象物領域との結びつきを失うかわりに性質領域の特性，つまり名詞数量詞や修飾語の形態統語的な特性を獲得する傾向にあるということである。

　問い (6) は第5章および第6章を扱って初めて十分な解答が与えられるものである。そこでは随伴（随伴スキーマと呼ばれる）と位置（位置スキーマと呼ばれる）が，より抽象的な相対概念を表現するための重要な雛型として繰り返し用いられる，数少ない起点領域であることを見る。

　本章では数詞体系の構造の説明に関係するいくつかの問題に限定して議論してきた。文化特有であるか，地域的にしか重要とならない問題，例えば「オーバーカウンティング」（Hurford 1975: 235-9）のような概念[22]は考察の対象から外してきた。さらに本章ではいくつかの社会で観察される身体部位と数詞表現との相互関係の詳細についても扱うことができなかった。身体と数詞体系の関係で特に注目に値する例としては，例えばパプアニューギニアの西セピック州のオクサプミン語の数詞体系に関する記述（Saxe 1981: 306ff.）を参照されたい。

　Hurford は生成文法の枠組みでの共時的な数詞の記述を目的とする詳細な研究を行った後，数詞体系に潜む「体系化の方策」は「言語習得者の先天的な心的構造化をよりどころとして説明することはできない」（1987: 242）と結論づけており，それに代わって社会的相互作用と数詞体系の通時的発展の立場からの説明を提案している。これは数詞のみならず，文法の他の領域にも同じように当てはまる。

　本章の主な目的は，基数詞が身体部分の特徴のような言語外の要因によって形づくられていることを示すことであった。数詞はしたがって人間の経験という他の領域に由来すると言えるが，またその一方で数詞自身が他の文法領域を形成する一因となることもある。これについては第 4 章で扱うつもりである。

第3章

空間定位

　コンゴ（ザイール）北東部やウガンダ北西部で話されているルグバラ語の古くからの空間定位表現は，表3-1のようになっている。ヨーロッパ諸言語の空間定位表現とは異なり，ルグバラ語の表現にはすべて透明性（2.4節参照）がある。すなわち，その横に挙げた文字通りの意味が示すとおり，どの表現の動機づけもまだ完全に復元可能である。また同時に，その動機づけは他の多くの言語で観察されるものと同様である。つまり，例えば「東」や「西」を表す言葉（そういう語彙があれば）が，それぞれ日の出や日の入りと関係のある表現から派生している言語は，世界でも非常に多いのである（3.2節参照）。さらに「右」を表す言葉の起源が，「男の手・強い手」や「食べる手」，さらには「本当の手・正しい手」であるのもよくあることである（Werner 1904などを見よ）。ルグバラ語は英語や他のヨーロッパ諸言語とは異なっているが，ヨーロッパ以外の世界の多くの言語とは共通点が多いのである。

　同時にルグバラ語には他の言語と異なっている点もある。ルグバラ人はナイル川の近くに住んでいるが，「北」と「南」を表す表現は，ナイル川の流れていく方向が北で，水がそちらに下っていくことがもとになっているようである。あたりまえのことであるが，語源的に「北」と「下へ」，「南」と「上

50

表3-1　ルグバラ語（ナイル・サハラ語族，中央スーダン語派，Barr 1965: 66）

表現	意味	文字通りの意味
andr-aleru	「北」	「下へ」
uru-leru	「南」	「上へ」
etuni efuri-aleru	「東」	「太陽の出てくるところ」
etuni 'deri-aleru	「西」	「太陽の落ちるところ」
dri ndi-aleru	「右へ」	ndi「本当の，正しい」を参照
dri eji-aleru	「左へ」	eji「持つ」を参照

へ」がつながるなどということは，ナイル川のそばで暮らしている人々の間ででもなければ期待できないだろう。また，昔からルグバラ人は弓を左手に持つので，その結果「左」は弓を持つ側として表現されるようになった（Barr 1965: 66）が，ここでもまた，弓を左手で持たない，または弓を持つ習慣がない人々の間であれば，「左」を表す言葉が起源的に動詞「持つ」と結びついているのを目にして驚くことだろう。

　このルグバラ語の観察から，空間定位のための言語表現を作り出すには，文化の違いに影響されない（「普遍的」）モデルと，文化固有のモデルの両方がある，ということが見てとれる。本章で見るように，空間の文法化にはこの二つのモデル双方が広汎に使われるのであるが，なぜこの両方のモデルが使われ，またそれらはなぜ現状のように使われているのかを説明してみたい。ここでもまた，観察の中心となるのは人間の身体であり，またその身体が概念やコミュニケーションを形づくる際にいかに重要となるかということである。しかしもちろん身体と身体部位だけに話を限ろうというのではなく，それに代わる雛型が空間定位の構造を決定している場合には，それについても考察することにしたい。

　ここで見られるような，具体的な意味がより抽象的な意味を表現するための構造的な雛型になる過程は，前章で見たものと同じである。しかしその過程から生じる結果は異なっている。すなわちここでは前章と異なり，ある具体的な対象物を指す表現が，対象物間の関係のような抽象的な意味と結びつきを強めると，その表現とレキシコンとのつながりが失われ，しだいに文法形式へと発達していくのである[23]。その結果，特に以下のような変化が必然

的に起こる。

1. 空間定位に使われる表現は，名詞や動詞のようなたくさんの仲間を持つ開いた文法カテゴリーから，指示詞や冠詞のような，仲間の少ない閉じた文法カテゴリーへと移行する。

2. そのような表現は語彙的意味を失い，文法的意味を持つようになる。

3. そのような表現は自義的な表現から共義的な表現に移行する。ここで「自義的」とは，同一文内の他の表現の意味にほぼ依存しない意味を持つことを表し，「共義的」とは，その表現の使用が他の語句の意味に依存していることを表す。

4. そのような表現はしだいに語形変化しなくなる傾向があり，例えば接辞を受けつけなくなる。

5. そのような表現は接語[24] になっていく傾向があり，それ自身が接辞になることもある。

6. そのような表現は音声的な実質を一部失う，つまり短くなることが多い。

第 1 章では空間定位表現の体系に次のような 4 つの区別を提案した。

直示定位
対象直示定位
ランドマーク定位
基本方位定位

　この区別には，互いに参照点の種類が異なるという相違だけでなく，概念派生の仕方が異なることも関係している。以下ではこれらのうちの二つについて詳しく見ていくことにする。3.1 節では直示定位を，3.2 節では基本方位定位を扱うが，この二つの定位について論じることは，残りの二つの定位にも無関係というわけではない。また対象直示定位のいくつかの特徴については，7.3 節で議論する。

3.1 直示定位

メキシコのマヤ語の一つであるユカテック語では，身体部位表現に類似した空間定位表現が多い。そのような類似表現には例えば表3-2のようなものがある。

この二種類の表現の類似性は偶然とは考えにくい。Goldap（1992）と Stolz（1994b: 60以降）の分析が示すとおり，この表にはユカテック語の話し手が身体部位を表す表現の使い道を拡張し，空間的な参照点も表すようになったという歴史的変遷の結果が現れているのである。

ユカテック語に見られるこの状況は決して例外的なものではない。似たような例は，世界のさまざまな地域で話されている，多くの言語にも見られる。1980年代以降，具体的概念から抽象的概念への転用のパターンにはどういうものがあるかに関心を寄せる研究者が現れ，そうした研究の流れから新たな知見が数多く得られている（特に Brugman 1983; Brugman & Macaulay 1986; Svorou 1986, 1987, 1988, 1994; MacLaury 1989 を見よ）。1989年にはアフリカの125の言語を対象に，空間定位の基本的な参照点がどのように表現されるかについての調査が行われた（Heine 1989）。この調査では，異なった形で言語化されやすく，文化の相違を超えて一貫して概念的に区別されていそうな（ただし後の議論参照）5つの参照点が選ばれた。これらの参照点は，表3-3に挙げたように位置を表す名詞や副詞や接置詞（すなわち前置詞と後置詞）で表現されるのが普通である。その後，Bowden（1991）が同種の調査をオセアニアの104の言語に対して行った。Bowden では表3-3に挙げた参照点の他に，オセアニアの言語にとって重要なものとして，「外」と「海」

表3-2　ユカテック語（マヤ語族，Goldap 1992: 613，Stolz 1994b: 61）

身体部位表現		位置標識	
pàach	「背中」	pàach（il）	「のうしろに」
táan	「顔」	táan（il）	「のまえに」
ich	「目」	ich-il	「の内部に」
		ich	「の中に」
ts'u'	「骨髄」	ts'u'	「の中に」

表 3-3　直示定位の 5 つの参照点

参照点	空間内での他との関係	言語表現として一般的なもの
「上」	上	上, 上方, てっぺん
「下」	下	下, 下方, 真下, 下面
「前」	前	前, 前方
「後」	後	後ろ, 後方, 背後
「中」	中	中, 内部, 内側

と「陸」もまた調査に加えられた。これら二つの研究と, 他のいくつかの研究（特に Svorou 1994 を見よ）により, 空間の概念化がどのように空間定位の文法に影響するのか, かなりはっきりとした全体像がつかめてきた。

　表 3-3 に挙げた参照点は, どの言語にもそれを表す慣習的な表現があることが多いことから普遍的なものと言ってよいだろうが, 直示定位という概念がなく, したがって概念的に, 場合によっては言語的にも表 3-3 のような区別をしない言語が存在することも指摘されている（例えば Brown & Levinson 1993a, 1993b を見よ）。そのような言語の話し手は, 「あなたの車は家の前にあります」と言うかわりに, 「あなたの車は家の北にあります」と言うことになる。この方面の研究についてはすでに第 1 章でまとめた (1.2 節)。

　概念転用に関する研究により, 表 3-3 に示した参照点やその他さまざまな空間定位表現には, 主な起点領域として三つがあることが明らかになってきた。それらの領域を表 3-4 に挙げた（Svorou 1994: 70 参照）。この三つの起点モデルのうち, 身体部位が圧倒的に重要なもので, 本節で述べることもほとんどがこの身体部位と関係してくる。後で見るとおり, 人間の身体に加えて動物の体も参照領域となることがある。

表 3-4　空間定位表現の起点としてよく使われるモデル

起点モデル	空間定位表現
身体部位	立った状態の人間の身体部位をモデルとして利用する
ランドマーク	周囲のランドマークを利用する
動的概念	行為概念を利用する

表3-5　空間定位によく使われるランドマークモデル
(Svorou 1994: 80 以降参照)

起点概念	目標概念
空, 天, 頂上	上
土, 地面	下
野原, 出入り口	前
跡, 足跡	後
家, 浜, 陸	中
野原, 出入り口	外

　身体部位の次にくるのは, Svorou (1994: 79) の言い方では周囲のランドマーク, または単にランドマークと呼ばれるものである。このランドマークには具体的には「土・地面」「空」「山」「川」「道」などがある。表3-5 は起点として最もよく使われるランドマークと, そこから出てくる空間的な目標概念をまとめたものである。本章で議論する空間概念の起点としては, ランドマークは身体部位ほど重要でない。とはいえ身体部位よりもランドマークのほうがよく使われる場合もある。この後の議論で明らかとなるように, 例えば空間参照点「下」は, 他の概念起点領域よりむしろランドマークをその起点領域とすることが多い。

　以上のものと比べてまれではあるが, 主に「行く」,「来る」,「先に行く」,「従う」,「通る」,「降りる」などの行為動詞や,「残っている」,「とどまっている」,「座っている」などの移動を伴わない動詞によって表される動的概念が, 空間定位の起点領域になることもある。こうした動的概念は, ほとんどの場合活動や行為と関係がある（3.2 節参照）。起点となる動詞は不定詞, 分詞または他の不定形であるが, 定形でコード化されることもある[25]。行為を表す動詞の他, さまざまな他の種類の動詞が使われることもある。Svorou (1994) の挙げている次の例に注目してほしい。この例では, ハリア語の動詞 tara「見る」が「へ」という方向標識に文法化されたように見える。

(1) ハリア語（オセアニア諸語，Svorou 1994: 68)

ara　e　　soata-　mena-　liyleyen　tara　tarak
私たち 陳述標識　運ぶ　1複　それ　　　見る　トラック
「（あなたも含めて）私たちはそれをトラックへ運ぶ」

　このような場合，動詞は動詞のままでなく名詞として出てくることが多い。例えば Hill(1994: 3) は，ソロモン諸島のロング語の「前」(na'ova-) と「下」(orova-) を動詞から派生した言い方と見ているが，実際にはこれらの表現は，それぞれ動詞 na'o「向き合う」と oro「曲げる」に名詞化辞 va- を付けて派生させた名詞である。しかしながら表3-3 に挙げたような概念を表すのに，このような動的な表現が使われることは世界の言語でまれなので，ここではこれ以上動的な表現については問題にしないことにする。そうすると身体部位とランドマークが主な起点領域ということになる。

　「上」，「下」などの空間概念の雛型となる，第四の概念カテゴリーについても述べておく必要があろう。それは Svorou(1994: 83 以降) では相対対象部位と呼ばれているものだが，ここでは Heine, Claudi, & Hünnemeyer (1991: 128) にしたがい，単に相対概念と呼ぶことにする。ここに含められるのは，「上部」，「下部」，「前（側）」，「後ろ（側)」，「内部・内側」，「外部・外側」などの表現であるが，ここではこれらを空間定位の独立した起点領域として扱わないことにする。それは次のような理由からである。

　第一に歴史的な経過がたどれる場合，これらの相対概念は身体部位かランドマークに行き着くためである。すなわちそこには次のような通時的連鎖がある。

身体部位もしくはランドマーク　→　相対概念　→　空間参照点

　第二に相対概念は，身体部位やランドマークなどのように具体的な物理的形状をとらないからである。相対概念は非常にスキーマ的で，多くの場合空間概念の「上」や「下」とほとんど同じである。このような相対概念と表3-3 に挙げた空間参照点を区別している言語でも，両者の違いは相対概念が形態統語的に名詞に近いのに対し，空間参照点は副詞や接置詞に近い特性を持っている点のみである。

　第三に相対概念は形態的・統語的に名詞のように見えながら，文法化が進

んでもはや典型的な名詞とは呼べなくなっていることが多いからである。相対概念語には，数や格や定・不定の区別や，形容詞などの修飾語をとるといった名詞的な特性が欠けていることが多い。

　概念化は人間中心的に行われる。すなわち人間以外の事物を描写し理解するのに，可能な限り人間に関係したカテゴリーが使われる。したがって身体部位は空間定位概念を表すのに最も重要なモデルとなる。しかしすでに触れたとおり他のモデルも存在しており，そのうち特に動物の体を空間定位の構造的な雛型とする，動物形態モデルがよく知られている。この動物形態モデルの例を報告している研究者は少なくない。例えば Svorou (1994: 75) は，パパゴ語では「前」と「横」と「内側」は人間形態モデルに，「後ろ」は動物形態モデルに基づいていることを報告している。また Brugman (1983) と Brugman & Macaulay (1986) は，チャルカトンゴ・ミシュテク語では「人間の背中」と「動物の背中」には別々の名詞があり，この区別が対象物の概念化の際に影響することを観察している。例えば，テーブルは背中が上で腹が下となる動物のように捉えられており，また塀の上面には動物の背中を表す名詞が使われる。さらにアフリカのいくつかの言語でも，空間概念が動物形態に基づいているのではないかと考えられる場合がある。それは特に図3-1 に示したように，「上」が「背中」，「前」が「頭」，「後ろ」が「尻・肛門」という身体部位表現で表される言語である（Heine 1989）。

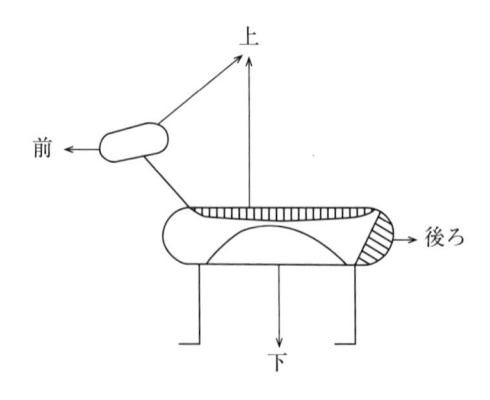

図 3-1　動物形態

　とはいえ動物形態モデルは人間形態モデルの存在を前提とし，その逆は成り立たないという，はっきりした認知的優先原則がありそうだということに注意する必要がある。現在までのところ，動物形態モデルだけで認知的な領域すべてが構成されているような言語は見つかっていない。例えば空間概念のいくつかで動物の体が起点領域になっているような言語でも，人間形態モデルを基本にしている部分が少なくともある。チャルカトンゴ・ミシュテク語でも，塀については一般に動物の体を基礎に据えるが，人間の体を基礎に据えることも可能であることに注意されたい（Brugman & Macaulay 1986, Svorou 1994: 73-75 も見よ）。

　次にこれまでの議論で言及した研究の数値データを利用しつつ（特にHeine 1989, Bowden 1991, Svorou 1994），表3-3に挙げた定位点をそれぞれ順に見ていきたい。

3.1.1 「上」

　考えられるすべての起点領域のうちで，「上」という概念を表す最も重要な起点領域となっているのは身体部位である。注目すべき身体部位は一つだけであり，それは「頭」である。「上方」「上」「上面」のような「上」表現に身体部位を使っているすべてのアフリカの言語の87%，オセアニアの言語の61% が，上を表すのに頭という表現を取り入れている。他の身体部位は統計的にはとるにたらず，「頭」に匹敵するものはない。次によく使われるのは「顔」で，アフリカの言語の4.3%，オセアニアの言語の14.6%，「肩」はアフリカの言語の4.3%，オセアニアの言語の10% で現れる。他に確認されているのは「髪」（オセアニアの言語の7.3%）と「ひたい」（オセアニアの言語の7.3%）と「背」（アフリカの言語の4.3%）だけである。「上」という空間概念に「背」はおかしいと思われるかもしれないが，これはすでに述べたように，通常優先的に使われる人間形態モデルの代わりに，動物形態モデルが選択されたことによると考えられる。例えばSvorou（1994: 70-72）による世界の55言語のサンプルでは，「上」に身体部位を使っている全18事例のうち，15例で「頭」，3例で「背」に由来するものが使われている。「上」を表すための雛型として主に使われるのは身体部位であり，ランドマークがそれについで注目に値する雛型となっている（以下の議論を参照）。

3.1.2 「下」

　アフリカでもオセアニアでも，「下」はここで扱う概念のうちでただ一つ，周囲のランドマーク（「土」，「地面」）が主な起点領域となっている概念である。とはいえ身体部位もどちらの地域でもその次に重要な起点領域となっている。ただし，この二つの地域にまたがる統一性は認められない。アフリカでは「尻」や「肛門」が特によく見られる身体部位で，「下」の表現に身体部位を利用する言語の84.6%で，これらの部位が起点領域となっている。さらにSvorou（1994: 71）のサンプルでも，全55言語のうちわずか3言語ではあるが，「尻」が「下」を表す最も普通の身体部位となっている。これらの身体部位はオセアニアでは重視されていないようで，そこでは「足・脚」が主な起点領域となっている。「足・脚」はアフリカの言語にも見られるが（15.6%），オセアニアの言語では身体部位が使われている言語のうち55.6%に見られ，「足・脚」が唯一重要な雛型であることが明らかとなっている。

3.1.3 「前」

　「前」の場合は，周囲のランドマークが起点となることはまずないと言ってよく，概念的雛型として重要となるのは身体部位の「顔」だけである。調査したアフリカの言語のうち52.8%，オセアニアの言語では72.1%が「顔」を起点にしている。アフリカの言語でその次に重要なのは「目」で，「前」を表す身体部位起点の15.7%を占める[26]。とはいえ，そもそも「目」という表現が「顔」という表現の発達の際に概念的に起点になることが多い（7.2節参照）ので，「顔」が起源になっている事例の一部，場合によるとほとんどが「目」起源の事例に加えられるかもしれない。「顔」に比べると他の身体部位はどれも重要ではなく，アフリカの言語の6.7%，オセアニアの言語の11.8%で見られる「胸」も，さほど重要とは言えない。両地域に見られる身体部位としては他に「ひたい」があり，アフリカの言語の8.9%，オセアニアの言語の2.9%で，「前」を表す身体部位起点となっている。また，そもそも一方の大陸に限定されている身体部位もある。例えば「口」(6.7%)と「頭」(6.7%)はアフリカに，「腹・腹部」(7.3%)は主にオセアニアに限定されているようである。オセアニアと違いアフリカでは，この「腹・腹部」という身体部位がまず「中」と結びつく（以下の議論参照）。全世界を対象にした

Svorou のデータでは,「顔」についで二番目とはいえ,「口」も起点として
よく利用されていることに注意されたい。

3.1.4 「後ろ」

「前」の場合と同じく, ここでも起点概念として周囲のランドマークは重
要ではない。「後ろ」の起点としては身体部位の「背」が広く見られるもの
であり, アフリカの言語の 77.7%, オセアニアの言語の 95% において,「後
ろ」という空間概念の起点になっている。アフリカにはさらに第 2 の起点と
して「尻・肛門」があり, これが調査したアフリカの 125 言語における「後
ろ」を表す表現の約 5 分の 1 (22.3%) を占めている[27]。この高い数値がどの
程度動物形態モデル（前の議論を参照）の影響なのかは,「尻・肛門」が「下」
の起点となることとも合わせて, さらに調査する必要があろう。

3.1.5 「中」

ランドマークが起点になることがほぼないという点で,「中」という概念
は「前」や「後ろ」と共通している。ただしアフリカとオセアニアではっき
りとした違いが見られる。アフリカでは, 起点として「腹・腹部」が明らか
に大多数で, 該当する表現の 92.1% を占め, 他の身体部位としては「てのひ
ら」(4.8%) と「心臓」(3.1%) しかない[28]。オセアニアでは, さまざまな身
体部位がよく利用される雛型として拮抗しており, そういったものには特に
「歯」(26.7%),「腹・腹部」(17.8%),「心臓」(13.3%),「肝臓」(11.1%),「腸」
(11.1%) がある。世界の 55 言語を扱った Svorou (1994: 71) でも,「中」の
起点として 2 回以上現れるのは「心臓」と「腹」のみである。

　人間の身体の三つの主要部分（頭, 胴, 手足）のうち, 手足は上で考察し
た空間概念の起点としては重要でないと言える。表 3-6 の数値データが示す
とおり, アフリカでもオセアニアでも, 上で見た空間概念を表すのに「手」
や「腕」が重要な役割を果たすことはない。「足・脚」はそのうちの例外で,
少なくともオセアニアでは,「下」を表す重要な起点となっている。
　表 3-6 を見ると, 身体の三部分の相対的な重要度が, 地域によってはっき
り異なることがわかる。アフリカでは空間定位表現の発達の起点として胴が

表3-6　アフリカとオセアニアの言語において, 頭, 胴, 手足が「上」「下」「前」「後ろ」「中」の起点概念となっている割合 (Heine 1989; Bowden 1991)

	アフリカの言語		オセアニアの言語	
	事例数	百分率	事例数	百分率
頭	123	38%	108	47%
胴	196	60%	107	46%
手足	8	2%	17	7%
合計	327	100%	232	100%

最も重要であるのに対して，オセアニアではそうではない。世界の言語を対象にしたSvorou（1994: 71）の調査によれば，オセアニアの状況のほうが世界全体で見たパターンに近いように見える。Svorouの調査した55言語では，頭と胴がそれぞれ起点として49%を占めるのに対して，手足は2%にも満たない。こうした観察から，アフリカでは世界の他の地域に比べ，空間定位のための起点として胴が重要であると言えるかもしれない。ここで空間定位ではどうして手足の重要度がこんなに低いのか不思議に思われるかもしれない。その理由はここで取り上げた目標概念の特性によると考えられる。例えば「上」や「下」ではなく，「右」や「左」のような目標概念であれば，状況は多少違っていただろう。人間の手は左右定位表現が発達する際には世界中で最もよく使われる部分なのである（例えばWerner 1904を見よ）。

　これまで扱ってきた概念転用における規則性の考察は，転用の起こる確率に基づくものである。ということは，統計的にはここで述べた一般化が正しくても，個々の事例ではそれに反することもあるということである。例えば語彙概念である「胸」は「前」の起点として重要なものの一つであるが，「胸」から別の空間概念が生じている言語が少なくとも一つある。カメルーンの約35,000人のピグミー族によって話されているウバンギ諸語の一つであるバカ語では，身体部位「胸」を表すto- が，位置の前置詞àと結びついて，空間標識「中」à to- になったと考えられる（Kilian-Hatz 1995: 141）。

　一つの言語で，ある空間概念が同時に二つの異なるモデルから派生されることもある。例えばアフリカ西部のエヴェ語では，「上」という概念にdzi

と ta'-me という二つの表現があるが，dzi（「空・上方」より）ではランドマークモデル，ta'-me（「頭の中」より）では身体部位モデルが起点となっている。さらに動物形態モデル（これまでの議論を参照）を利用している言語に，加えて人間形態モデルから派生した対応表現がある場合もある。

　起点概念から目標概念へと概念が発達していく過程は，大きく二つに分かれる。まず具体的な対象物から空間関係への転用，あるいは Heine, Claudi, & Hünnemeyer（1991: 123 以降）で示された枠組みにしたがえば，対象物領域から空間領域への転用がある。この点に関しては，身体部位モデルの場合でもランドマークモデルの場合でも特に違いはない。もう一つは空間内のどの領域が指示されるかという点で，これについては身体部位モデルとランドマークモデルではまったく異なったものとなる。「後ろ」という概念を表すのに「背」のような身体部位名詞が利用される場合，まず身体部位の後ろの領域を指示することから始まり，その後拡張されて無生対象物の後方を指示する場合にも使われるようになると考えられる。次の段階ではその身体部位表現が，その対象物にじかに接した領域も指示するようになり，最後にはその対象物と間をあけて隣接した空間まで指示するようになる。つまりここでは図 3-2 に示すような 4 段階の転用過程が考えられる。

　身体部位概念から空間概念へ・4 段階の過程
　第 1 段階 − 人間の身体の一領域
　第 2 段階 − （無生）対象物の一領域
　第 3 段階 − 対象物と接している一領域
　第 4 段階 − 対象物と離れている一領域

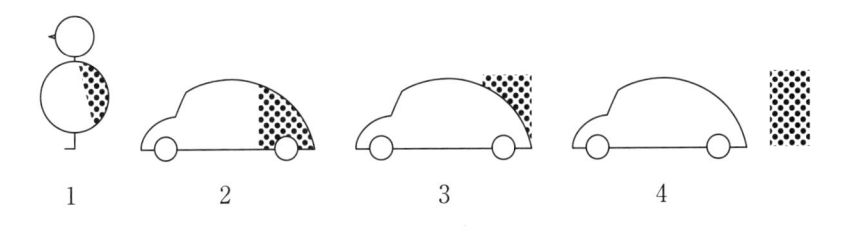

図 3-2　身体部位領域から空間領域への概念転用過程

　身体部位モデルの場合は第1段階から第4段階へと発達してゆくと考えられるのに対して，ランドマークモデルの場合は反対方向に進むと思われる。すなわち「上」を表現するために「空」というランドマークが利用される場合には，まず表現される空間は第4段階の領域であり，そこから順を追って「空」という名詞の用法が第3段階，第2段階，そして最後に第1段階へと拡張されていく[29]。この流れを示したのが図3-3である。

　ここまでは，五つの空間参照点とその起点となっている概念にだけ話を限ってきたが，他の参照点に関しても，今まで観察されたことと基本的に同じことが成り立つ。例えばSvorou（1994）によると，他の空間概念に関しても世界のさまざまな言語で上と同じような雛型が起点にあるという。さきほど述べたように，起点概念と目標概念の間には，体系的な結びつきがあるのが普通である。例えばSvorou（1994: 204）の観察では，Svorou の用語でいう側面領域（「と並んで」「の隣に」など）や中間領域（「の中心に」「の中間に」「の間に」など）では，身体部位モデルが起点にあるのが最も一般的で，方向概念（「へ」「に向かって」など）や経路概念（「を横切って」「に沿って」「を経由して」「を抜けて」など）の表現は必ずランドマークモデルと結びついているという。

　身体部位から派生した空間表現はまた，必ずと言ってよいほど「上」や「前」などの静的な概念を表すが，場合によっては動的な概念と結びつくこともある。例えばSvorou（1994: 78）は，身体部位「目」を表す名詞が方向標識（「へ，に向かって」）に，「手」を表す名詞が離脱（奪格）標識（「から」）に発達していく事例を観察している。このような発達の背後にどういう仕組みがあるのか，まだ完全には明らかになっていないが，ある種の文脈で身体部位

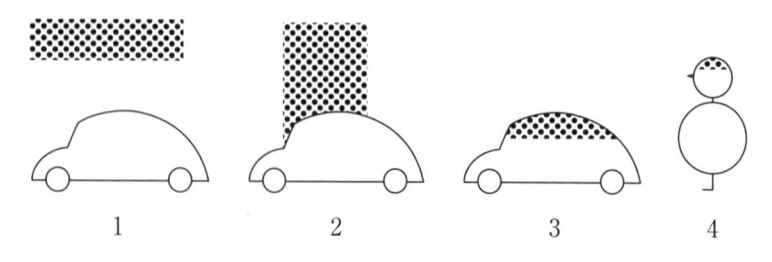

1　　　　　2　　　　　3　　　　　4

図3-3　ランドマーク領域から空間領域への概念転用過程

が使われるうちに，推論が働いたことは間違いないであろう。そのような事例の背景を説明するには，パパゴ語の wui「目」が「に向かって，への移動」という方向標識に発達したことに関する，以下の観察例が参考になるはずである。

> 視覚は人間の体内から外の世界へ向けて発せられるもの，という素朴な発想を認めれば，なぜそのような発達をたどったか説明できるだろう。つまり視覚器官である「目」がメトニミー的に「視覚」の代わりに使われるのである。事実，「目の届く範囲内には誰も見つけられなかった」というような言い方は珍しいものではない。したがって視覚とは何かに向けられるものであるという捉え方によって，「目」を意味する語彙が，方向を表す文法素の起点領域として利用される可能性が出てくるのである。(Svorou 1994: 78)

しかしながら方向や経路のような動的概念と，「上」や「中」といった静的概念との関係にはまだ不明な部分が多く，同じことは動的概念あるいは静的概念と，それぞれの起点領域との関係についても言える。

ある身体部位とそれに対応する空間概念は，概念的に深く関連しているのが普通である。そのような関連は例えば身体部位「背」と空間概念「後ろ」や，「顔」と「前」，「頭」と「上」などに見られ，上で述べたように，どれも前者が後者の起点であることが通時的に見てほぼ確実である。しかしながら，ここで取り上げたある空間概念が，二つの異なる身体部位から派生されることも珍しくなく，それは複数の言語を比べた場合だけでなく，一つの言語内でも見られる。この事実には二通りの説明が可能である。まず，問題の言語では人間形態モデルと動物形態モデルの両方が同時に使われていると考えることができよう。そのような言語には「上」を表すのに，人間形態モデルにしたがって「頭」から生じた表現と，動物形態モデルにしたがって「背」から生じた二つの表現があっても不思議ではないであろう。次に空間概念には，二つの互いに異なる身体部位と結びつけて解釈できるものがある。つまり，二つの異なる身体部位との関連を思い起こさせるものがある，という

事実が原因と考えることもできよう。例えば背後の対象は「背にある」もし
くは「背のあたりにある」という捉え方で表現されるかもしれないが，それ
はまた「尻」の範囲にあるとも言えるわけである。

　似たような関係が逆に一つの身体部位と，その身体部位を構造的な雛型と
する二つ（あるいはそれ以上）の空間領域の間に成り立つことがある。「頭」
という身体部位は「上」という概念，つまり「上」「上方」「てっぺん」など
を意味する表現の起点になりやすいが，いくつかの言語では「前」という言
語表現，つまり「前」「前方」「正面」などを意味する表現の起点にもなって
いる。同じようにアフリカ（オセアニアには当てはまらないが）の言語では，
「尻」という身体部位は「後ろ」の領域として扱われたり，「下」の領域とし
て扱われたりする。つまり「尻」が「後ろ」「あと」などや「下」「下方」な
どの両方の表現を生み出すもとになる。

　まとめると，このような概念転用にははっきりとしたパターンがあり，そ
のパターンに従えば「上」と「前」，「後ろ」と「下」は同じ身体部位を起点と
して派生するが，「上」と「後ろ」，「上」と「下」，「前」と「下」，「前」と「後ろ」
などでは同じ身体部位からの派生は起きないということである。この結果を
図3-4で図解した。どうして図3-4のようになるのか，さらに解明する必要
があるが，二つの仮説が考えられる。一つは，人間の身体がどのように知覚
されているかということと関係する。「上」と「前」，「後ろ」と「下」という
領域が同じ起点概念に結びつけられやすいということは，立った状態の人間
が，完全に垂直ではなく前傾している，つまりただ立っている状態ではな

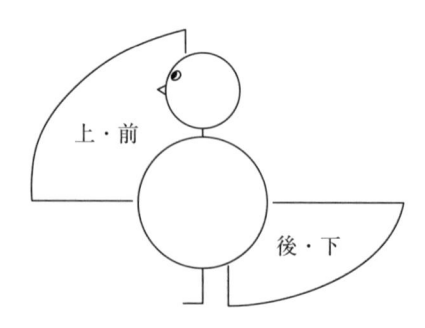

図3-4　二つの異なる身体部位表現から派生しうる空間定位の基本的位置

く，歩いたり走ったりしている状態として知覚されていることを示唆している
のかもしれない。このように考えると，なぜ「前」と「上」，「後ろ」と「下」
という組み合わせが，他の参照点の組み合わせよりも結びつきが強いのかが
説明できよう。

　もう一つの仮説は，身体部位によってはもともと二つの位置を表す可能性
を持つものとして知覚されるのではないかというものである。今問題にして
いる身体部位に関して言うと，「頭」はつまり他の身体部位の上もしくは前
のどちらにも解釈でき，「尻」は他の身体部位の後ろまたは下のどちらとも
結びつけられやすいということになる。

　以上二つの仮説は矛盾し合うものではないが，さらにもう一つ別の仮説が
考えられる。第7章（7.2節）で見るように，ある身体部位が別の部位へと規
則的に転用される際には，上半身の表現を用いて下半身を概念化するという
普遍的発想があるようである。特に，上半身の前部は身体の下部を表す際の
雛型となる。また Andersen (1978: 343) は「上」と「前」が最もよく知覚で
きる空間であるため，これらを「正の」方向としている。視覚器官が集中し
ているのもまさにこの領域であることに注意されたい。

　これまでの議論の流れから次のような疑問が浮かんでくるかもしれない。
なぜ世界各地の人々はへそや膝頭ではなく顔を「前」という空間概念表現を
作る際のモデルとして好んで選んでしまうのか。なぜ鼻ではいけないのか。
鼻は空間定位の起点概念としては事実上無視されていることが知られている
が，それはなぜか。このような疑問に答えるためには，対象物領域から空間
領域への転用とはいかなるもので，概念的な類似性とはどのようなものかに
ついて，さらに研究が必要である。

　ここまでアフリカとオセアニアの言語における「上」「下」「前」「後ろ」「中」
といった概念と，それらの認知的な起点について議論してきたが，そこで明
らかになったことをまとめると次のようになろう。

1. 　考察した起点領域のうち，主な起点領域は身体部位であり，周囲のラ
　　ンドマークがそれに続く起点領域である。例えば Heine, Claudi, &
　　Hünnemeyer (1991: 129) の観察では，五つの空間概念をすべてラン
　　ドマークから派生させている言語はアフリカには存在しないようだ

が，身体部位のみに頼る言語，つまり五つの空間概念をすべて身体部位から派生させている言語はアフリカに多数存在することを確認している。

2. ここまでの議論で扱った空間参照点は，どのような起点モデルと結びついているかという点でかなり異なっている。「上」と「下」では身体部位とランドマークの両方のモデルが関係しているが，「前」や「後ろ」や「中」はほぼ身体部位モデルとしか結びつかない（以下の議論を参照）。

3. これらの空間参照点と二つの起点領域との相対的な結びつきの度合いについては，(2) のような含意階層が Heine, Claudi, & Hünnemeyer (1991: 130) で提案されている。

   (2) 下　→　上・中　→　前　→　後ろ

この階層の意味するところは，(2) における五概念のうちのどれか一つが身体部位から派生されていれば，それよりも右にある概念はランドマークやその他のモデルから派生されることはない，というものである。(2) にしたがえば，「下」には「尻」とか「足」という身体部位が使われ，「上」や「中」や「前」や「後ろ」にはランドマーク（例えば「上」には「空」など）が使われているような言語の存在は期待できないことになる。同様に，「前」と「後ろ」がランドマークから派生されていれば，その言語で身体部位モデルが利用されている可能性は低い。

以上の一般化にしたがうなら，地球上の言語にもっとも見られる可能性の高い概念派生の状況は図 3-5 のようになる[30]。

しかしこの基本パターンにはかなりの変種がある。例えば図 3-6 はアフリカで確認される二つの変種である。

まず (A) は 300 以上のバントゥ諸語で特徴的なものであり，したがってバントゥ型と呼びうる。もう一つの (B) は例えば西ナイル諸語で見られるものである。この両者の主な違いは，西ナイル型ではすべての参照点が身体部位に基づいているのに対して，バントゥ型ではそうなっていないことである。後者では「上」と「下」がそれぞれ「空」と「地面」というランドマークに由来している。

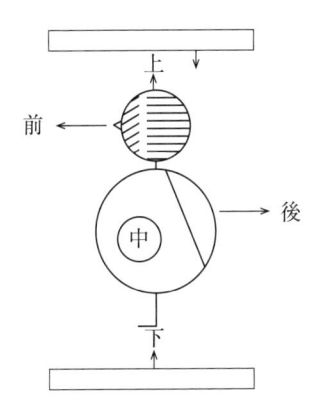

図3-5　「上」「下」「前」「後ろ」「中」の起点となる主な身体部位

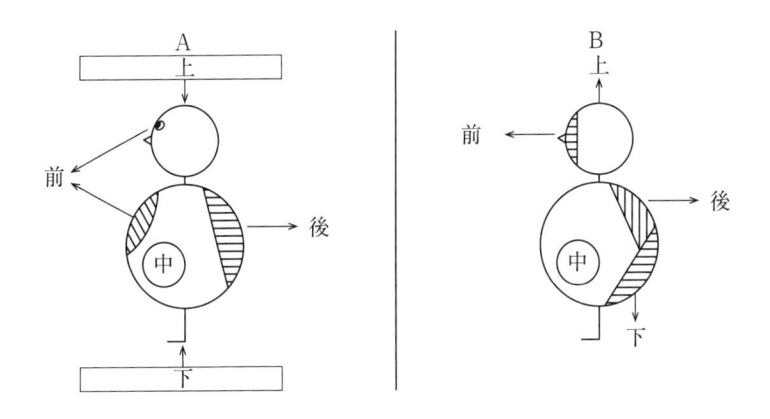

図3-6　バントゥ型（A）と西ナイル型（B）

　本節では，具体的な概念から空間概念へと発達のうちのごく限られたもの
を取り上げ，概念転用に使われるのは特定の領域のみで，しかもその特定の
領域のうち特に限定された部位であることを見た。例えば頭と胴は空間的な
区別を表現するための雛型としてよく使われるのに対し，手足が使われるの
は限られた場合である。そのような例外として注意を要するのは，「右」と

「左」は「手」という身体部位を概念モデルとすることが非常に多いということである。100 年ほど前に Alice Werner が 300 以上のバントゥ諸語を対象に行った調査の結果は，次のようにまとめることができる（Werner 1904: 427 以降）。

1. 「右」という概念は「食べるときに使う手」や「男の手」や「強い手」や「大いなる手」，あるいは単に「手」に相当するような表現などを使って表されることが多い。利用される概念はこれにとどまらず，「投げる手」（ズールー語 isandhla sokuponsa）や「まっすぐな手」（ツワナ語 se siamen）のような表現も起点となる。
2. 「左」という概念は語源的に不透明なことが多い。しかしながら起点にある概念が再建できる場合は，それは「女の手」であるとか，または何かしらの価値が劣っていると見なされるような対象や性質を指す表現である。

　手（と腕）が「右」と「左」の起点概念として利用されることにはもっともな理由があるようである。身体の他の部分に対する手の位置は「右」と「左」の表現にふさわしく，「上」や「下」には向かないのである。第 2 章では人間の手が数詞体系の発達の概念的な雛型として特に重要であることを見た。「右」と「左」は基数詞とそれほど共通点があるようには見えないが，それにもかかわらず両者は共通のものを起点としている。これは明らかに手のもつ異なった性質によるものであり，左右の場合には手の位置が原因となっており，基数詞の場合には数を数えるのに手の指が便利であることと関係している。

3.2　基本方位定位

　世界には「正午」と「南」の両方を一語で表す言語が多く存在する。そのような言語にはハンガリー語やポーランド語やラトビア語のように，起源的もしくは地域的に結びつきのある言語もあるが，このような結びつきが認められない言語にもそのような言語がある（Brown 1983: 131）。また，オセア

ニア祖語の語根 *raki には意味的に見て多くの発達形があり，例えばロウ語
では「北東または北東の風」，プカプカ語では「南西の風」，東ウヴェア語で
は「南東または南東の風」，サモア語では「南西から北西へ」，マーシャル語
では「南，夏」，ティガク語では単に「風」，東フィジー語では「天候」とい
う意味がある（Ross 1995: 9-10）。ここからいくつかの疑問がわいてくる。

1. なぜ同一の表現が，一日のうちのある時間と方位，風と方位，季節と
   方位の両方を指すのに使われるのか。
2. なぜ同一の表現が，近親の言語にも関らずさまざまな方位を表すよう
   になったのか。これは偶然このようになったのか。
3. さらに，例えばハワイ語の hema という語は「左」と「南」を表すの
   に対し，コーンウォール語の clēth という語は「左」と「北」を表す
   といった事実はどう説明したらよいか。
4. なぜ方位を表す表現は多義であることが多いのか。

本節ではこれらの疑問に答えていくことにしたい。まず，互いにまったく
異なる概念（そのうち一方は方位）が同一の表現に結びつけられるという規
則性が多くの言語で見られ，また「上」「下」や「右」「左」などを表す表現
が「東」「西」「南」「北」を表すのにも利用されているという事実は，それ
ぞれが別個の同音異義語ではないことを示唆している。まず1と4の疑問点
を取り上げ，それから残りの疑問点に進みたい。

Cecil Brown は世界の 127 の言語を調査して，基本方位表現の概念的な起
点領域を明らかにしようと試みた。Brown の調査結果の数値データをまと
めたのが表 3-7 である。

表 3-7 からは，基本方位表現の発達には，太陽の動きや位置が最も有力な
モデルであることがはっきりと読みとれる。これにくらべると他の雛型の重
要度は低い。二番目に重要な起点である直示定位の領域（「上」「下」「右」「左」
など・3.1 節参照）は合計 20.1% で，風向きやランドマーク（上流・下流な
どの環境に依存した特性）はそれぞれ 9.2% である。基本方位表現の全事例
の半数以上に（太陽の動きや位置と関係した）太陽モデルが関係しているこ
とから，少なくとも次のような予測を立ててよいであろう。

表 3-7 137 言語の基本方位表現の起点領域として主なもの（Brown 1983 に基づく）

起点概念	基本方位				計	百分率
	東	西	南	北		
太陽	58	59	13	1	131	57.2%
直示定位	12	9	13	12	46	20.1%
風			4	17	21	9.2%
ランドマーク	2	2	10	7	21	9.2%
その他の領域	1		3	6	10	4.3%
総事例数	73	70	43	43	229	100.0%

　ある言語に基本方位表現が導入される場合，モデルとして太陽が選ばれる可能性が最も高い。

　太陽モデルの重要性は，基本方位のうち「東」と「西」に的を絞ってみるとさらにはっきりしてくる。Brown(1983)のデータによれば，調査した「東」や「西」という表現を発達させている言語のうち，それぞれ 79%（73 言語中 58 言語）と 84%（70 言語中 59 言語）で太陽モデルが選ばれている。太陽モデルの重要性は，前述のとおり風が太陽に次いで重要な選択肢の一つでありながら，風は「東」や「西」の表現に使われることはまずない，つまり太陽モデルと直接競合するような場合に風モデルは無視されてしまう，という事実によっても明白となる。

　太陽がこのように基本方位の雛型として重要なのに対して，その他の天体は全く重要性を持たない。例えば月が基本方位の起点として現れることはない。月は太陽や風とタイプが異なり，特定の方位参照点との一定の結びつきがないので，それは当然と言える。

　さまざまな言語の実際のデータを見ると，基本方位の起点スキーマについて Brown(1983) が述べていることは，北半球の言語に偏っているという印象を受ける。例えば Brown の太陽モデルは赤道の南側ではなく，北側で期待されるような空間の概念化を示している。例えばチェコ語やポーランド語では「北」は夜の真ん中，つまり真夜中と結びつけられているのに対し

(Brown 1983: 132)，「南」はヨーロッパのいくつかの言語では正午と結びつけられている。このような結びつきは明らかに赤道の南側では見られる可能性が低いものである。

　太陽は普遍的に安定した現象であり，現在地から 200 キロ移動したとしても，太陽の位置は予測できるのに対して，風は局地的な地理的影響をより受けやすい。ある地で西風であるとされたものが，その地からそれほど遠く離れていない場所で北風とか南風になることがある。以下の議論で見るように，世界にはこのような観察事実が空間定位表現の重要な基礎となっている地域がいくつかある。

　グリーンランド西部のエスキモー語話者は，グリーンランド東部のエスキモーと意志の疎通を図るときに問題にぶつかる可能性がある。基本方位の名称はグリーンランドのどちら側でも同じなのであるが，それはある方向に固定されたものではなく，河川（上流か下流か）や季節風や海岸での自分のいる位置（上方か下方か）などの地理的なランドマークに基づいている。グリーンランドの東側と西側では，川の流れる向きや風の吹く向きは逆のことが多いため，西グリーンランドエスキモーにとっての「北」は東グリーンランドエスキモーにとって「南」となり，逆に西グリーンランドエスキモーにとっての「南」は東グリーンランドエスキモーにとって「北」となる（Fortescue 1988）。

　ここでランドマークによる空間定位と呼ぶのは，Brown のいう上流・下流の概念や環境特有の性質を含むものである。基本方位の起点として現われる主なランドマークは次のとおりである（Brown 1983: 138）。

1.　川
2.　山や岩場
3.　海と陸
4.　木および他の植生上の特性

「海に向かって」と「海から離れて」のようなランドマークに基づいた直示的な位置の区別は，比較的小さい島に住む共同体に目立つことが多い。例えば Redfield（1930: 57）の観察によれば，ポリネシア諸島では「方向はコン

パスの針の向きではなく、『海に向かって』か『海から離れて』という見方で表される」。

　ランドマークモデルは文化が異なっても等しく重要であるというだけでなく、基本方位体系に代わって使われる。そのことは多くの人類学や関連分野の文献の記述に示されている。以下がその例である。

　　ユロク人には基本方位という考え方がない。彼らはその土地のランドマークで最も際だったクラマス川によって方向を定め、上流や下流といった言葉で方向を表す。クラマス川は曲がっているので、上流と下流という言い方でほとんどすべてのコンパスの針の向きを表すことができる。その一方で、自分たちの世界を二分している、というクラマス川の全体の流れの方向もはっきりと意識されている。基本方位の感覚は必ずしも対称的な世界の見方を必要とするわけではないのだ。(Tuan 1974: 36)

　ランドマークは基本方位の起点としては全体の 10 分の 1 未満（9.2%）にすぎないが、広汎に分布しているようである。

　また基本方位を作り出すのに直示的な空間定位が重要であることは、アドミラルティー諸島のマヌス島民に関する Margaret Mead の次の引用から読み取れよう。

　　知っている世界とは自分たちが住んでいる世界 ―― 小さな河口や入り江もすべて正確に知っている、アドミラルティー諸島南岸のことであった。人々は話すときに「上に」（＝外洋へと向かって）行くとか、「下に」（＝近くの海岸へと向かって）行くとか、「沿って」（＝海岸と並行に）行く、という言い方をしていた（Mead 1956: 67）。

　これと非常によく似た状況が世界の他の地域にも見られることが、他の研究者によって報告されている。例えばエスキモーについては Fortescue (1984, 1988)、ナイジェリア南東部のティヴ族については Abraham (1933: 49-50)、メキシコのテポストラン村民については Redfield (1930: 57) によ

る報告がある（Brown 1983: 134 を見よ）。

　Brown（1983: 135 以降）の観察では，さまざまな言語で「北」「南」はそ
れぞれ「上」「下」と，「東」「西」はそれぞれ「前」「後ろ」と関連づけて命
名されることが多いという。この点に関しては後の議論で述べることにした
い。

　表 3-8 は表 3-7 で示した数値をより細かく分析したものである。表 3-8 に
まとめたデータから明らかなのは，直示的な空間定位の起点概念として中心
的だった身体部位が欠けていることである。身体部位が基本方位表現の元に
なっているような事例は一つも見つかっていないのである。

表 3-8　127 言語の基本方位表現の主な起点概念（Brown 1983 に基づく）

起点概念	基本方位				計
	東	西	南	北	
太陽	58	59	13	1	131
その他の天体				2	2
闇または夜間				4	4
風			4	17	21
天候状態	1				1
「上」	3	5	2	6	16
「下」	3	1	7	2	13
「前」	4				4
「後ろ」	1	3	1		5
「右」	1		2	1	4
「左」			1	3	4
「上流」	1		2	1	4
「下流」			3	1	4
環境特有の性質	1	2	5	5	13
その他			3		3
総事例数	73	70	43	43	229

　東西の方向と日の出・日の入りには明らかな相関関係があるのに比べて，「北」と「南」の概念起点の解釈は難しい。はっきりしているのは「北」が風のモデルと最も強く関連しているのに対して，「南」は「北」より太陽モデルに近いということである。とはいえすでに指摘したとおり，この観察結果は北半球で話されている言語に偏っていると考えられるデータに基づいていることに注意すべきである（Brown 1983 を見よ）。もっと多くの南半球の言語を考慮するなら，状況は違うものになることは十分に考えられる。

　さらに表 3-8 のデータから判明するのは，前の議論の直示的な空間定位とこの基本方位の場合とでは起点領域が本質的に異なることである。このことは基本的には正しいが，二点について言及にしておくほうがよいと思われる。まず，ランドマークはどちらの空間定位体系にも使われている起点領域である。つまり環境特有の性質は両方の体系の発達にとって重要なのである。もう一点は二つの体系の間の結びつきであるが，それは次のような一般化から明らかとなる。すなわち，基本方位の起点領域の一つは「上」や「下」などの基本的な参照点であるが，その逆は成り立たないと考えられる。つまり基本方位の表現は直示空間定位の雛型にはならないのである。したがって二つの体系は概念的派生に関して明らかに一方向の関係にあるわけである。この点に関しては後の議論で述べることにしたい。

　「東」「西」.と「前」「後ろ」の間にはある相関関係が存在する。つまり「後ろ」は「西」のモデルにはなるが「東」のモデルにはなりにくく，逆に「前」は「東」のモデルにはなるが「西」のモデルになることはない（表 3-8 参照）。これに関して Brown は次のように述べている。「人間にとって最も基本的な人間の向きは東西を軸にしたものであり，（中略）通常東向きのほうが西向きよりも好まれる。これは東が太陽の昇る方向であるため，人の注目を多く集めることと関係があるのは間違いないであろう」（Brown 1983: 136）。さらに Brown（1983: 135 以降）の観察によれば，さまざまな言語において「北」「南」という言い方は「上」「下」に結びつくことが多いという。したがって Brown の資料では，「上」:「下」と「北」:「南」の比率は 7 対 1，つまり「上」が「南」ではなく「北」の方を指す確率は 7 倍高くなっている。このような観察から，直示空間定位と基本方位定位の間には，図 3-7 に示したような相関関係が文化の違いを越えて好まれると言えよう。

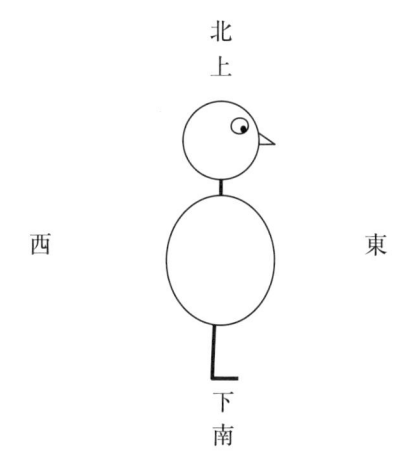

図 3-7　直示定位と基本方位定位・最も基本的な体の向き
（Brown 1983: 135 以降に基づく）

　以上の二種類の空間定位の間に存在するこうした相関関係に関しては，いくつか問題点がある。第一の問題点は「地図モデル」と呼びうる，基本方位の西洋的な表示方法と関係するものである。学校に通う子供は，アマゾン川流域に住もうとヒマラヤ山脈に住もうと，広い地域を黒板や紙の上で図解するときには，日の出と日の入りの区別のような大まかな空間定位ではなく，西洋的な形式的教育の普及と共に導入された詳細なモデルで「東」「西」「南」「北」の基本方位を表す，一般に認められた型の方が便利なことを習う。このモデルでは基本方位は天体現象や大気現象によってではなく，基本方位点の「東」「西」「南」「北」をそれぞれ「右」「左」「下」「上」で表す表示方法で示される。この地図モデルが西洋やその他の社会における基本方位の言語表現に影響しているのか，影響しているならどの程度なのかはまだはっきりしていないが，Brown はこの地図モデルの潜在的な重要性を認めている。

　北の名称が上を表すものと結びつく事例が 7 例に対して，下を表すものと結びつく事例は 1 例しかない。逆に南の名称が下を表すものと結びつく事例は 11 例あるのに対して，上を表すものと結びつく事例は 1 例しかない。この結果は，人間が先天的にこのような連想をすることを示唆

しているのかもしれないが，同様にまたどこであれ地図の上は北だという西洋的偏見の普及を示していると考えても一向におかしくない。（Brown 1983: 135）

　二番目の問題点は，基礎とするデータ数が少ないことを考えた場合，これらの分布が実際上どれほどの重要性を持つのか，ということであろう。以下のような例にも注意されたい。オセアニアの言語であるアムブリム語（またはロンウォルウォル語）では，「東」と「西」は上で見たようにそれぞれ「前」と「後ろ」から派生しており，東を向いた人間がモデルとして利用されているようであるが，「北」は明らかに「下」から，「南」は「上」から由来している（Brown 1983: 135-136）。同じように，トーゴとガーナで話されているニジェール・コンゴ語族のエヴェ語でも，概念的に「北」は「下」に，「南」は「上」に由来しているが，一方で東西の軸は日の出・日の入りという二分法で言語化されている。このような事例についての，地理的に理にかなった解釈が待たれるところである。

　第三の問題点は，基本方位点である「北」と「南」の表現には「上下モデル」に加えて「左右モデル」もあるということである。例えばBrown（1983）のデータに基づくと，ハワイ語では図 3-8 に示したような空間定位体系が再建できる。

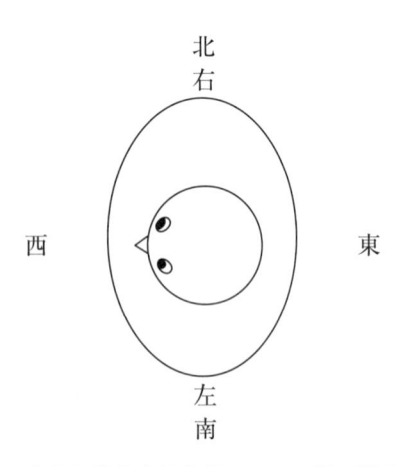

図 3-8　直示定位と基本方位定位・ハワイ語で再建される向き
（Brown 1983: 28-36 に基づく）

　ここまでの話から，起点領域から目標領域へ，つまり直示空間定位や風向きから基本方位定位への転用が非連続的なものである，という印象を受けたかもしれないが，実際のところはそうではない。転用は段階的なもので，意味が重複することもあり，ある表現が起点概念と目標概念の両方を指したり，ある文脈では起点概念を，別の文脈では目標概念を指したりする。ランドマークの領域から基本方位定位の領域への転用は，エスキモー語の「方向指示詞」qav-（別形 kujat-）によく現れている。この語はグリーンランド中でランドマーク空間定位と，基本方位のような巨視的な空間定位のどちらにも使われるものである。ランドマークに使われる場合は，qav- は「海を正面に見て海岸沿いの左の方向」を表す。ということはこの「方向指示詞」は，まさにフィヨルドや島などにおける居住位置しだいで，ほぼすべてのコンパスの針の向きを表せることになる。一方巨視的な空間定位に使われる場合は，海岸線がどのように突き出していようが凹んでいようが関係なく，ほぼ「南」という方位を指す（Fortescue 1988: 5）。

　このエスキモー語の例では，ランドマークモデルが流動的であることによって，同一の起点表現に多くの可能な方位点が結びつく結果となっている。異なる生活環境に合わせて，起点表現が異なった形で慣習化する様子は，Brown（1983: 138 以降）による次のポリネシア諸語の例によく現れている。Brown は，船乗りとして知られるポリネシア人が天体やその運動についての詳細な知識を有するにもかかわらず，基本方位表現を発達させる際にまれにしか天体を利用しないことに驚いている。Brown の観察によると，他の地域と比べて「東」や「西」の表現の発達に太陽モデルが使われることは少なく，「北」や「南」にいたっては太陽の位置や運動に関する経験から派生されることはほぼないという。事実，ポリネシア諸語は他の言語と比べて，太陽モデルを利用することがはるかに少ないようである。

　ポリネシアの諸言語にとって基本方位の起点領域の中心となるのは風の領域のようである。しかし風，もしくは特殊な風は今どこにいるかによって重要さが違ってくる。この起点概念と目標概念の実際に応じた結びつきと，結果として出てくる言語表現がどのようなものかは次の例から明らかとなる。

　例えば，tiu という語はマルケサス語では北・北西を，マオリ語では北・

北風を，しかしマガレヴァ語では西・西風を表す。その他の言語では基本方位とは結びついておらず，いろいろ違った風を意味する。例えばタヒチ語では東寄り南東の風，ラロトガ語では西南西の風の方角，ティコピア語では北西の風・西風を表す。(Brown 1983: 140)

ポリネシアで風モデルと同じように目につくのは，直示空間定位モデルである。ポリネシアの多くの言語では「上」「下」や「左」「右」などの概念が基本方位の起点として現れる。ポリネシア祖語の語彙素 *lalo「下，下方」は，「北」「南」「西」などの一連の異なる基本方位を表す表現として文法化している。

> *lalo からの基本方位への発達形は一貫して多義であり，基本方位に比べてより一般的な方向である「下，真下，下方，下手，下部」などの下方向性も表す。これは 8 つの言語で見られる。ニウエー語では「下」と「西」，レンネル語では「下，下方」と「西」，マオリ語では「底，下方」と「北」，アヌタ語では「下，下方」と「西」，ラロトガ語では「真下，下方，下手，下へ」と「西」，ツアモツ語のある方言では「下，下方」と「西」，別の方言では「下，下方」と「南」である。*lalo の発達形はまさにすべてのポリネシア諸語に存在するが，それらの言語では「下方向性」を指すのに限定されている。また少なくとも一つの言語で，*lalo は基本方位だと明示的に表示するための構文へと発達している (Brown 1983: 141，さらに他の例については Ross 1995 を見よ)。

またランドマークモデルは，ポリネシア祖語の語彙素 **uta「内陸に向かって」と *tahi「海に向かって」の発展に見て取れる。**uta はニウエー語ではさらに「東」という意味が加わり，*tahi「海に向かって」はカピンガマランギ語では拡張してさらに「西」も意味するようになったのである (Brown 1983)。

以上の例が示すように，起点領域から目標領域への転用の際には連続的な構造が生じ，一つの言語で起点の意味と目標の意味の両方が見られ多義となっていたり，またある言語では起点領域となる直示やランドマークによる

空間定位の意味が見られるが，他の言語では基本方位定位という目標領域の
意味が見られるといったことが起こる。まとめると，ポリネシア諸語の基本
方位表現の意味に見られる一見複雑な状況も，概念発達の普遍的な原理に照
らし合わせて分析すれば，その複雑さの大半は解消するということである。

3.3　空間定位の原理

本章ではこれまで空間定位のさまざまなパターンを区別して考察してき
た。したがって今度はそれらのパターンが概念的・通時的に互いにどのよう
な関係にあるか考えてみたい。これまでで利用可能な例証をもとにすると，
起点体系と目標体系の間には次のようなさまざまな相関関係が考えられる。

1. 直示定位の表現は身体部位や周囲のランドマークを表す表現から派生
   することはあるが，天体や大気現象を表す表現から派生することは決
   してない。
2. 直示定位の表現自体が基本方位定位の名称の発達の際にモデルとなる
   ことはあるが，逆はない。
3. 太陽と風は基本方位表現の雛型としては重要であるが，直示定位表現
   の雛型になることは決してないようである。

表 3-9 は起点領域と目標領域の概念的な結びつきを示すもので，図 3-9 は
起点領域から目標領域への転用パターンを示すものである。図 3-9 が示すよ
うに，概念の転用は存在論的カテゴリーである「対象物」，つまり物理的に
知覚可能なものの領域から「空間」のカテゴリーへと進んでいく。

空間定位の発達に関係して出てくる概念にはさまざまなものがあり，それ
ら全体の中で見た各概念の重要度もさまざまであるが，またそれらのうちの
どれが一番目立った存在であるかということは，その概念が使われる文化固
有の状況によっても違ってくる。例えばすでに述べたとおり，基本方位定位
を構築する起点としては太陽が最も重要である。しかしながら山や川などの
地理的に目立つランドマークがある土地では，太陽は二の次になることもあ
る。そのような状況は古代エジプトに見られたようである。「ナイル川の流

表 3-9　空間定位の主な起点領域

主な起点モデル	目標領域		
	直示定位	ランドマーク定位	基本方位定位
太陽	−	−	＋
風	−	−	＋
直示定位	適用不可	＋	＋
ランドマーク	＋	＋	＋
身体部位	＋	−	−

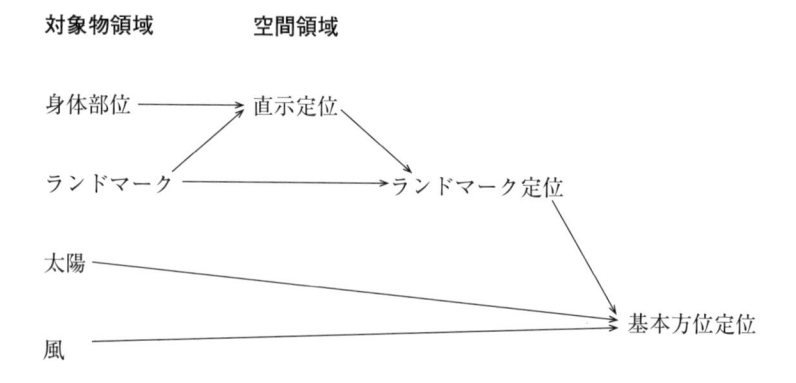

図 3-9　空間定位表現の認知的起点領域

れはエジプト人の方向感覚に強い影響を及ぼしていた。『北へ行く』という言葉は『下流に向かう』も意味したし，『南へ行く』は『上流へ向かう』とか『流れに逆らって進む』という意味だった」（Tuan 1974: 86）。

　同じくランドマークモデルが優先されるもう一つの例は，Henry & Henry によるアラスカ中部の北アサパスカ語族のコユーコン語である。ここでもモデルとなるランドマークは川である。

　基本方位は参照点として重要ではなく，重要なのは，川の流れから見たその場所の位置である（村落や湖や開けた場所，猟，罠，釣りの場所の

どれかには関係なく)。興味深いのはインディアンがよく知らない村落
や場所に来たときで，特定の位置表示語を使う前に隣接する大きな川の
流れを知ろうとするのである。(中略)川を元にした定位はこのインディ
アンの英語の使い方にも現れている。家の四方を指し示すときには，
「上側（上流側）」，「下側（下流側）」，「後ろ側（川から遠い側）」，「前側
（川に向いた側）」と言うのをよく耳にする。大きな距離を伴う方位にな
ると通常はコンパス上の方位点で定位されることから，話し手が異文化
に適応していることがわかる。(Henry & Henry 1969: 136-137)

　以上で明らかになったことは，言語化に関する他のいくつかの問題の解明
にも役立つ。例えば，直示定位についての議論では，「上」を表現するのに
主に使われるのは身体部位の領域，特に「頭」という概念であるが，「下」
の場合は身体部位でなくランドマークが最もよく使われることが明らかと
なった。この違いの理由は次のようなものだと思われる。「上」という概念
を表すのに身体部位の次に続く候補はランドマークの「空」であり，「下」
の場合は「地面」である。さて「空」というのは直接さわることができず，
輪郭がはっきりしないが，どちらの難点も「地面」には当てはまらない。地
面は直接さわることができるし，地面でないところに対して境界線を引く
ことができる。このように特定の起点領域のうちで，ある概念が他のものより
注目される場合には，はっきりとした理由があるのである。

3.4　文法について

　身体部位やランドマークを表す名詞は，ひとたび空間定位表現として使わ
れるようになると，その形態統語的特性も変化するのが普通である。空間定
位の言語表現は典型的には副詞類，すなわち副詞句として存在することが多
い。例えば「上」や「下」などの直示定位概念は，ほぼ一貫して副詞または
接置詞（前置詞や後置詞や両置詞）として現れる。これまでの議論で取り
上げたのは主にある特定のタイプの接置詞で，名詞的接置詞と呼ばれるもの
である。名詞的接置詞とは属格構造の主要部名詞[31]が文法化されて生じた文
法形式である。この他にもよく使われる接置詞として副詞的接置詞と動詞的

接置詞の二つのタイプがあり，前者は副詞から，後者は動詞から派生したものである[32]。

　動詞的接置詞は動的な概念が起点となるが，具体的にどのような言語形式をとるかは言語ごとに異なっている。また接置詞として使われるには不定形を取らなくてはいけないという言語が多い。その不定形は不定詞や分詞または動名詞であったり，また他の動詞形であったりする。英語話者に好まれるパターンは動詞を動名詞にして使うものであり，(3a) の preceding と (3c) の following がその例である。これらはそれぞれ (3b) の before と (3d) の after という接置詞にほぼ対応する。

(3) 英語 (Svorou 1994: 113)
　　a. Preceding the parade, there will be a famous New Orleans band.
　　b. Before the parade, there will be a famous New Orleans band.
　　　「パレードに先だってニューオーリンズの有名なバンドの演奏がある」

　　c. A big crowd came following the funeral procession.
　　d. A big crowd came after the funeral procession.
　　　「葬儀の列に続いて大勢の人が来た」

　またさらには派生語尾や付加形態一切なしのもっとも無標な動詞形が使われる言語もある。これは中国語やエヴェ語のような分析的・孤立的特徴をもつ言語に見られることが多いが，このタイプの言語に限られるわけではない。次のタイ語の例では，動詞 càak「発つ・出発する」が接置詞として機能していると考えられる。

(4) タイ語 (オーストロ・タイ語族, Kölver 1984: 17)
　　khạw maa　　càak　　rooŋrian
　　彼　来る　　発つ　　学校
　　「彼が学校から帰ってくる」

　副詞が接置詞へと発達していく副詞的接置詞の発展は，次のドイツ語の例に見て取れる[33]。例 (5a) は第一段階であり，英語の in や on や at のような典型的な接置詞が使われている。この段階では，位置表現は問題となっている対象の通常もしくは無標の位置を指している。第二段階の (5b) では

hinauf「上へ」という副詞が加わっている。第三段階の (5c) では典型的な前置詞 auf「の上」が省かれ，本来副詞だったものが完全に接置詞として機能している。

(5)　ドイツ語

  a. Er stieg   auf den Berg
    彼.主 登る.過 （上）へ 定 山
    「彼は山に登った」

  b. Er stieg   auf den Berg hinauf
    彼.主 登る.過 （上）へ 定 山   上へ
    「彼は山を上へと登った」

  c. Er stieg   den Berg hinauf
    彼.主 登る.過 定   山 上へ
    「彼は山を上がっていった」

　副詞を加える目的は通常の場合，普通の接置詞構造で表されるおおまかな位置をさらに詳しく特定し，また場合によっては位置の概念を強調することである。Reh はスーダン共和国のコルドファン語派の一つクロンゴ語に見られる，上と似た状況に関して，次のように述べている。「以上のことから，クロンゴ語の後置詞は属格構造からではなく，場所の付加詞や副詞類から発達したものと考えることにしたい。クロンゴ語の後置詞には，PP（前置詞句）ではどうしても曖昧に表されてしまう位置を，より明確にする働きがある」（Reh 1983: 54）。

　ドイツ語にも見られるように，なぜクロンゴ語では前置詞でなく後置詞が発達したのかにはそれなりの理由がある。クロンゴ語での発達の様子は (6) の三つの例で明らかとなる。

(6)　クロンゴ語 (ニジェール・コルドファン語族, コルドファン諸語, Reh 1983: 53)

  a. k- áfi   kí- jòorí
    複・ に.いる 場・ 家
    「彼らは家にいる」

b. k-　　áfi　　　　　kádú　ki-　jòorì　kàti.
　　複・に. いる　　　人々　場・　家　　横
　　「彼らは家の横にいる」

c. m-òmì　　　　　　sárrà　kà-　dí　kàti.
　　女・座っている　　サッラ　場・　私　　横
　　「サッラは私の横に座っている」

　（6a）の例は初期段階と考えられるもので，名詞は場所・方向格（所格）か離脱格（奪格）で現れ，後置詞は使われていない。（6b）では位置はさらに副詞類 kàtì「横に」によって特定されており，ここでは kàtì は，格接頭辞が表している位置をさらに強める後置詞として機能している。（6c）のように人間が規定される場合には，後置詞を省くことはできなくなる（第8章参照）。

　起源的に一つのタイプの接置詞しかない言語もありえるかもしれないが，同一の言語に二つ，さらには三つのタイプの接置詞が見られる方が普通である。英語には例（7）のように以上の三つのタイプの接置詞が現れる。（7a）は名詞的接置詞，（7b）は動詞的接置詞，（7c）は副詞的接置詞と考えられる。

（7）英語
　　a.　because of, instead of, in front of, on account of, in back of など
　　b.　following, preceding, concerning, considering, given など
　　c.　off, up, down, through など

　ただしこれで接置詞の起点となるものすべてを残さず列挙したわけでないことに注意してほしい。さらに他の起点がこれに加わることもある。例えば英語には形容詞から派生した前置詞もある（König & Kortmann 1991: 109）。とはいえ，そのような起点は統計的には重要ではないのが普通である。

　英語には上のように三つの異なるタイプの接置詞があるが，それぞれのタイプに属する表現の構造はそこから自ずと決まってくる。例えば英語で単音節の前置詞はほぼ一貫して副詞的接置詞であるが，一つか二つの単音節前置詞を伴う前置詞（例えば thanks to や in front of）は名詞的接置詞であり，動詞的接置詞は動名詞語尾 -ing を伴うことが多い（König & Kortmann 1991:

110 を見よ)。また言語によっては個々のタイプがそれぞれ異なる統語構造
と結びついた結果，接置詞副詞句の形態統語構造がかなり複雑になってしま
うこともある。例えばエヴェ語では，動詞的接置詞は前置詞であるのに対し
て，名詞的接置詞は後置詞である。この二つの接置詞群が示す形態統語的に
異なる振る舞いは，それぞれの起点となっている語彙との関連で説明するこ
とができる。エヴェ語では動詞は目的語の前にくることから，動詞的接置詞
の発達は (8a) のように表すことができる。それに対し主要部名詞は (8b)
のように属格修飾語の後にくるため，統語的に後置詞として再解釈されるこ
ととなった (詳しくは Heine, Claudi, & Hünnemeyer 1991: 140-142 を見よ)。

(8) エヴェ語における形態統語的再解釈の過程
　　a. 動詞 – 目的語名詞　→　前置詞 – 名詞
　　b. 属格名詞 – 主要部名詞　→　名詞 – 後置詞

　ここで示した転用パターンのデータを利用すると，接置詞を形態統語的に
分析する際に出てくるいくつかの疑問点に答えることができる。例えばなぜ
英語の on top of や in front of や because of のような前置詞には of という標
識が付いているのだろうか。同様になぜスワヒリ語では (9) のように多く
の前置詞に属格の標識 ya が含まれ，またインド・アーリア諸語には属格標
識 ke が前に付く (10) のような後置詞が存在するのだろうか。

(9) スワヒリ語 (ニジェール・コンゴ語族，バントゥ諸語)
　　juu　　　　　　ya　　　　　　meza
　　上　　　　　　(属格)　　　　テーブル
　　「テーブルの上」

(10) ヒンディー語 (印欧語族，インドアーリア語派，Blake 1994: 10-11)
　　ləṛkə　　　　　ke　　　　　　sath
　　少年　　　　　(属格)　　　　一緒
　　「少年と」

　なぜ接置詞は世界的に見て属格形態素を伴うことが多いのかというこの問
いは，その起源と関連づけて説明することができる。そういった接置詞の多
くは属格構造における主要部名詞に起源をさかのぼることができ，主要部名

詞として機能していた身体部位やランドマークの表現が単に文法標識としてしか意識されなくなった今でも，属格形態素が残っているのである。

また予想されるとおり，属格形態素はすべての接置詞で見られるわけではない。属格が見られるのは名詞的接置詞だけであり，副詞的接置詞や動詞的接置詞ではそれぞれの起点概念が違った形で影響を与えていることが予想される。さらに最初の構文では属格標識があったにもかかわらず，歴史の流れの中で消失してしまったこともありえよう。

空間を表す言語形式は，概念的・歴史的に起点となった表現とは異なった形をしていることが多い。一番多いのは前者が後者より短い場合で，これは摩耗（Heine 1993 を見よ）の結果であると言える。摩耗は音韻的な場合も形態的な場合もある。前者はある概念を表現するために使われる音が短くなるもので，後者は形態素全体の脱落が起こるものである（Heine & Reh 1984: 21-25 と 27 を見よ）。表 3-10 は音韻的な磨耗の例であり，表 3-11 は形態的な磨耗の例である。マサイ語では形態的摩耗により文法性を示す接頭辞（基本形は男性で ol-，女性で en-）全体が脱落している。

以上のように，空間定位を表すために用いられる言語表現の形態統語的特性の多くは，何がそれぞれの概念的な起点にあるかという点から説明することができるのである。

表 3-10　アチョリ語で身体部位語が前置詞へと発達した際の音韻的摩耗の例
(Malandra 1955: 127-128)

身体部位用語	意味	前置詞	機能
ic	「腹」	i	「の中に，の内側に，の内部に」
ŋec	「背中」	ŋe	「の後ろに，の背後に」
wic	「頭」	wi	「の上，の上部に，のてっぺんに」

表 3-11　マサイ語で身体部位語が前置詞・副詞へと発達した際の形態的摩耗の例
(Tucker & Mpaayei 1955: 43)

身体部位用語	意味	前置詞	機能
en-korioŋ	「背中，背骨」	orioŋ	「の背後に」
en-dukuya	「頭」	dukuya	「の正面に」
o-siadi	「肛門」	siadi	「の背後に」

3.5　まとめ

　導入部（3.1 節）では，まずユカテック語の分析を通して，身体部位表現
と位置標識の間に形態的な類似性があることに注目し，Goldap（1992: 613）
と Stolz（1994b: 61）の分析にしたがって，歴史的に見て位置標識は身体部
位表現から派生したものであることを述べた。さらに本章では他の言語の例
を挙げ，この派生過程が実は普遍的な重要性を持つものであることを示し
た。「前」や「後ろ」という（6a）の例は初期段階と考えられるもので，名詞
は場所・方向格（所格）か離脱格（奪格）で現れ，後置詞は使われていない。
（6b）では位置はさらに副詞類 kàti「横に」によって特定されており，ここ
では kàti は，格接頭辞が表している位置をさらに強める後置詞として機能
している。（6c）のように人間が規定される場合には，後置詞を省くことは
できなくなる（第 8 章参照）。位置標識は，それぞれ「顔・ひたい」や「背中」
という身体部位表現から派生されることが少なくない。とはいえユカテック
語のデータからは，こうした派生過程に見られる普遍性から外れる部分も明
らかになった。例えば「中」や「内部」という表現が身体部位表現から派生し
ている言語は世界中に非常に多いが，ごく少数の言語ではここで「髄」や「目」
などの身体部位が使われている。したがって概念転用の成り立ちに影響する
のは普遍的な原動力と地域的に限定された原動力の両方だと言える。非常に
多くの言語で例えば「目」が最終的に「前」を表す表現を生みだしているの
に，なぜユカテック語の「目（ich）」は「中」を表す表現へ発達していった
のかという問題はしかしながら今後の課題である。

　この分野で繰り返し取り上げられてきたもう一つの問題は，空間定位表現
を言語によって作り上げる際の体系の違いは人間の進化段階と関係している
のか，関係するならどの程度なのかといったものである。例えば基本方位定
位は人間の進化史の中では比較的遅い時期に生じた認知領域であるとする立
場がある。このような考え方がもっとも強く見られるのはおそらく Cecil
Brown らの研究であろう。この問題に関して Brown は次のように述べてい
る。

　　一般に古い言語には基本方位点を指す表現が欠如しているが，それは特

に驚くべきことではない。そのような言語を話していたのはたいてい規模の小さい共同体の人々であり，基本方位による空間概念を作り出す理由があまりなかったのである。（中略）人類史の最近数千年のうちに共同体の規模や複雑性が全体的に増したことにより，世界の多くの言語で基本方位点の語彙化が促進されたのは疑う余地がない。共同体の規模増加に伴う技術の進歩，例えば遠洋航海船，羅針盤，地図，数学などがその発達に大きく寄与したことは明らかである。（中略）基本方位点を表す表現がそのまま西洋の言語から借用された例もあるし，もとからある表現を拡張して基本方位という借用概念を表すようになった例もある。（1983: 122-123）

　このような考え方を，他で主張されているような仮説，例えば「基本方位定位または『絶対的体系』は地球上に広く分布しており，非常に古いものである」という主張（Brown & Levinson 1993a: 3）と和解させることは不可能に近い。この二つの考え方，つまり基本方位定位は人間による空間の概念化のうちでもっとも早く現れたパターンなのか，それとも比較的遅い発達の結果なのかをどのように歩み寄らせるかは今後の研究課題である。

　もう一つのテーマは起点概念と目標概念の構造の間にどのような関係があるのかというものである。ここで出てくる問題としては，起点として利用可能な概念の特性が，どの程度まで結果として出てくる目標概念の特性を左右するかといったものが考えられる。

　この問題は基本方位定位の構造および分布と関連づけて示すことができよう。前に見たとおり（表 3-7 と表 3-8），基本方位の起点モデルとしてもっとも重要なものは太陽，つまり日の出と日の入りであり，この二つの概念からほぼ例外なく基本方位の「東」と「西」の表現が生じる。また Brown（1983: 143 以降）のデータでは，「東」と「西」が世界の言語でその他の方位と比べてよく区別されることが示されている。Brown が調査した 127 言語のうち，「東」を表す表現は 104 の言語，「西」を表す表現は 101 の言語で見られたのに対して，「北」と「南」を表す表現はそれぞれ 89 言語と 91 言語で見られたにすぎない。さらにこの東西と南北の二つの軸の間には一種の含意関係が成り立っている。Brown はそれを次のように述べている。

4つの基本方位点すべてに対して表現がある81言語と，そういうものがまったくない18言語を除くと，28言語が残る。これら28の言語には含意関係が見られる。例えばこの28言語のうち24言語には東と西，あるいはそのうちのどちらか一方を表す表現があるが，北と南，あるいはそのうちのどちらか一方を表す表現がある言語は14しかない。これはつまり，一般に北と南，またはそのどちらかがある言語には，東と西，またはそのどちらかがあるが，その逆は成り立たないことを意味する。(Brown 1983: 144)

このような観察結果には注意して接する必要がある。とはいえこの観察から，世界の言語においてある文法カテゴリーが存在するかしないか，あるいはその文法カテゴリーがどれくらいの頻度で存在するかは，そのカテゴリーの概念的な雛型の性質に左右される可能性があると言えるかもしれない。

本節で議論したことから見えてくるのは，自分たちをとりまく世界を理解したり，うまくコミュニケーションを行ったり，今あるような文法カテゴリーを発達させるための基礎として人間がなにをどのように利用するかは，「人間をとりまく世界」に決定的に左右されているということかもしれない。山や湖などの目立ったランドマークや，熱帯雨林や砂漠のような特殊な植生的環境により人間の概念化パターンが形成され，そこから必然的に人間の言語使用のパターン，そしてまた文法が形成されてゆくようである。

ここで述べた転用パターンは，人間が繰り返し接するさまざまな体験をどのように相互に結びつけるか，つまり自分たちをとりまく世界を人間がどのように解釈するかを示すものである。お互いに似ていると見なされるものは，因果関係によって結ばれていると考えられることが多く，このようにしてさまざまな宇宙観やその他の民間カテゴリーが生じる。次のものはその典型的な例と見なすことができよう。インドネシアではほぼすべての地域で，芸術や信仰や自然の中に一貫した構造的モチーフが見られ，そのモチーフに従って共同体の中にも正反対の働きを持つ二つのグループが存在していると言われる。例えば，南モルッカ諸島のアンボイナでは村が二つの部分に分割されており，それぞれは「一つの社会単位というだけでなく，住民をとりまく対象物や出来事すべてを含む宇宙分類を行う際の一つのカテゴリーなので

ある」(Tuan 1974: 20)。この宇宙分類に現れる主な項目は（11）のとおりである。

(11) 南モルッカ諸島のアンボイナの機能的に正反対のグループに結びついた概念対立（Tuan 1974 に基づく）

左	—	右
女	—	男
海側	—	山側
下側	—	上側
地面	—	天または空
精神的	—	世俗的
下向き	—	上向き
皮	—	種
外	—	内
後ろ	—	前
西	—	東
弟	—	兄
新しい	—	古い

　（11）のような宇宙の二分法は，世界の伝統文化では珍しいものではない。この特殊な分類に見られる区分は，多くの異なる経験領域に関係している。そのうちの多くは空間定位の領域のものであり，特に直示定位（左—右，下側—上側，下向き—上向き，外—内，後ろ—前）とランドマーク定位（海側—山側，地面—天）と基本方位定位（西—東）に属するものである。のこりは社会構造や信仰の構造もしくは性質領域と結びついている。なぜこの宇宙のカテゴリー化の例，または他の文化に見られる多くのこれと似た構造で複数の異なる領域が組み合わされているのかを，これ以上の情報なしに説明しようとしても憶測の域を出ないであろう。だがここで仮定して問題ないと思われるのは，異なる認知領域からの要素の組み合わせ方は，これまでの節で見たものと同じである，つまり（11）に見られるような特性の集まりは，図3-9 に示したような概念転用パターンの結果だということである。

第4章

不定冠詞

　第2章と第3章では，身体部位から位置標識もしくは数詞への発展のように，具体的な概念から文法的な概念へと発展する過程の初期段階を扱った。ここでは文法的な概念がより文法的な概念へとさらに発展していくことを見てみたい。またこの発展が文法カテゴリーの構造にどのように関係するのかを明らかにしてみたい。ここで例として選んだのは，すでに序章で簡単に触れたが，不定冠詞である。すでに見たように，英語で定冠詞は（1）のように単数・複数の両方の名詞を限定するのに対し，不定冠詞は（2）のように複数名詞とは用いられないのはなぜか，という疑問が浮かび上がった。

(1) a. I see the child.「私はその子供を見る」
　　b. I see the children.「私はその子供たちを見る」

(2) a. I see a child.「私はある子供を見る」
　　b. *I see a children.「私は子供たちを見る」

　ここで不定冠詞を伴わない形 'I see children' が（2a）に対応する無標の複数形だという立場をとらないとするなら，英語には不定冠詞を補充するパ

ターンがあって，単数には a，複数には some が使われると論じることもできる。その場合（2a）の複数は（2b）ではなく次の（3）だということになる（Wally Chafe, 個人的談話による）。

(3)　　I see some children.

しかしながらこの主張には問題がある。以下のように（4a）は容認可能だが，（4b）は容認されない。some は付加語としても代名詞としても使うことができるが，a は代名詞として用いることはできないのである。さらに（4c）を見ると，この性格は不定冠詞と定冠詞に共通していることが分かる。つまり some の振る舞いは両冠詞とは違うのである。

(4)　a.　I see some.
　　b. *I see a.
　　c. *I see the.

ここで提起した問題に対するおおまかな解答はすでに第 1 章に記した。私はここでなぜ定冠詞と不定冠詞が非対称的なのかを，より多くの言語例を観察することで説明してみたい。議論はできる限り公表されている研究，特に Moravcsik (1969) に依るつもりである。この調査データをさらに私たちの 31 言語の調査（Heine et al. 1995）に基づくデータで補足したい。

4.1　一般的傾向

不定冠詞については過去数十年にわたりさまざまな研究が行われてきたが，それを文法の中でどのようにとらえ，定義し，位置づけたらよいのかという点については，それほど一致した見解がない。不定冠詞の定義，カテゴリー上の位置づけ，またその機能に関わる問題点は，例えば言語学辞典にそれがどのように扱われているかに見ることができる。そういった辞典に見られる「定義」は辞典を参考にする人の役にはあまり立たず，むしろ足かせになりうる。例えば Pei & Gaynor を見ると，不定冠詞とは「名詞が総称的に使われていることを示すために，名詞の前に挿入される，もしくは前接される不変化詞である」（一方定冠詞は「それが指示するクラスの中の特定の要素」

を指すとされる）。同様に Conrad は，定冠詞は「明確に標示された唯一の
もの」や「グループ全体」を指し，不定冠詞は「何らかの任意のもの」を指
すとする（1988: 31）。言うまでもなく，これらの記述には，言語学者が普通
冠詞に結びつける特徴のいずれも挙がっていない。むしろこれらの記述は，
今日の冠詞に関する考え方と相容れないことが多そうである。

　ここではとりあえず，不定冠詞は特定対象の不定指示の表示などの機能を
持つ，名詞限定詞であると言っておこう。特定対象の不定指示とは，話者に
は同定可能な名詞句の指示対象を，聞き手には同定されないような形で話者
が伝える発話行為で典型的に現れる。例えば 'I've seen a bunny rabbit'「私
はウサギを見た」という表現の場合，そのウサギは話者には同定可能である
が，聞き手には同定不可能なままである。

　したがって特定対象の不定指示標識は，談話において登場人物を最初に導
入するのに最適の方法である。不定冠詞は独立した語，不変化詞，接語，接
辞の形をとりうる。また分節音の場合もあれば，超分節音の場合もある[34]。
さらに限定する名詞に前置することもあれば，後置することもある。こうし
た特徴の記述は定義づけとは言えないが，不定冠詞を不定代名詞のような他
の言語形式と区別するのには役立つと思われる。

　ここでは不定冠詞がなぜある種の特性をもつかを明らかにするつもりであ
る。この目的のため，多くの言語の不定冠詞の振る舞いに見られる規則性
を，上で挙げた調査に基づき取り上げてみたい。この規則性からはいくつか
の疑問が生じるが，その解答は 4.3 で見ることにする。私の分析は多くの点
で限られたものである。例えば，私は不定冠詞の肯定的な使い方（例：a
car）のみを対象とし，否定的な使い方（例：no car）は無視している。とい
うのも後者は個別に扱う必要のある多くの問題を提起するからである。

　Moravcsik（1969）および Heine et al.（1995）のいずれの調査も，世界の
言語において不定冠詞と関連する可能性が高い数多くの特性を挙げている。
「可能性が高い」という表現が示すように，例外のない規則ではなく，むし
ろ確率の問題である。とはいうものの，こうした記述に含まれる事実は偶然
ではないと考えられるため，その説明を行う必要がある。世界の言語のう
ち，文法化された不定冠詞をもつ言語は多くはなく，以下の特性の一覧はも
ちろんそういった言語にのみ関係する（その詳細と参考文献は Heine et al.

1995 を参照)。

1. 不定冠詞は一般に短く，二音節を超えることはない（Moravcsik 1969: 86)。
2. 不定冠詞はアクセントを持たない。
3. 不定冠詞は文中で数詞の「1」と同じ位置に立つことが多い。
4. 不定冠詞はもっぱら可算名詞の単数形を限定するのに限られる傾向にある。とはいえ例外もあり，単数でない指示対象に拡大されることもある。
5. もし不定冠詞が質量名詞を限定するなら，それは複数名詞にも使われる。
6. もし不定冠詞が複数名詞を限定するなら，単数名詞も限定する。

　後半の三項目は表 4-1 の量的な証拠によって支持されるものである。この表によれば，不定冠詞が結びつきやすいのは統計的に見て単数名詞，次いで複数名詞であり，質量名詞が最も結びつきにくい。

表 4-1 世界の言語における，単数，複数，質量名詞と不定冠詞が生起する頻度
（31 言語のサンプルによる。出典は Heine et al. 1995）

冠詞の使用	以下の名詞とともに不定冠詞が使われる言語の数（%）		
	単数名詞	複数名詞	質量名詞
使用する	81%	23%	10%
使用しない	19%	71%	77%
情報なし	0%	6%	13%
合計	100%	100%	100%

7. 多くの言語において，形式と機能の関係は非対称的なものである。不定の（特定指示の）標識が存在するからといって，この標識が特定対象の不定指示が行われるすべての場合に使われるわけではない。たとえある言語が文法化された不定冠詞を持っていたとしても，その冠詞

が必ずしも不定指示が関わるすべての場合に使われるとは限らない。

8. 上で見たように，不定冠詞の使用は単数名詞に限られる傾向にあるが，表4-2が示すように，定冠詞の場合にはそのような制約は存在しない。

表4-2　世界の言語における，単数，複数，質量名詞と定冠詞が生起する頻度
(31言語のサンプルによる。出典はHeine et al. 1995)

冠詞の使用	以下の名詞とともに定冠詞が使われる言語の数（%）		
	単数名詞	複数名詞	質量名詞
使用する	78%	71%	61%
使用しない	16%	16%	23%
情報なし	6%	13%	16%
合計	100%	100%	100%

9. 不定冠詞と定冠詞は，前者が文脈によっては数詞（「1」）の機能を持つが，後者にはそのような機能がないという点でまた異なる。例えば次の英語の例では，aはさほど意味を変えずにoneと置き換えることができる（Quirk et al. 1985: 274）。

(5) a. The Wrights have two daughters and a son.
「ライト家には二人の娘と一人の息子がいる」

b. a mile or two
「1マイルか2マイル」

10. もしある言語が文法化した不定冠詞をもっているなら，その言語はまた定冠詞ももっている可能性が高い。一方その逆は必ずしも真ではない。つまり不定冠詞があれば同時に定冠詞も存在することが多いが，その逆は正しくない（表4-3を見よ）。

表 4-3　108 の言語における定・不定冠詞の標識の有無（Moravcsik 1969 に基づく）

定の標識	不定の標識	言語数	全体の中での割合
使用する	使用する	42	39%
使用する	使用しない	61	56%
使用しない	使用する	5	5%
使用しない	使用しない	0	0%
合計	100%	108	100%

　表 4-3 は Moravcsik のデータに基づいているが，計算と解釈は私たちが行ったものである。この表から特性 10 は Moravcsik のサンプル言語の 95% について当てはまり，相反するのは 5% であることがわかる。この観察に比べ，定冠詞を持つ言語は不定冠詞も持つという逆の一般化は 40% 以下の言語についてしか言えず，それゆえ実証的に見て有意とは言いがたい。また定冠詞は持たないが不定冠詞は持つ言語はわずか 5% である。

　以上の一般的傾向からは多くの問題が生じるが，それにはとりわけ次のようなものがある。

1. なぜ英語や他の多くの言語における不定冠詞が単数名詞は限定するのに（例えば a child），複数名詞は限定しないのか（*a children）。
2. その一方で，なぜ複数で不定冠詞が使われるスペイン語のような言語が存在するのか。
3. 不定冠詞は特定指示の標識として記述されることが多い。それにもかかわらずなぜ言語によっては不特定指示を表すのにも用いられるのか。
4. なぜ不定冠詞は多くの言語で数詞の「1」を表わす語彙素と似ているのか。
5. なぜ不定冠詞はほぼ常に数詞と同じ統語的な位置に置かれるのか。
6. もし不定冠詞が数詞の「1」に似る傾向があるなら，なぜ不定冠詞として使われる表現が，しばしば「1」を示す表現よりも音声的に短い，もしくは単純化しているのか。
7. より詳しく言うと，上述の他の音声的特性，例えば不定冠詞は必ず二

音節以下であり，アクセントも持たないということは何によって説明
されるのだろうか。

8. 定冠詞と不定冠詞は相互に排他的な文法的機能を示すものとして記述
されるのが常である。それならばなぜ以下の（6）のように，両者が
文脈によっては機能的にほぼ等しい表現となるといったことが，英語
や他の多数の言語で起こるのか。さらに，なぜ両者は大きく意味を変
えることなく（6c）のように「ゼロ」に置き換えられるのか。

(6) 英語（Hawkins 1978: 214）
   a. A lion is a noble beast.「ライオンは気高い動物だ」
   b. The lion is a noble beast.「ライオンは気高い動物だ」
   c. Lions are noble beasts.「ライオンは気高い動物だ」

9. なぜ言語によっては定，不定の標識が共起することがあるのか。例え
ば（7）のエヴェ語や（8）のフランス語の例のように，不定冠詞の機
能を果たす表現があるときに，同時に定冠詞も置かれる必要がある場
合があるが，その逆はないのはなぜか。

(7) エヴェ語（ニジェール・コンゴ語族，クワ語派）
   ŋútsu- (l) á   ŋútsu- a- ɖé
   人・　定　　　　　　人・　定・　不定
   その人　　　　　　　ある人

(8) フランス語
   la　viande　　　　de　　　　la　viande
   定　肉　　　　　部分 / 不定　　定　肉
   その肉　　　　　肉

10. 最後に，なぜ不定冠詞にはその統語機能の範囲に厳密な制限があるの
か。例えば不定冠詞は代名詞（例：*I want a）としては使うことが
できないのに，数詞の 1 はなぜ付加語（例：one car）および代名詞（I
want one）の両方として使われるのだろうか。

以上は世界の言語における不定冠詞の振る舞いに関する，いくつかの一般

的傾向を指摘する中で浮上してきた問題のごく一部である。以下の節では，これらの問題に解答を与えてみたい。

4.2 不定冠詞の発展

　一般に文法カテゴリーは，二つもしくはそれ以上のさまざまな具体的な意味をもつ起点領域にさかのぼることができる。例えば第3章で見たように，「上」や「前」などの意味と関係する場所副詞もしくは接置詞は，身体部位もしくはランドマークのどちらかの概念に起源をもつことが多い。しかし不定冠詞の場合，状況は若干異なっている。概念的な起点領域は基本的に一つしかないのである。場合によっては何らかの別の起点領域が見つかるかもしれないが，不定冠詞が発達している大多数の言語において，不定冠詞として発達したのは数詞の「1」である。したがってもし未知の言語で不定冠詞を見つけた場合には，それが歴史的に数詞から派生している可能性が高いと予測することができる。

　これまでの章で述べたように，語彙構造から文法構造への発展は不連続ではなく，段階的に進む。つまり文脈に応じて数多くの用法の拡張が起こったと言える。この拡張を記述するにあたっては，拡張に特徴的ないくつかの段階に分けることが可能である。ここでは不定冠詞がどのように発展するのかを，五段階のモデルによって説明してみたい。このモデルは二つの解釈が可能である。一つはまず共時的な含意階層と見なすことができる。これは例えばある発展段階の不定冠詞はすべての先行する段階の特性をもちうるが，その逆はないことを意味する。二つ目にこのモデルは通時的発展を反映したものと見なすことができる。つまり第一段階が最も古く，第五段階が最も新しいものだと考えられる。

4.2.1　第一段階：数詞

　この段階では「1」を表す表現が，数詞としてのみ機能する。非常に多くの言語，つまり「不定冠詞がない」と言われるすべての言語がこの段階に属すると言える。例えば（9a）におけるスワヒリ語の moja という表現は，数詞「1」としてのみ使われる。（9b）のように gari「車」という名詞が特定

対象の不定指示で使われる場合には，数詞もしくは他の標識も使われない。

(9)　スワヒリ語（ニジェール・コンゴ語族，バントゥ諸語）

  a.　ni-na　　　　　　　　gari　　　　　　moja
    私・持つ　　　　　　　車　　　　　　　1
    「私は車を一台持っている」

  b.　ni-na　　　　　　　　gari
    私・持つ　　　　　　　車
    「私は車を持っている」

4.2.2　第二段階：導入提示標識

　この段階に入るのは，冠詞が聞き手には未知と考えられる新しい参与項を導入し，それが後続する談話で定要素として扱われる場合である。例えば，(10)ではイタリックで表された句に冠詞が現れる。

(10)ロシア語（Tania Kuteva，個人的談話による）
    Zhyl　　　　　　da　　　　　　　　byl　　　*odin*　*starik …*
    暮らした　　　　不変化詞　　　　　だった　1　　　老人
    「昔あるところに老人がいました。…」

　この段階の特徴を示す言語は数多く，そのなかにはエチオピアのグラゲ語派のソッド・ゴゴット諸語もある。Hetzron（1977: 56）によれば，この言語で不定冠詞が用いられるのは，話題として新たに導入する対象を「提示」する場合のみだという。

　第二段階の初期にある言語は，この冠詞が語りの談話の冒頭にのみ現れる言語，例えば主要な登場人物が語りの冒頭で導入されるときに，この提示機能を持つ冠詞が現れる言語だと言える。例えばユート・アステック語族の西タラフマラ語の「コヨーテとノウサギ」の物語では，不定標識 bilé「一つの，ある」は基本的に冒頭文にしか現れない（11）。それ以降では特定指示の標識はつかないのが普通である。

(11)西タラフマラ語（ユート・アステック語族：Burgess 1984: 145）

bilé rawé　bilé basačí　'wé　　e'lowí-le-ga-ra-'e...

ある日　　ある　コヨーテ　非常に　　空腹だ・過去・状態・引用・強調

「ある日，コヨーテはとてもお腹がすいていたとさ。…」

4.2.3　第三段階：特定指示の標識

　この段階の冠詞はもはや導入提示の用法にとどまらない。典型的な場合，後続する談話で取り上げられるかどうかとは無関係に，話し手には既知だが聞き手にとって未知であると考えられるすべての参与項に拡張して使われる。とはいえ冠詞の使用は第二段階ほどではないにせよ，まだ後続する発話での言及と関係している。この段階の冠詞はまだほぼ単数の可算名詞に限られる。この第三段階を示す例だと思われるものに，会話ヘブライ語の exad「一つの，ある」がある。これは（12a）の文脈では用いられるが，（12b）の文脈では用いられないためである。（12b）では語用論的には指示対象（「男」）がどれを指すかは問題ではなく，重要なのはそれが男というタイプに属していることである（Givón 1981: 36）。

　（12）会話ヘブライ語（Givón 1981: 36）

a.　ba　　hena　　ish-xad　etmol　ve- hitxil　　le- daber　ve- hu...

　　来た　ここに　男・ある　昨日　そして・始めた　こと・話す　そして・彼

　　「昨日ここに男がやって来て話し始め，そしてその男は…」

b.　ba　　hena　　ish etmol,　　　lo　　isha!

　　来た　ここに　男　昨日　　　　ない　　女

　　「昨日ここには男がやって来たのであり，女ではない」

4.2.4　第四段階：不特定の標識

　冠詞はさらに，どの参与項を指示するかを話し手・聞き手のいずれも知らないか，知る必要のない場合に用いられるようになる。（13）の例は，第四段階の冠詞が現れていると考えられる状況である。

(13) 英語
a. Buy me a newspaper, please!　「新聞を買ってきてください」
b. Draw a dog!　「犬の絵を描きなさい」

　この段階の冠詞はこのように特定指示の標示にとどまらず，さらにまた単数の可算名詞が特定のものとして提示される場合にも，かなり普通に用いられるようになる。

　第四段階の言語の例としては，英語，ドイツ語，オランダ語，ロマンス諸語などのヨーロッパの言語の多くや，さらにはパンジャビー語や中国語が挙げられる。

4.2.5　第五段階：一般化した冠詞

　この段階では冠詞がどのタイプの名詞にも付与されうる。もっとも例外は数多くあり，例えば名詞が定標識をもつか，固有名である場合や，民族，職業，その他のクラスの要素を表す述部名詞（例：He is Swiss「彼はスイス人だ」）である場合には，冠詞が付かないこともある。いずれにせよ冠詞は単数以外の名詞とも使われ，次のスペイン語の例のように，複数名詞や質量名詞にも現れる。

(14) スペイン語
Un　día　　ven-ian　　　　　　un-o-s　　　　　　hombres...
ある日　　来る·3複／過／未完　　ある·男·複　　　　男たち
「ある日数人の男がやって来て…」

　以上から判明するのは，これらの五段階が世界の言語においてある種の含意階層をなしているということである。例えば第四段階にある不定冠詞は，同時にまた先行する他のすべての段階の特性をもつことが予想され，典型的な場合には，数詞，導入提示の標識，また特定対象の不定指示の標識としても使われるが，一方で後続する第五段階に現れる特徴は欠くことになる（しかし以下の議論を見よ）。

　とはいえこれらのさまざまな段階は，はっきり区別できると考えてはいけない。むしろ第一段階から第五段階までの発展は連続的で，さまざまな種類

の重複部分を含んでいる。文法化の重複モデル（Heine 1993）が示すとおり，つねにその構文が前段階と後段階の構造のどちらにも解釈しうる中間的な段階が存在する。例えば第一段階では，不定冠詞として使われる標識はまだ数詞にも冠詞にも解釈できるほど曖昧である。この状況はタミル語に見られる。数詞 onru「1」は名詞の修飾詞として名詞に前置されるときには，oru という特殊形になるが，不定冠詞として用いられるのもこの縮約形である。しかし oru を数詞として読むか冠詞として読むかは曖昧である。

(15) タミル語（ドラヴィダ語族 ; Lehmann 1989: 112）

oru nalla patam
一つの / ある よい 映画
「ある・一つのよい映画」

同様に，カンナダ語の ondu「一つの，ある」という表現も，数詞なのか不定冠詞なのか明確でない。ただし数詞として使用するときは，例えば (16a) のようにアクセントを置くことができる。一方 (16b) のように不定を表わす場合はアクセントを持たない。さらに，不定標識として使うには文脈上の制約を受ける。追加表現として動詞に後置されるか，文頭で使われるときは，冠詞としては使えず，ondu は (16c) のように部分（「定集合のうちの一つ」）を表わす数詞的な意味しか持ちえない。

(16) カンナダ語（ドラヴィダ語族 ; Bhat 1991: 62）

a. avanige ondu pustaka sikkide
   彼 / 与 1/ 強勢 本 / 対 手に入れている
   「彼は本のうちの一冊を手に入れた」

b. avanige ondu pustaka sikkide
   彼 / 与 1 本 / 対 / 強勢 手に入れている
   「彼は本を手に入れた」

c. ondu pustaka me:jina me:le ide
   1 本 / 主 テーブルの 上 ある
   「本のうちの一冊がテーブルの上にある」

　英語における不定冠詞の歴史的発達には，本節で言及した特徴のいくつか
が見られる。Hopper & Martin（1987）によれば，古英語には二つの不定冠
詞があり，導入提示の標識という点で機能的に重なり合っていたという。そ
のうち sum は典型的な第二段階の標識である。これは談話にテーマ参与項
を導入し，sum により導入された名詞句はその後も何度も言及される。不
定冠詞の an も導入提示に使われるが，それにより導入される名詞句は sum
の場合ほどはっきりとした導入提示とは認められず，以後の言及は sum の
場合よりも少ない。さらに sum はほとんど話の冒頭に現れるのに対し，an
は位置を問わない。このことから an は古英語の段階ですでに第二段階を越
えていたと思われる。

　それ以降の発達に特徴的なのは，まず「ゼロ」の領域に an が進んでいっ
たことである。すなわち以前には冠詞がなかったところでも次第に an が使
われるようになり，sum は複数や総称を表わす名詞句とともに使われるよ
うになった。次に an はトピックとともに現れることができるようになっ
た。古英語の時代には，トピックの名詞句に用いられる an はまったく存在
しなかったが，Hopper & Martin（1987: 300）は現代英語で a(n) をともな
う名詞句の 27% が，主語やトピックであると算出している。最後に，一度
しか言及されない単独の名詞句にも an が用いられる傾向がさらに増えて
いったという。古英語では an をともなう不定名詞句の 56% が後続文脈で言
及されているが，20 世紀には 10% にまで下がった。

　本節で述べた発展の根底にはさまざまな文法化の過程があるが，ここでこ
れを手短かに検討しよう。これらの過程の一つは希薄化（bleaching）であ
る。この用語は語彙から文法への発展の中で，語彙の意味内容が「希薄にな
る」過程を指している。希薄化はかねてから文法化研究において広く知ら
れ，かつ議論の余地のある概念である（Heine, Claudi, & Hünnemeyer
1991, 4 章を参照）。とはいうものの，ここで扱っている事例に関しては，
この概念の妥当性を支持して差し支えないと思われる。Givón（1981: 51）
がすでに指摘しているように，不定冠詞の発展は希薄化の典型的な事例のよ
うである（Lessau 1994: 74-8 参照）。

　Givón は（17）に見られるような発展の階層を提案した。この階層は二つ
の相補的パラメータ，すなわち含意と希薄化によって定義される。Givón に

よればまず数量規定は存在・指示規定を含意し，存在・指示規定は総称・内包規定を含意するという。希薄化についてはまず数量規定が希薄化され，指示規定の希薄化が後に続き，両者が希薄された結果，総称ないしは内包規定のみが残るとしている。

(17) 数量規定 → 指示ないしは外延規定 → 総称ないしは内包規定

　言うまでもなく，これは不定冠詞の問題に対して文法化理論が与える見方の一つにすぎない。もう一つの別の見方は，存在論的カテゴリーから別のカテゴリーへの移行ととらえるもので，例えば Frajzyngier(1991) は「言語外事実の領域」(domain de re) と呼ばれる「現実世界の現象」の領域から，言語上の談話世界，すなわち彼の言う「陳述領域」(domain de dicto) への移行と見なしている。

　Givón の階層は共時的な見方に基づき提案されたものであるが，上述の発展モデルとも直結しうるものである。私たちの言う第一段階は彼の「数量規定」のカテゴリーとほぼ対応し，第二から第四段階は彼の「指示規定」の下位区分にあたり，第五段階は「総称規定」にあたる。

　もう一つの文法化の過程は接語化である。この用語が指すのは，語彙が形態統語的な自律性を失い，隣接した語や句と次第に結びつき，接語さらには接辞になるという一般的な過程である。本章の事例で言えば，以前の数詞「1」が次第にそれによって限定される名詞や名詞句の添え物となり，やがて不定の標識に文法化された形式としては少なくとも独立語ではなくなる。この過程により，当該の語彙はそれ自体がアクセントを持つ単位をなすなどの，語の単位を決定する特性を失うことになる（以下の議論を見よ）。

　磨耗（erosion）も文法化に伴って頻繁に生じる過程である。磨耗とは当該語彙の音声的実質が次第に減っていくか，単純化されるか，またはその両方が起こることである（Heine & Reh 1984; Pagliuca & Mowrey 1987; Heine 1993）。英語の不定冠詞は，one から a(n) へと音が減っていったという点でこの過程の一例である。同様に現代会話ヘブライ語の exad「1」は音が減少して –xad となり，「ここでは不定の指示的な解釈が可能だ」(Givón 1981: 42) という。

　要するに，数詞から不定冠詞への発展は，多くの統語的，形態的，音韻的

表 4-4　数詞から不定冠詞への発展に特徴的な主な過程

起点語	目標語
数詞「1」	不定冠詞
独立語	接語　＞　接辞
完全な形式	音韻的に減少した形式

な個々の過程を引き起こすと言える。その主なものが表 4-4 に挙げたものである。これらの過程とすでに論じた五つの段階の間には，表現が数詞から不定冠詞へと経過してきた段階が多ければ多いほど，希薄化や接語化，磨耗のような文法化の過程による影響を受けるという大きな相関関係が存在する。しかしこの相関関係がどの程度みとめられるかに関しては，言語によってそれぞれ異なる。

4.3　問題への解答

　これまでの議論で，4.1 で挙げた問題点について取り上げる準備が整ったと言える。ここで分析するのは数詞の「1」と同音もしくは音韻的に見て似通っている不定冠詞のみであるが，不定冠詞の性質をより包括的に議論するために，本節では不定性を表現する他の方策についても多少言及するつもりである。

　英語を含めた多くの言語において，なぜ不定冠詞が通常単数名詞のみを限定し，複数名詞や質量名詞は限定しないのかという問題（4.1 節の問題 1）は，不定冠詞の源となった概念が何を意味していたかという点から答えることができる。起点である「1」を表す数詞はもともと単数名詞を限定するものであり，文法化を経て不定冠詞という形式になっても，この性質が残っているわけである。

　しかし最終的に上で見た文法化の第五段階（ときにはさらに早い段階のこともある）になると，数詞との結びつきが消えてしまうこともある（4.1 節の問題 2）。その場合には単数の可算名詞にしか使えないという制約は取り払われる。カタロニア語，ポルトガル語，スペイン語ではこのような制約解

除が起こったようであり，不定冠詞 uno/una が複数名詞にも拡大して使われる（以下の議論を見よ）。しかしこのような過程が見られるのはまれで，普通は複数名詞や質量名詞の不定冠詞には別の方策が用いられる。そういった方策の一つは，形態的には単数で不定冠詞と共に使えるが，意味的には複数や質・量の概念を表すような修飾名詞を用いることである。したがって一見不定冠詞が複数名詞と使われているように見えても，歴史をさかのぼってみると，不定冠詞中に含まれる冠詞は複数名詞を直接支配する単数の語を修飾するもので，単数用法だったということになる（英語の「a few/a dozen/ a million」を参照）。次のタミル語の例では，不定冠詞 oru は複数名詞の peer「人々」ではなく，「数詞的名詞」である ampatu「50」を修飾しているようである。

(18) タミル語（ドラヴィダ語族；Lehmann 1989: 113）

oru　　ampatu　peer

不定　　50　　　人々

「50 人ほどの人々」

複数の不定冠詞のもう一つ別の方策は，「X のうちのいくつか」といったような意味を持つ，部分の概念を利用するものである。ここで X は定の名詞となる。この方策をとると，結果として生じた不定冠詞には定冠詞が含まれるという，変わった副産物が生じる。フランス語やイタリア語のようなロマンス語や，ニジェール・コンゴ語族のエヴェ語にこの方策が採用されていることはすでに述べたとおりであるが，このような例は他にも容易に見つかる。例えば Hetzron (1977: 56) は，エチオピアのグラゲ語派のソッド・ゴゴット語では，「それらのうちのひとつ」を表すのに不定冠詞（(a) at）と定冠詞（-i）が組み合わされる（-att-i）ことを指摘している。

イタリア語はまだ移行段階にあるようである。特定を表す複数標識 dei をどう分析するかに関しては，専門家の間でも意見の一致を見ていない（表 4-5 を見よ）。

伝統文法に基づいて，それは（未だに）部分の標識であり，イタリア語には複数の不定冠詞はないと論じる者もいれば，それは（すでに）不定冠詞であって，イタリア語には二つの不定冠詞があり，一つは単数名詞に用いられ

表4-5　イタリア語の冠詞の語形変化（Renzi 1989-91 による）

冠詞	単数	複数
定	il cane「その犬」	i cani「その何匹かの犬」
特定	un cane「ある犬」	dei cani「ある何匹かの犬」
不特定	un cane「犬」	cani「何匹かの犬」

る数詞の「1」から派生したもので，もう一つは部分の標識から派生した複数名詞用のものだと論じる者もいる[35]。

　複数名詞や質量名詞を限定する不定冠詞はふつう数詞以外のものから派生するが，スペイン語のように数詞から派生した不定冠詞（uno, una）が複数にも使われる言語も皆無ではない。これは「希薄化」や「一般化」といった観点から説明することができる。文法化が進めば進むほど，最初の数詞としての意味が「希薄」になる可能性はいっそう高くなる。極端な場合には，もはや「1」と複数という意味の食い違いが感じられなくなるほどにまで，この数詞の意味が弱まってしまうこともあるのである。

　この一般的な解答は，4.1 節の問題 3 に関しても同様に当てはまる。つまり文法化の過程が進行するにつれ，不定冠詞は非指示的に使われるようになる。不定冠詞の歴史のある段階で，特定のものと不特定のものとを共に修飾できるようになるのである。

　4.1 節の問題 4 と問題 5 も，同様に数詞の「1」に関連づけて答えることが可能である。不定冠詞は数詞「1」を表す語彙に似ており，またそれと同じ位置に出現することが多いが，それは歴史的に見てこの数詞に起源をもつためである。

　同様に問題 6 と 7 も，文法化のパラメータのひとつである磨耗の観点から解答を与えることができる。文法化の度合いが増すと，文法標識は音韻的な実質と複雑性を失ってゆく。その結果それは短くなり，声調や強勢における，超分節的なレベルでの対立が消失する[36]。つまり不定冠詞が一音節もしくは二音節の形の限定詞の形でしか現れないということは，文法の他の分野に見られる磨耗と，まさに同じ理由によるのである（Heine & Reh 1984; Heine 1993）[37]。

　問題8は，定冠詞と不定冠詞が対立的な機能を有する反面，なぜほぼ同じ機能を持つこともあるのかというものであった。これに対する解答は，再び希薄化と関係する。文法化の度合いが増すにつれて，文脈次第では定冠詞と不定冠詞の双方が機能的な相違を見せないほどにまで希薄化しうるのである。そのような文脈とは，例えば英語において可算名詞が総称的に用いられる場合である。4.1節で見たように，この場合どちらの冠詞にも機能の差は認め難く，無冠詞で置き換えることすら可能である。

　問題9は，なぜ言語によっては定冠詞と不定冠詞の両方が必ず共起するのか，すなわちなぜエヴェ語（そして例えば複数の冠詞の場合にはまたフランス語やイタリア語）のような言語における不定冠詞には定冠詞と同一の要素が含まれるのかという問題だった。この問題に対する解答は，上の問題2の議論の際にすでに示した。

　最後に，なぜ不定冠詞がその起源となる語に比べて，統語的に非常に限られた場合にしか使われないのか，という問題10であるが，この問いにはまたもや次のように答えられる。すなわち不定冠詞は冠詞に特有のただ一つの統語的環境，すなわち名詞句を限定するという環境に特化した結果，それ以外の環境に現れることができなくなり，そういった特定の環境にしか結びつかなくなってしまうのである。

4.4　その他の問題点

　以上は不定冠詞の発展および共時的側面に関して生じる問題をすべて網羅しているわけではない。例えば，数詞の「1」が不定冠詞の最有力候補となるのはなぜだろうか。この問題に対する解答は，この数詞が果たす談話上の役割に求めることが可能である。Dixonは，ボウマ・フィジー語では数詞のdua「1」が「テクストに出現する数詞の4分の3以上」を占めることを指摘している（1988: 141）。またGivón（1981: 52）は，数詞が話し手にとって一見矛盾するように見える二つの課題，すなわち (a) 新しい項を目の前に存在する指示対象として導入し（Xが存在する），(b) 総称的・タイプ的な特性により，それを把握する（XはCというクラスの一員である）という課題をこなすのに理想的な手段であると論じている。そしてまさにこの二つの課

題のために，指示的かつ不定の項を談話に導入する必要が生まれるのだと Givón は結論づけている。

4.1 節で言及したものの，これまで扱わなかった問題は他にも多くある。例えば，不定標識が文法化されている言語より，定標識が文法化されている言語の方が多いのはなぜか。世界の限られた数の言語にしか，不定の標識が見られないのはなぜか。不定冠詞をもつ言語の多くでも，不定冠詞が使われるのはまれであるのはなぜか。そもそも不定冠詞はなぜ存在するのか。

これらの問題に答えるには，さらに研究を進める必要があるだろう。ここではそういった研究の際に関係すると思われる，いくつかの点に言及しておくにとどめたい。まず重要となる第一の点は，地域類型論的視点である。これまでの議論で出てきた問題点のいくつかは，言語的地理状況，とりわけ言語接触を考慮することで，よりうまく答えることができそうである。例えば，ある言語に隣接する言語に不定冠詞があるなら，その言語にも不定冠詞があると，ある程度まで予測しうる。古ゲルマン諸語にも現代ロマンス諸語の祖となる言語にも定冠詞と不定冠詞の双方が欠けていたが，現代のヨーロッパのほとんどの言語には，言語系統的な境界を越えてどちらの冠詞もある。これは言語接触の影響であると予測される。しかしこのような見方は，もちろん言語系統や地域に関して広くバランスの取れた言語サンプルを用いて検討する必要があることは言うまでもない。

さらにまた，不定冠詞や定冠詞は機能的に見てある程度は必要かもしれないが，その必要性は低いとする研究は多く，冠詞はなくてもよい場合が多いとか，そもそも不要だと言われてきた。例えば Beckmann は，冠詞が「余剰な確認用形態素」だとしている。その理由は，(a) ラテン語，チェコ語，ロシア語のような言語には冠詞が存在しないが，冠詞の恩恵にあずからずともなんら支障なく意思の疎通をはかることができ，また (b) 冠詞は「その言語の文法に従うなら使わなくてはいけないような場面でも，新聞の見出しや電報では無駄で不経済なものと見なされ省略される」ためである (Beckmann 1972: 165-66)。

Beckmann や他の研究者が指摘する以上の点はもっともではあるが，なぜかなり多くの言語が，それぞれ独自に不定冠詞を文法化したのかという問いには，なんら解答を与えるものではない。

　不定冠詞と数詞は，意味，統語，形態のどの点においても異なっているため，両者を別の言語領域に属するものとして扱うことは不当ではない。ヨーロッパおよびその他の地域の言語の文法家はそのような扱いをし，両者はほとんどいつも相互に関係のない言語単位とされてきた。

　しかし不定冠詞と数詞の「1」が似た性質を持っていることは，多くの研究者が別々に観察してきた。とはいうものの，そのような観察から，言語理論の形成に関わるような重要な結論が導かれたことはなかった。これまでこの類似性を説明しようといくつかの提案がなされてきたが，その際には類似性でなく，同一性の問題となるのだと論じられてきた。つまり不定冠詞は数詞と似ているのではなく，数詞「1」そのものであるとされた。例えばPerlmutter（1968）は，英語の a(n) はアクセントの置かれない数詞だと考えている。その理由は a(n) が他の数詞と系列をなし，他の要素と共起する際の性質が数詞と似ており，その音形は「1」から発達したためだとされる。このような主張は，さまざまな言語から得られた言語事実を基にしたMoravcsik の研究によっても支持されるものである。Moravcsik は，数詞の「1」が場合によってはどの言語でも不定の標識となることを指摘し，またさらに「不定冠詞には，数詞と見なすことで理解できるような特徴がいくかある」と述べている。また数詞の「1」と不定冠詞の違いは「主にアクセントの違い」である言語が多く，不定冠詞の特徴のほとんどは，数詞の特徴から導き出すことができる，とも述べている（1969: 84）。Moravcsik は，数詞の「1」と不定冠詞に共通する特徴として以下を挙げている。

1. どちらも可算名詞に付く。
2. どちらも通常は複数形がない。
3. 数詞と不定冠詞との関係を確認するさらなる重要な基準は，「配列および連合するカテゴリーである」（Moravcsik 1969: 87）。

Perlmutter と Moravcsik の同一性の主張の正当性は，どんな種類の記述モデルを採用するかにより違ってくるが，二人の主張を裏付けるような根拠も，実際にある程度存在する。数詞の「1」と不定冠詞の間に類似性があり，相補的分布を見せる例がある（と見なせる）ことから，この二つが同一カテ

ゴリーの変種であると論じることは可能である。私たちのよく知っている言語学のモデルはどれも確率的に見た一般化に基づくものであるため，同じくこのような確率的一般化に基づく Perlmutter や Moravcsik の立場は有効なものだと言える。両者はひとつしかカテゴリーを想定しないことに関して，「十分な」判定基準が満たされていると主張しているからである。

　しかし Perlmutter と Moravcsik の立場には問題がいくつかある。まずこの立場はそれと相反するような言語事実を無視していることが挙げられる。つまり主に（1）不定冠詞がもはや数詞と対立をなさないほどにまで不定冠詞の文法化が進んだ言語，（2）強勢が弁別的でないため，強勢あり・強勢なしの区別がそもそも無意味な言語，（3）あるいはまた加算名詞や単数名詞以外にも不定冠詞が使える言語を無視している。

　二つ目の問題点は，Perlmutter と Moravcsik の枠組みでは答えられないような重要な問題が数多く存在することである。そういった問題は 4.3 節で議論したように，特に次のようなものである。

1. 不定冠詞が数詞「1」よりも短く，音韻的にも単純化されていることが多いのはなぜか。
2. 不定冠詞は数詞「1」に比べ，なぜ他の構成要素との共起が統語的に制限されているのか。例えば，数詞は付加語的にも使えるし（例 one car），代名詞的にも使えるのに対し（I want one），不定冠詞は代名詞的に使えないのはなぜか（*I want a）。

　第三の問題はその理由に関してである。両研究者は観察される類似性がなぜ存在するのかについては触れていない。すくなくとも Moravcsik（1969: 84）は，自身が立脚する理論的枠組みの範囲内で許される限りの記述を行っているが，不定冠詞のほぼすべての性質が数詞の性質から導き出せるのはなぜか，この派生関係が一方向にしか起こらないのはなぜか，さらにまた 4.2 節で見たように，不定冠詞には数詞と異なる性質もあるのはなぜか，ということが説明されていないのである。

　こういった問題があるため，Perlmutter や Moravcsik の立場を放棄して，不定冠詞と数詞は別種のもので，両者を関係づける必要はないと主張するこ

とも可能であろう。実際に現代の言語学で主流となっているモデルの多くでは、このような立場がとられている。そのような立場をとると、本章を通じて指摘してきた多くの類似性が取るに足らないもの、あるいは存在しないものということになる。しかしそのような立場を正当化するに足るほどの主張はないようである。

したがって私たちは、世界中の言語で重要でありながら、この問題に関わる現代の言語学者の多くが無視している、そういった問題に直面していることになる。不定冠詞を適切に記述し説明するのに必要なのは、矛盾したように見える振る舞いを説明することができるモデルである。それはつまり不定冠詞はその起源からすれば単数名詞に限って用いられることが多いが、スペイン語のように、不定冠詞が複数名詞とも共起できるような言語もあることを予測できるようなモデルということになる。

これまでの議論で見たように、この矛盾は不定冠詞が相対的にどの程度まで文法化しているかと関係している。初期の段階では、冠詞はまだ数詞「1」と意味的に強く結びついており、単数でない名詞と使うことはできない。しかし発展がさらに進んだ段階では、数詞に特有な振る舞いは消えてゆき、単数か複数か、可算名詞か質量名詞かに関係なく、名詞すべてに不定冠詞が使われると予測できるのである。

このような特徴を納得できるような形で説明するには、言語カテゴリーをその起源と発展の観点から説明するようなモデルを選ぶより他はなさそうである。

4.5 まとめ

本章では、数詞がより抽象的な文法標識へとどのように変化してゆくか、すなわちかなり具体的な意味を持っていた言語要素が、どのようにしてその意味を徐々に失い、テクスト構成に関わる機能を帯びてゆくかを見てきた。これはすなわち身体部位や環境のランドマークのような、見たり触ったりできる具体的な概念から、位置標識や数詞のような相対概念へとたどってきた過程をさらに進め、言語表現が参与項の指示対象に関する談話上の性質を際立たせる以外の用法を持たなくなるような、よりいっそう抽象的な領域に到

達したと言える。この発展は，（a）名詞や動詞などの開いたクラスの語から，副詞，接置詞，数詞などの閉じたクラス，さらには二つ三つ，あるいはたった一つしかメンバーのないクラスに属する語へと進み，（b）自立した語から接語や接辞へ，（c）多音節は単音節（さらにはまた分節できない）形式へと進んでゆく。

　不定冠詞，それも特に発展の進んだものは，この発展過程の終点近くに位置していることが多い。すなわちこの段階の不定冠詞は，たいてい他に定冠詞しか成員のない文法範列に属すようになり，自立語ではなく接辞の形をとり，短いもの（典型的には一音節）となることが多い。ここで述べたようなパターンの発展には，従来からメタファー，メトニミー，会話の推意，誘導推論などが関わるとされてきた（詳しくは Heine, Claudi, & Hünnemeyer 1991; Traugott & König 1991; Bybee, Perkins, & Pagliuca 1994 を見よ；また7.4 節を見よ）。これがどのように進行するかを理解するのに最も重要なのは，文脈が果たす役割だと思われる。4.2 節で見たように，不定冠詞の発生に関係してくるのは，「私は知っているがあなたは知らない人が一人いる」といったような，双方の持つ情報が不均衡な状況だと思われる。このような文脈の枠組みで数詞の「1」が使われると，それが基となって次の発展段階の用法が生じ，それは引き続き「一人前の」不定冠詞へと発展してゆくと考えられる。

　しかし上の文脈の枠組みは，数詞「1」が使われうる多くの状況の枠組みのうちの一つの選択肢にすぎない。第二としては「X は一つだけである」という文脈状況が挙げられる。このような状況では，X が一つだけなら，X には何か他のものにはない性質がある，すなわち X は唯一なのであろうと解釈される。英語の unique「唯一の」や，その他の言語の似たような例は，数詞「1」のこのような使い方が慣習化した結果であると考えられる。同じ文脈状況の別の解釈は，X が人間の場合に見られる。つまり，X が一人だけなら，X に連れはいず，寂しく感じるはずだということになる。英語のalone「一人の，孤独な」，lone「連れのいない，寂しい」，lonely「孤独な，寂しい」などは，他の多くの言語にも対応する表現が見られるが，数詞「1」のこの用法が慣習化した形式だと思われる。

　第三に挙げられる文脈の枠組みとしては，「彼らは一つだ」というものが

ある。この文脈の枠組みが受ける解釈は，彼らが皆ひとつなら，彼らは連合
しているか，または同類だろうというものである。英語の unity「統一」，
be united「連合した」，unanimous「全員一致した」のような語に対応する
表現は多くの言語に見られるが，それは数詞「1」のこのような使い方が慣
習化してできた形式だと考えられる。

　以上は数詞「1」がどのように談話において変更を被り，新しい意味と新
しい語が生じてくるのかを示す例のごく一部にすぎない。これらの例は多岐
に渡ることから，起点領域と目標領域の間の結びつきは固定されたものでは
ないと考えられる。いずれにせよ，数詞の「1」が多くの言語でさまざまな
指示機能を持ちうるのは，この数詞を他の別のものとして再解釈し，新しい
語彙機能や文法機能を持った表現として使うことを可能にする，特別な文脈
の枠組みが存在するためなのである。

　これまでは単純な概念を表す言語表現，なかでも身体部位と環境のランド
マークのような対象を表す言語表現に注目してきた。以下の章では，さらに
複雑な言語表現，つまり事象スキーマと呼ばれる，命題の形をとった言語表
現について述べてみたい。

第5章

所有

これまでの章では，単純な言語形式である語彙が文法へと発展してゆく例を扱ってきた。しかしこのような発展には個々の語彙ではなく，むしろ構文全体が関わるのだという主張も可能であり，実際そのように主張する者もいる[38]。私たちの目的からすると，この問題はそれほど重要ではない。とはいうものの，本章およびそれ以降で見るように，なぜ文法が今ある姿をしているのかという問題を理解するのに，複雑な構造が重要となる場合も実際にある。所有はそのような領域の一つである。5.3 節では，文法領域のいくつかは単語や形態素といった単純な実体からでは十分に説明できず，むしろ命題形式を持つスキーマ構造[39]にその領域の起源があることを見てみたい。この構造は Heine（1993）に基づき「事象スキーマ」と呼ぶことにする。

5.1 所有概念や所有構文の諸問題

所有は普遍的な領域であり，どの人間言語でも所有を表わすのに慣習化した表現を持っていると考えられる。とはいえ所有の言語表現を扱う際には，多くの問題に直面することが多い。

　所有は時として曖昧な概念，人間の思考においても言語的にみても基本と言えない概念，あるいは普遍的な重要性をもたない概念であると考えられてきた。とはいうものの，例えば「私の子供たち」「私は犬を所有している」などのように，所有を表すために何らかの明示的な手段を持たないような言語はないようである。一方，所有表現は幅広い内容を表すのに用いられることから，所有の言語表現には意味がない，つまり英語の have や of といった表現は意味的に空である（Bach 1967 を参照）と主張する研究者もいる。さらに所有構文で表わされる意味の幅広さゆえに，所有をかなり抽象的に捉える研究者もいる。例えば Langacker は，英語の属格のさまざまな用法は，ある実体が「他の実体との心の中での接触を確立するための参照点（reference point）として喚起される」（1993: 8）点で共通しているとする。さらに所有は単に二つの実体間のいかなる抽象的関係でもありうる，とまで主張する者もいる。

　法学者は特に所有と所有権との間に一線を引いている。たしかにこの区別は重要であるが，ここではその詳細には立ち入らないことにしたい。というのもまずこの区別はきわめて特定の文化に固有のものと思われるのに対し，私たちの関心はなによりも世界の言語に見られる規則性にあるためである。さらに，所有と所有権を扱った研究でも，その区別の仕方は多種多様であるからである。例えば所有と所有権ははっきりと異なるとする者（Bickerton 1981 など）もいれば，両者は基本的には同じだとする者（Gentner 1975: 212 を参照）もいる。そのためここでは「所有権」という用語を用いることは控えたい。ここではむしろ所有概念のより詳細な分類を提案することにし，それを基礎にしてさらに分析を進めてゆこうと思う（5.1.3 節）。

　世界の言語や文化における所有という領域の重要性に関する問題は他にもある。しばしば議論されるように，所有は普遍的な領域なのか，それとも特定の文化に固有の領域であり，世界の中で所有領域を持つ言語と持たない言語があるのか，人間の歴史において所有領域が発達した時期と発達しなかった時期があったのかなどである。

　さて上で指摘したように，所有構文で表わされる意味の幅は広いため，そうした意味をすべて「所有」と呼んでしまうと誤解が生じる恐れがある。さらに所有表現は所有ではない別の意味をもつこともある。例えば，（1a）は

疑いなく所有の表現だと言えるが，(1b) はどうだろうか。

(1) a. Ron has a cheetah. 「ロンはチーターを飼っている」
　　 b. Ron has a cold. 「ロンは風邪をひいている」

　(1b) のような例を考慮し，所有にとどまらない概念を指せるように，「関係」「連結」などといった別の用語が提唱されてきた (Creissels 1979 を参照)。しかしそのような提案は，解決策を与ええないばかりか，むしろ複雑な事象を隠してしまいがちである。こういった提案は，言語学的方法で規定される所有という存在カテゴリーのようなものはあるのかといった問いに答える助けにはならないだろう。

　このように見てくると，最も重要な問題はおそらく所有の定義だということになる。例えば，その定義は言語的な特性にしたがって求めるべきだろうか。たいていの言語学者はこの問いに肯定的に答えるが，一方で言語外的定義を求める者もいる。例えば Seiler (1983: 4-7) は，所有とは基本的に概念的な関係のパターンであると考えている。彼は所有を「ある人間とその親族や身体部位，およびその人間の物理的な所有物，ならびに文化的・知的産物との関係」と定義している。また所有が位置関係のような別の関係領域と異なっているのは，それが「生物・文化的」である点だと考えている。さらに所有は所有者と所有される対象（被所有者）という二つの対象を含むという点で，位置関係と同様に二項からなると指摘している。

5.1.1　可譲渡所有と不可譲渡所有

　世界の多くの言語では，一般に不可譲渡の所有と可譲渡の所有と呼ばれる区別が広く観察される。この区別に関しては別の用語や名称も数多く提唱されている。例えば不可譲渡のカテゴリーは「緊密的」もしくは「内在的」と呼ばれたり，また部分・全体関係と関連づけられることもある (Voeltz 1976, Ultan 1978a, Seiler 1983, Chappell & McGregor 1996 を参照)。不可譲渡や可譲渡という従来の呼称は必ずしも適切とは言えないものの，ここではこの呼称を用いることにしたい。

　一見するとこの区別は簡単である。通常所有者と切り離すことのできない対象物が不可譲渡であり，それ以外は可譲渡である。したがって以下の概念

領域のどれかに属する表現は不可譲渡として扱われる可能性が高い。

1. 親族名称
2. 身体部位
3. 「上」「下」「中」のような相対的空間概念
4. 「枝」「把っ手」のような他の指示対象に含まれる部分
5. 「強さ」「恐れ」のような物理的，精神的状態

さらに「名前」「声」「におい」「影」「足跡」「財産」「家」のような個別概念は，言語によっては不可譲渡として扱われることもある。

ある事例またはある言語で不可譲渡性がどのように定義されるかは，個々の文化特有の慣習に大きく依存している。「隣人」「家」「寝床」「火」「衣服」「槍」を不可譲渡としてまとめる言語もあれば，それらを不可譲渡と見なさない言語もある。実際，不可譲渡の被所有者と可譲渡の被所有者との間に引かれる境界線は言語によって著しく異なる。

不可譲渡カテゴリーと可譲渡カテゴリーを形態統語上で区別する言語は世界のあらゆる地域で見られ，その数は多い[40]。この区別には以下の特性が見られる傾向がある（特に Nichols 1998, 1992: 116 以降，Chappell & McGregor 1996 を見よ）。

1. 両者の区別が行われるのは，付加語的所有表現に限られる。
2. 両者の区別の際には，有標・無標の対立を示す特徴が多く現れる。例えば，譲渡可能な名詞は有標，譲渡不可能な名詞は無標と見なすことができる。それは例えば一般に可譲渡所有を表わす際には，通例不可譲渡よりも多くの音韻・形態的手段が使われるからである。
3. 不可譲渡所有の方が被所有者・所有者間の構造上の結びつきが強い（Nichols 1992: 117）[41]。
4. 不可譲渡の名詞につく所有標識の方が「古風である」。すなわち可譲渡の名詞に用いられるものよりも語源的に古いと考えられる（Nichols 1992: 117）[42]。
5. 不可譲渡のカテゴリーに属する名詞は基本的に親族名称，身体部位名

称，あるいはその両方であり，さらに他の名詞グループが含まれることも多い。

6. 不可譲渡のカテゴリーは閉じた名詞群からなるのに対し，可譲渡は開いたクラスのカテゴリーである。Nichols（1988: 562）は可譲渡の名詞は「無限」であると述べている。

　以上は不可譲渡性に関係する特性をすべて網羅しているわけではなく，Nichols（1988, 1992: 116-23）はこの他にも多くの特徴を指摘している。Nichols は北米および他の地域の言語の調査をもとに，不可譲渡性の主なパターンはわずかであることを見出している。Nichols の用いる判断基準は形態統語的性質である。この基準により，主要部名詞（被所有者）に所有関係を表わすための文法的要素を付加する言語は主要部表示型（head-marked あるいは head-marking）の言語と呼ばれ，それに対して所有標識が従属する名詞（所有者）に見られるのが，従属部表示型（dependent-marked あるいは dependent-marking）の言語だとされる[43]。主要部表示型と従属部表示型のどちらか一方ではなく，二重表示（同一構文中で両方の表示を持つ）が行われたり[44]，またそのような表示を全く持たないこともある[45]。さらに不可譲渡カテゴリーは主要部表示で可譲渡カテゴリーは従属部表示といった，分裂したパターンをもつ言語も見られる。

5.1.2　所有構文の種類

　もう一つの重要な点は，所有が主に二つの構文タイプに分類されることである。私たちになじみのある言語では，付加語的，名詞的，名詞付加的など，さまざまに呼ばれる所有（例えば my credit card「私のクレジットカード」）と，述語的あるいは動詞的所有（例えば I have a credit card「私はクレジットカードを持っている」）との間に形態的区別がある。この二種の所有に共通しているのは，両者が典型的には二つの名詞句あるいは二つの事物に関係し（Seiler 1988: 95 を参照），さらにまたプロトタイプ的特性をもつ集合の観点から捉えられることである（Taylor 1989: 202-3 を見よ）。付加語的所有が述語的所有と異なっていると言われるのは，主に次の点である。

1. 付加語的所有は典型的には情報の主張ではなく，前提とされる情報を提示する。

2. 付加語的所有は出来事的な内容ではなく，対象物的な，恒常的な内容を持つ。

3. 付加語的所有は文の統語構造ではなく，句の統語構造をとる。

　述語的所有を表わすさまざまな方法の中では，「have 構文」が最も目につく型である。この型の特徴は，英語に見られるように所有者が文の主語あるいはトピックとして現れ，被所有者は補語として現れることである（例えば I have a car「私は車を持っている」）。他の言語では have 構文は全く異なる形を取りうる。例えば have 動詞の代わりにコプラが現れたり，または動詞がまったく出現しない場合さえある。とにかく「私は車を持っている」「私たちはお金を持っていない」ということを表わすのに標準的に用いられる構文が，ある言語における have 構文であると言えよう。

　さらに第二の型がある。この型では被所有者が文の主語やトピックとなり，所有者は補語または斜格でコード化される（例えば The car belongs to me「その車は私のだ」）。この型は belong 構文と呼ぶことにしたい。

　以上の二構文を区別するために，これまで数多くの記述方法が取られてきた。ある主張によれば，have 構文では所有者に「強調」が置かれている，あるいは所有者が「優勢」であるのに対し，belong 構文では被所有者が「強調」される，あるいは「優勢」であるとされる（Watkins 1967: 2194）。私は両者の構文の区別が語用論的に動機づけられていると考えたい。この区別を支持する根拠の一つは，それが談話語用論的な指示と関連していることである。つまり have 構文の場合，被所有者は典型的には不定名詞句であるが，belong 構文の場合は定名詞句であり，またいずれの構文でも所有者は定名詞句であることが多いが，belong 構文では不定名詞句のこともある。

　結局，所有構文は（2）にまとめたように，基本的に三つの異なるタイプがあることになる。これらの構文の区別は基本的なものであり，私の知る言語はどれもこの区別を表現する慣習化した手段を持っている。

(2) 付加語的所有　　　例：Ron's dog「ロンの犬」
　　述語的所有
　　a. have 構文　　　例：Ron has a dog.「ロンは犬を飼っている」
　　b. belong 構文　　例：The dog is Ron's.「その犬はロンのだ」

5.1.3　所有の概念

　最後に指摘できるのは，「所有」という用語が数多くの異なる概念を指すように見えることである。さまざまな言語を考慮すると，さまざまな文化における所有の理解に重要となる，いくつかの所有概念が区別できる。そういった概念は以下のようなものである。

物理的所有

　この概念は瞬時的所有とも呼ばれ（Miller & Johnson-Laird 1976: 565），所有者と被所有者が参照時に物理的に関係している際に見られるとされる。この例としては have を用いた以下の（3）が挙げられよう。

　(3) I want to fill in this form; do you have a pen?
　　　「私はこの用紙に記入したいのですが，ペンを持っていますか」

一時的所有

　この概念には偶発的所有あるいは一時的支配という用語も用いられてきた（Miller & Johnson-Laird 1976: 565）。この概念では所有者は（4）のようにある決まった期間，被所有者を所有することができるが，それに対する所有権を主張することはできない。

　(4) I have a car that I use to go to the office, but it belongs to Judy.
　　　「私には事務所に行くのに使う車があるが，それはジュディーのだ」

永続的所有

　Miller & Johnson-Laird（1976: 565）はこれを内在的所有と呼んでいる。被所有者は所有者に帰属し，典型的な場合，所有者が被所有者に対する正当な法的権利を有している。（5）がその例と言える。

(5) Judy has a car, but I use it all the time.
「ジュディーは車を持っているが，私がそれをいつも使っている」

　永続的所有は，西洋社会に見られるような所有権という法的概念に極めて近いと言えよう。

不可譲渡所有

　被所有者が (6) のように典型的には通常有生の性質を持つ所有者から切り離すことができないもの，例えば身体部位や親類として捉えられる。

(6) I have blue eyes / two sisters.
「私の目は青い / 私には二人の女の兄弟がいる」

抽象的所有

　この所有では，被所有者は病気，感情，あるいは他の何らかの心理状態のような，見たり触れたりできない概念である。

(7) He has no time / no mercy.
「彼には時間がない / 彼には憐れみの気持ちがない」

無生不可譲渡所有

　この概念はしばしば部分・全体の関係と呼ばれ，所有者が無生物であるという点で不可譲渡所有と異なっており，(8) のように被所有者と所有者は切り離すことができないものとして捉えられる。

(8) That tree has few branches.
「あの木には少ししか枝がない」
My study has three windows.
「私の書斎には窓が三つある」

無生可譲渡所有

　(9)でも所有者は無生物であるが，被所有者は所有者から切り離すことができる。

(9) That tree has crows on it.
「その木の上にはカラスがとまっている」
My study has a lot of useless books in it.
「私の書斎には不要な本がたくさんある」

　英語ではこれらの七つの概念は have という表現や属格構文で表わされる。これは，これらの構文が本質的に「曖昧」であるということである。例えば I have your book but I have it at home「私はあなたの本を持っているが，それは家にある」のような英語の文は三つの異なる所有概念を示している。最初の I have は一時的所有を，次の I have は物理的所有を，そして your book は永続的所有を含んでいる。しかし言語によっては多様な異なる所有の概念を表わすのに，それぞれ異なる表現が必要なこともある。以上の概念の区別に基づくなら，所有構文とは上記の概念の組み合わせを表現するのに通常用いられる構文である，という定義を提案できるだろう。

5.1.4　問題点

　この数十年間に，ほぼどんな言語にも普遍的に当てはまるとされる，述語的所有の振る舞いについての多くの観察がなされてきた（Claudi 1986: 4 を参照）。それは次のようなものである。

1. 文の主語は通常被所有物である（Clark 1978: 102, 113; Ultan 1978a: 34）。
2. 所有者は通常，文の目的語か場所格を基にした構成要素のいずれかの形で表わされる（Ultan 1978a: 34）。
3. 上の二つの観察に反して，非常に多くの言語で所有者が被所有者の前に置かれる。Clark（1978: 101-2）は，これが文中で有生名詞句が無生名詞句の前に置かれる傾向にあることに起因するとしている（以下の議論を見よ）。
4. 多くの，または場合によってはすべての言語において，存在構文と所有構文は位置を表す構文と関連している。あるいは少し異なる観点に立つと，所有は位置と同じ一般的カテゴリーに属していると言える。

とはいえ位置と所有の間の関係をめぐっては，次のようないくつかの見解がある。

a. 所有構文は位置構文である。この考え方は Clark（1978: 89）によるもので，Clark は Tom has a book「トムは本を持っている」や The book is Tom's「その本はトムのだ」のような構文における所有者は「有生の地点にすぎない」としている。

b. 所有構文は位置を表わす表現の一部である。例えば Lyons は「いわゆる所有表現は位置表現の下位区分と見なしうる」（1977: 474）と主張可能だと言っている。

c. 所有表現は位置構文から派生したものである。しかし「派生」という概念はここで明確ではない。これは Lyons（1967）がとる立場であるが，通時的な派生と共時的な派生のどちらを言っているのか，あるいは両方を言っているのか不明瞭である。しかし Lyons は後の論文（1968b）で，共時的，通時的，個体発生的派生の間には何らかの相関関係があるはずだと述べている（Clark 1978: 90 を参照）。

d. 所有構文は歴史的に位置構文から派生したものである。

こうした言い方の多くは信頼性が低い。例えば，仮説 (a) や (b) を裏付ける実質的な証拠は何も思いつかない。それに対し，所有構文と存在および位置構文とを分けるのには少なくとも二つの理由がある。まず両者は異なる形態統語的振る舞いを見せる。例えば Clark（1978: 97-8）は，所有構文が存在および位置構文とは異なり，被所有物が定名詞句か不定名詞句かによる規則的な語順の変動がないことを観察している。さらにより重要なのは，両者はとにかく意味が異なっており，話者は常にこの違いを知っているということである。

これまでの議論では，「所有」が何を指すかをさらによく把握するにはまだ多くの問題が残されていることが明らかになった。例えば have 構文を理解するには，次のような問題が検討される必要がある。

1. なぜ述語的所有の表現は，同定，叙述，存在，等式を表す表現や，場合によってはさらに位置の表現と類似することが多いのか。

2. なぜ have 構文の動詞は，Seiler（1988: 94）が「周辺的地位（marginal status）」と呼ぶ性質を持つ動詞，例えばその屈折および派生の形態において，パラダイムに体系上の欠如を見せる動詞であることが多いのか。またなぜ have 構文の表現に動詞を用いない言語がこれほど多いのか（Welmers 1973: 308ff.）。

3. なぜ述語的所有は世界の言語において表現方法にこれほどの多様性があるのか。例えば言語によって，またはある言語の構文によっては所有者が主語，被所有者が補語として表わされるのに対し，別の言語，または構文によっては被所有者が主語，所有者が補語あるいは斜格表現として現れるのはなぜか。

4. （3）と関連して，ヨーロッパの諸言語に見られる状況（つまり have 型の動詞があるということ）は類型論的に見るとそれほど普通ではない，と言う何人かの研究者（Benveniste 1960: 121; Bach 1967: 479; Hopper 1972: 119-200; Clark 1978: 102, 111; Ultan 1978a: 34）の観察をどのように説明したらよいか。

5. なぜ極めて多くの言語が have 構文を表現するのに位置の形態構造を用いるのか。

6. 所有表現は位置表現の下位区分と考えるべきだとすると（Lyons 1977: 474 を参照），このことは一体何を意味するのか。

7. なぜ have 構文の統語構造は極めて異質であり，同じ言語内の別の領域ではたらく規則が当てはまらない場合が多いのか。

　これらの問題は have 構文の構造にのみ関わるものであるが，またさらに他の所有構文にも似たような問題を投げかけることができよう。例えば付加語的所有については，以下のような問題が生じるだろう。

8. 付加語的所有の標識が，場所格，与格・受益格あるいは奪格のような文中の格関係を示す標識と類似することが多いのはなぜか。

9. 英語，フランス語やその他のヨーロッパの言語のように所有の標識が所有者に先行する言語もあれば，所有者の後に置かれる言語もある[46]のはなぜか。

さらに，より一般的な視点から見たとき，所有は語彙的な概念なのか文法的な概念なのか，すなわちレキシコンと文法のどちらの一部として扱うべきか，ということも問題になるだろう。

以上は過去数十年間に渡って提起されてきた問題である。以下でこれらの問題に答えてみたい。

5.2　事象スキーマ

所有は人間による概念化の中でもかなり抽象的な領域である。そのため所有表現はより具体的な諸領域から派生していると考えられる。この具体的諸領域は，何をするか（行為），どこにいるか（位置），誰といるか（随伴）あるいは何があるか（存在）についての基本的な経験に関わるものである。Heine（1993）に従い，このように繰り返し生じる経験のステレオタイプ的な叙述を事象スキーマと呼ぶことにする。一つの事象スキーマは，複数のスキーマと共通の特性を持っている。事象スキーマは，関連する数多くの事象から抽出した重要な特性を集約したものであり，私たちが常に直面するステレオタイプ的な叙述と結びついている（Sanford 1985; Matlin 1989）。この用語は，Hengeveld（1992）が陳述タイプと呼ぶものや，Langacker（1978: 857）が「述部とそれに結びつく変数からなる単純な意味単位」と定義して用いているような命題の概念にほぼ対応する。

世界の言語における大多数の所有構文は，八つの事象スキーマで説明しうる（Claudi 1986; Heine 1997 を見よ）。表 5-1 に挙げたのがそのスキーマである。

これらのスキーマが所有構文に発展する。ここで X は所有者を，Y は被所有者を指している。後で見るように，これらスキーマのすべてがあらゆる所有構文に用いられるわけではない。さらに，これらのうち二つ（属格と等式）はすでに所有表現であり，それがまた他の所有構文の起点領域となっていることに注意されたい。

それでは，これらのスキーマを一つずつ見ていきたい。なお以下の節や章で「Y は X から派生する」という表現を用いる際は常に通時的過程，さらに正確に言えば「X は歴史的に見て Y を生みだした」ということを指している。

表 5-1 所有の起点領域となる事象スキーマの定式
（目標領域スキーマはどれも X has Y「X は Y を持っている」）

起点領域スキーマ	スキーマの名称
X takes Y「X は Y をとる」	行為
Y is located at X「Y は X にある」	位置
X is with Y「X は Y と共にある」	随伴
X's Y exists「X の Y がある」	属格
Y exists for/to X「Y は X のため・へとある」	目標
Y exists from X「Y は X からある」	起点
As for X, Y exists「X に関しては Y がある」	トピック
Y is X's (Y)「Y は X の（Y）である」	等式

言うまでもなく，共時的に見ると起源が不透明な have 構文を持つ言語もある。そのような場合でもそれらの言語の多くに，パターン透明性（2.4 節を見よ）の形で，そこに含まれるスキーマの再建を許す証拠が存在している。

5.2.1　行為スキーマ

　このスキーマの典型は，動作主，被動作主，そして何らかの行為や活動を含む命題構造から述語的所有の概念が派生するものである。そこでは「取る」に加え「つかむ」「つかみ取る」「捕る」など多くの関連する行為動詞が利用されるだけでなく，「手にする」「運ぶ」「得る」「見出す」「手に入れる」「獲得する」「支配する」のような非動的，もしくはまた静的な動詞も用いられる。(10) に見られるのがこのスキーマの一例である。またこういった例にはさらに英語，ドイツ語，スペイン語といったヨーロッパ言語の have 構文があり，これらの言語では古くは「つかむ」「手にする」といった意味を述部の核として持っていた動詞が have 構文の起源となっている。

(10) ナマ語(コイサン語族, 中央コイサン語派 ; Heinz Roberg との個人的談話による)

　　kxoe. p　　ke　　　　　'auto .sa　　'uu　　　hââ

　　人 . 男性　トピック　　　車 . 女性　　取る　　完了

　　「男は車を持っている」（直訳「その男は，ある・その車を取った」）

　行為スキーマは (10) のような have 構文や，belong 構文（以下の議論を

見よ）を生み出すことはあるが，決して付加語的所有を生み出すことはない。

5.2.2　位置スキーマ

　このスキーマから派生する所有構文の統語構造は，その起点領域の形式と同じく被所有者が主語，所有者が場所補語としてコード化され，述語は位置を表すコプラあるいは位置を表す動詞である。次の例ではこのスキーマがhave 構文の起点領域として使われている。

(11) エストニア語（Lehiste 1969: 325）

isal	on	raamat
父 . 追加格	3. 単数 . ある	本 . 主格

「父は（一冊の）本を持っている」（直訳「この本は父にある」）

　述部として動詞がない，あるいはなくてもよい場合も少なくない。次のロシア語の例はそのような場合である。以下の議論で見るように，このことに関しては主に二つの説明が可能である。

(12) ロシア語（Lyons 1967: 394）

U	menja	kniga
に	私	本

「私は本を持っている」

　一般に位置スキーマは以下のような定式で表される二つの下位スキーマを持っている。

(13) a.　Y is at X's home. 「Y は X の家にある」
　　　b.　Y is at X's body-part. 「Y は X の身体部位にある」

(14) (15) (16) は下位スキーマ（13a）（13b）の例である。

(14) ソー語（ナイル・サハラ語族，クリアク語派；Carlin 1993: 68）

Mek	Auca	eo-	a	kus-	in
否定 . にある	アウカ	家・	場所格	皮革・	複数

「アウカは服を持っていない」（直訳「皮革はアウカの家にない」）

(15) クペッレ語（ニジェール・コンゴ語族，マンデ語派；Westermann 1924: 20,
　　193 以下；Welmers 1973: 316 も見よ）

　　　sɛŋkau　　　　a　　　　n　　　　yee-　　　i
　　　金 . 複数　　　ある　　私の　　　手・　　　場所格
　　　「私はお金を持っている」（直訳「お金は私の手の中にある」）

(16) ギシガ語（アフロ・アジア語族，チャド語派；Lukas 1970: 37）

　　　du　　　　’a　　　　v’ə-　　　ɗo
　　　雑穀　　　に　　　　体・　　　私の
　　　「私は雑穀を持っている」（直訳「雑穀は私の体に（ある）」）

　（13b）で用いられる身体部位は，（15）に見られるように手であることが
多いが，「頭」や「背中」の場合もある（Claudi & Heine 1986; Claudi 1986
を見よ）。身体部位の代わりに，（16）のように体全体が位置を表わす句の核
としてはたらくこともある。

　位置スキーマは，付加語的所有を表わすのに最もよく用いられる雛型の一
つである。所有者は，被所有者が配置される位置として概念化される。以下
は位置から派生した付加語的所有の例である（(17) における所有の標識 pé
は，関係名詞 *pé「場所」「区域」から派生している）。

(17) エヴェ語（ニジェール・コンゴ語族，クワ語派）

　　　Kofi　　　　　pé　　　xɔ
　　　コフィ　　　　の　　　家
　　　「コフィの家」（歴史的には「コフィのところにある家」）

Claudi & Heine（1989）はアフリカの諸言語における付加語的所有の起点
領域としての位置スキーマを，さらに詳細に扱っている。二人の観察では，
位置スキーマが一種の属格構文へと文法化される際，このスキーマはまず可
譲渡所有の表現に限られ，その結果，既存の付加語的所有のパターンがどれ
も不可譲渡所有に充てられることが判明している（以下の議論を見よ）。

5.2.3　随伴（あるいは付随）スキーマ

　have 構文を概念化するための雛型としてこのパターンを用いる言語は，

所有者を主語，被所有者を随伴的補語としてコード化する可能性が高い。少なくとも英語の方言のいくつかで用いられる She is with child「彼女は子供といる」のような例は，このスキーマ構造を採るものと言える。以下が随伴スキーマの例である。

(18) a. ルオ語（ナイル・サハラ語族，西ナイル語派；Stafford 1967: 18)

Joluo	nɪ	gɪ	tɪm	mabɛyɔ
ルオ族	コプラ	と	習慣	よい.複数

「ルオ族はよい習慣を持っている」（直訳「ルオ族はよい習慣といる」）

b. ムプン語（アフロ・アジア語族，チャド語派；Frajzyngier 1993: 264)

war	kə	siwol
3.女	と	金銭

「彼女はお金を持っている」（直訳「彼女はお金と」）

随伴スキーマは多くの場合 have 構文に限られるが，付加語的所有の例も若干ある。以下は，トゥルカナ語の例であるが，親族名称（itòò「母」を除く）が所有者である文脈にのみ，このスキーマが現れる（ちなみに「叔母」は男性，「父」は女性の接頭辞を取る）。

(19) トゥルカナ語（ナイル・サハラ語族，東ナイル語派；Dimmendaal 1983: 340)

a.

è-	ya`	kɛŋ`	kà	à-	pa`	kaŋ`
男性・叔母	彼の	と	女性・父	私の

「私の父の叔母」

b.

a-	mòtị̊	kà	è-	ya`	kaŋ`
女性・ポット	と	男・叔母	私の

「私の叔母のポット」

5.2.4　属格スキーマ

このスキーマには所有者が属格の形で被所有者を修飾するという特徴がある。このスキーマでは所有を命題の形でコード化するのに，物のような実体間の所有関係をコード化する既存の手段である付加語的所有が用いられる。このスキーマは一項の命題構造をとる。(20) がその例である。

(20) a. トルコ語 (Lyons 1967: 395)

Kitab-	ım	var
本・	私の	存在する

「私は本を持っている」(直訳「私の本が存在する」)

b. アニュワ語 (ナイル・サハラ語族, 西ナイル語派; Reh 1994)

dá	ci-	ɛ
存在する	妻:の・	3:単

「彼には妻がいる」(直訳「彼の妻が存在する」)

5.2.5　目標スキーマ

　このスキーマが述語的所有の起点領域となる場合には，典型的には存在動詞や位置動詞が含まれ，所有者が与格・受益格あるいは目標を表わす格としてコード化され，被所有物が主語となる。与格・受益格の標識は向格・方向標識から派生することが多い。そのため向格・方向標識の機能も，目標スキーマに現れる格表示の一部であると言えよう。以下がこのスキーマの例である。

(21) a. ボリビア・ケチュア語
　　　　(アンデス語族, ケチュア語派; Bills, Vallejo, & Troike 1969: 186)

waska	tiya-	puwan
綱	存在する・	私のために

「私は綱を持っている」

b. ブルトン語 (インド・ヨーロッパ語族, ケルト語派; Orr 1992: 252-3)

ur	velo	c'hlas	am	eus
一つの	バイク	青い	私へ	ある

「私は青いバイクを持っている」

　目標スキーマは have 構文の起点領域として広く用いられるばかりではなく，(22) のような belong 構文や，(23) のような付加語的所有を作る雛型としても広く用いられる。

(22) フランス語

Le	livre	est	à	moi
定冠詞	本	である	に	私

「その本は私のものである」

(23) アランダ語 (パマ・ニュンガン語族；Wilkins 1989: 135, 179)

Toby-	ke	alere
トビー・	与	子供

「トビーの子供」

　付加語的所有の場合，所有者は何らかの方向を表わす標識，通常は向格，与格，あるいは受益格の接置詞ないしは格語尾が付けられる。以下は，所有の標識に受益を表わす前置詞 fo（英語 for から）が使われる西アフリカのピジン英語と，所有の表示に与格の屈折語尾が用いられるディヤリ語からの例である。ディヤリ語は可譲渡所有と不可譲渡所有とを形態的に区別し，(24b) と (24c) にそれぞれ見られるように，いずれの場合にも目標スキーマが用いられる。

(24) a.　西アフリカピジン英語 (Schneider 1966: 92)

aprántis	fo	kápenta		wok-tíng	fo	mésan
見習い	ために	大工		道具	ために	石工

「大工の見習い」　　　　　「石工の・のための道具」

b.　ディヤリ語 (パマ・ニュンガン語族；Austin 1981:137)

nhulu	kuḍu	paku-yi	wilha-ya		wana-	li
彼.他主	穴.絶	掘る・現	女・与		掘る・棒・能	

「彼は女の穴堀棒で穴を掘る」

c.　

yini	thika-	Ø-	mayi	nhuwa	yiŋkaṇa-	ya
あなた.主	戻る・	未完・	強	配偶者	2.単.与 -	向

「あなたはあなたの夫のもとへ戻る」

　また英語にも secretary to the president「大統領の秘書」のようにまれながら目標スキーマの例がある [47]。

5.2.6　起点スキーマ

このスキーマは多くの場合，付加語的所有に限られ，have 構文の起点領域になることはないようである。このスキーマの形式的な特徴は，所有者をコード化するのに奪格もしくはこれに類する形態的手段が用いられることである。

起点スキーマの例はそれほど珍しいものではない。ヨーロッパの諸言語では英語の of 属格，ドイツ語の von 属格，ロマンス諸語の de 属格のように，ごく普通に見られ，これらはどれも歴史的に見ると，中心的意味もしくは中心的意味の一つとして奪格や起点（「から（離れて）」や「の中から」）の機能を持つ，前置詞の構造から派生したと言える。

なお「起点スキーマ」という概念を「起点領域スキーマ」と混同しないでほしい。「起点領域スキーマ」は，ある文法構文の構造的雛型あるいは起点領域として機能しうるスキーマを総称するものである。

5.2.7　トピックスキーマ

さらなる所有構文として，所有者が一種のテーマとして示されるタイプがある。このタイプでは所有者がトピックあるいはテーマとして文頭に置かれるだけでなく，被所有者を修飾する所有表現が現れる。このスキーマから派生した have 構文の例が（25）である。

(25) ランゴ語（西ナイル語派，ナイル・サハラ語族；Noonan 1992: 148)

òkélò	gwók'kɛrɛ̂	pé
オケロ	彼の.犬	3.否.存在する

「オケロは犬を飼っていない」
（直訳「オケロについては，彼の犬は存在しない」）

トピック化した構成要素は次第に主語の性質を獲得し，主語として文法化される傾向があるため，最終的には実質的に二つの主語を持つ構文になる。そのため Seiler（1983: 60）は，こうした事例に対して「二重主語方策」という用語を提案している。

トピックスキーマは have 構文の起点領域としてはそれほど広く見られないものの，付加語的所有の起点領域としては最もよく見られる雛型のひとつ

である。以下はこのスキーマの例である。

(26) a. アフリカーンス語（インド・ヨーロッパ語族，ゲルマン語派）

die　　　　boer　　se　　huis
定冠詞　　　農夫　　彼の　家
「農夫の家」

b. カイリル語（オーストロネシア語族，オセアニア語派；Lichtenberk 1985: 99）

Nur　　　　yaqal　qajuo-　ny
ヌル　　　　彼　　従弟 -　彼の
「ヌルの従弟」

5.2.8　等式スキーマ

最後に，二つの異なる指示対象の部分的あるいは全体的同一性を基礎とした命題構造を持つスキーマが挙げられる。このスキーマについて先に挙げた定式は Y is X's（Y）（X と Y はそれぞれ所有者と被所有者）であった。(27)がその例である。

(27) a. 英語

The car is mine.
「その車は私のだ」

b. スワヒリ語（ニジェール・コンゴ語族，バントゥ諸語）

Gari　　　　ni　　　　　yangu
車　　　　　である　　　私の
「その車は私のだ」

このスキーマでは，属格スキーマの場合と同様に所有者が属格の修飾語句として表わされるため，付加語的所有構文が存在することが前提となる。等式スキーマから派生する所有構文は belong 構文のみである。

これまでの議論で得られた主な結果の一つは，述語的所有と付加語的所有が同じ一般的概念パターンに基づいて形成されていることである。つまり両者の所有が派生する起点領域が大筋において同じだということである。表

5-2 は起点領域とそこから生じる所有構文を挙げたものである。

　ここにまとめたデータには，完全に文法化しているパターンのみを挙げている。このデータが示唆するのは，have 構文は広範囲の概念的起点領域に結びついているが，belong 構文に結びつく概念的起点領域は少なく，付加語的所有はその中間にあるということだろう。これら三種類すべての所有構文を生み出す起点領域スキーマは一つ，すなわち目標スキーマのみである。

　起点領域と目標領域の関係についてはさらなる調査が必要であるが，相関関係のうちのいくつかは有意義な解釈が可能なようである。例えば行為スキーマは have 構文と belong 構文のいずれの起点領域でもあるが，付加語的所有とは結びつかない。これは付加語的所有が静的かつ恒常的な概念であるのに対し，行為スキーマと述語的所有である have 構文と belong 構文はどちらも動的状況を表しているせいだと解釈できる。しかし，例えばなぜ起点スキーマ（Y exists from X）が基本的に付加語的所有に限られるのかは，依然として不明である。

　述語的所有と付加語的所有の起点領域が共通しているとは言うものの，言語によっては両者が全く異なるスキーマから派生する場合も多い。反対に，同一言語で have 構文と付加語的所有が同一の起点領域スキーマから歴史的に派生することもある。アフリカ南部のコエ語にはそのような状況が見られ，位置スキーマが（28a）の述語的所有と（28b）の付加語的所有のいずれにも用いられている。

表 5-2　主要な起点領域スキーマとそこから派生する所有構文

起点領域スキーマ	have 構文	belong 構文	付加語的所有
行為	+	+	−
位置	+	−	+
随伴	+	−	+
属格	+	−	−
目標	+	+	+
起点	−	−	+
トピック	+	−	+
等式	−	+	−

(28) コエ語（中央コイサン語派；Köhler 1973: 78, 94）

 a. bó ˈà tcá ò tin ré.ˈkáré

   斧 対 あなた に ある 疑

   「あなたは斧を持っているか」（直訳「あなたのところに斧はあるか」）

 b. tí ˈò   /oán- dji

   私 に   子供・ 女.複

   「私の娘たち」（直訳「私のところに女の子供たち」）

 しかし全体としては，コエ語に見られるような状況はあまり多くない。信頼できる情報が得られる大多数の言語では，付加語的所有と述語的所有には異なる起点領域スキーマが用いられている（Heine 1997）。

5.3 形態統語的含意

 本章の導入部分で見たように，言語内の他の領域で現れる統語パターンと相容れないことがあるという点で，have 構文の統語構造はかなり特殊であることが多い。そのそもそもの理由は，どうやら典型的な起点領域スキーマである位置や目標の統語構造が，所有の概念をコード化するのに必ずしも適切ではないことにあるようである。そのため，そのような起点領域スキーマが例えば have 構文として徐々に再解釈されるようになると，結果として常に何らかの形態統語的変化が起こりやすいことになる。以下ではこの変化の過程の一例を挙げてみたい。さらなる例については Heine（1997）を参照されたい。

 また派生元の事象スキーマが分かると，所有構文がどのような統語構造をとるかはかなり予想できるが，さらに他のいくつかの要因も所有構文の形成に影響を及ぼす。最も重要な要因はおそらく，述語的所有に用いられる言語表現の線状的配置を決める二つの談話・語用論的原理に関するものである。それを以下にまとめる（Clark 1978 を参照）。

1. 定の項は，不定の項の前に置かれる傾向がある。

2. 有生の項は，無生の項の前に置かれる傾向がある。

行為スキーマと随伴スキーマの場合，両者の統語構造はこの二つの原理に一致するので何ら問題はない。しかしながら他のスキーマでは，これらの原理が基本語順の制限と矛盾する。というのも表5-3にまとめた起点領域スキーマの構造から想像されるように，他のスキーマでは典型的には無生で不定の被所有者が有生で定の所有者よりも前に置かれ，所有者が主語とならないからである。

語順の制限と談話・語用論的原理との矛盾を解消する方法は言語によって異なる。広く用いられる方策のひとつは，場所格や与格の形態を持つ項が所有者の場合は文頭に置いてトピック化し，所有者以外の場合にはトピック化しないというものである。位置や目標のような起点領域スキーマを所有スキーマとして再解釈した結果生じる，この独特な形態統語構造は，Hagège (1993) や Heine (1997) によって論じられている。この変化は「他動化」と呼ぶことができよう。

具体性の強い起点領域スキーマから所有へと発展していく際には，定の項を不定の項の前に，有生の項を無生の項の前に置こうとする力が働くことが多い。この過程の終着点はしたがって，次の特徴を持つ陳述構造だと考えられる。

1. 所有者は被所有者に先行する。
2. 所有者は主語の諸特性を，被所有者は文の目的語の諸特性を持つ。
3. 所有者は定であり，被所有者は不定である。

表5-3 起点領域スキーマから見た have 構文における参与項の典型的なコード化

起点領域スキーマ	目標領域スキーマ	
	所有者	被所有者
行為	主語	目的語
位置	場所格補語	主語
随伴	主語	随伴格的付加要素
属格	属格的修飾要素	主語
目標	与格的付加要素	主語
トピック	テーマ，主語	主語

だが通常目にするのは，have 構文がその概念的起点領域の特徴を維持しつつ，「他動化」の過程に特徴的な性質も合わせ持つという状況である。これによって生じるのが，Heine, Claudi, & Hünnemeyer（1991: 231-3）で「混合形式」と述べた構造である。この形式の所有構文は，非所有的な概念的起点領域の特性と，上の1から3に挙げた目標領域の特性とを併せ持っている。この混合形式の性格をハンガリー語の例で示してみたい。

この言語の述語的所有の主なパターンは，目標スキーマ Y exists for/to X「Y は X のために／に存在する」である。このパターンに通常見られる構造が（29a）のもので，その一例が（29b）である。

(29) ハンガリー語（Biermann 1985）
    a. 所有者・   nak   van   被所有物・代
                          与   である

    b. a   férti-   nek   van   ház- a
          定   男性・   与   である   家・3.単
          「その男性は家を持っている」

被所有者名詞句は主格（無語尾で表される）でコード化され，所有者と人称，場合によっては数の一致を見せる代名詞的接尾辞（上の「代」）が必須となる。

（29a）の格形態は与格−動詞−主格という文構造を取っているが，実際の使用のパターンはこの構造とは一致しない。実際のパターンでは，むしろ与格所有者名詞句（以後所有者）が多くの主語特性を獲得し，これと平行して主格被所有者名詞句（被所有者）がハンガリー語の通常の主語に期待されるような特性を失う過程が見られるのである。この主張は Biermann（1985: 96 以下）の次の観察に基づいている。

1.   所有者は先行する談話によってその指示対象が確立されていれば，通常の主格形の主語と同様に省略してもよい。
2.   所有者は通常主語と同じく，後続する談話で照応詞なしで指示されるのに対し，形式上の主語である被所有者は，主語以外の項のように指

示代名詞（az）を用いて照応が行われることが多い。

3. 被所有者に一致を引き起こすのは所有者である。

4. 所有者は定要素であり，文のトピックとして機能することが多いが，被所有者は不定要素であり，トピックとしての機能を持つことはほとんどない。

5. Biermann（1985: 135）の言い方に倣うと，所有者は完全に特定された名詞句だと言えるが，被所有者はそうではない。

　以上をまとめるなら，ハンガリー語のhave構文は，この言語の他の文構造には直接平行性が見いだせないような形式を発達させてきたと言える。この構文の特徴のいくつかが他の文法領域で観察されることはあるにせよ，この構文は全体として，Biermann(1985: 83)が言うように「独立種」をなしている。

　このハンガリー語の例に見られるような移行の過程は，目標スキーマからhave 構文が派生する場合に最もはっきりと見て取れるようである。このような事例はさらにヘブライ語に見られる。(30) でわかるように，ヘブライ語の通常の have 構文は目標スキーマの典型的な例である。現代ヘブライ語には，口語イスラエルヘブライ語（以下口語ヘブライ語）と規範的文語ヘブライ語（以下文語ヘブライ語）の二種類があるが，問題の過程は口語ヘブライ語にのみ見られる。

(30) 文語ヘブライ語（Ziv 1976: 130）

haya	lemoshe	shaon	shveycari
あった .3. 男	に . モシェ	腕時計 : 男	スイス : 男

「モシェはスイスの腕時計を持っていた」

　被所有者（shaon shveycari「スイスの腕時計」）は形式上の主語であり，一方所有者（lemoshe「モシェに」）は斜格の項である。しかし口語ヘブライ語では被所有者は主語の特性をほとんど失い，反対に所有者がその特性を獲得しつつあるようである。これは Ziv（1976）が考察した次の発展過程に見られる。

1. (30) が示すように，所有者は通常被所有者に先行する。ただしこの

ことは文語および口語ヘブライ語の両方について言える。

2. 文語ヘブライ語では定の被所有者名詞が主語格，すなわち主格で現れるが，口語ヘブライ語では，そのような被所有者に，定の対格標識である et が付けられる。

3. 文語ヘブライ語では，被所有者が動詞との一致を見せるが，口語ヘブライ語では，定の被所有者名詞は動詞と一致しない。

4. 文語ヘブライ語における被所有者名詞は主語位置へ昇格するが，口語ヘブライ語における定の被所有者は通常は昇格しない。

5. 所有者名詞句は今や主語位置，つまり動詞 haya の前に現れることもある（Ziv 1976: 144）。

以上をまとめると，口語ヘブライ語における定の被所有者は，直接目的語とまではいかなくとも，少なくとも非主語と再分析されるようになり，一方所有者は主語の特性を獲得したと言える。ただしこの過程は定の被所有者のみに限定され，不定の被所有者にまでは（まだ）及んでいない。以上の過程の結果，混合 have 構文，すなわち明確な主語も目的語も持たない構文が，口語ヘブライ語に生まれたのである。

類似の観察は Hagège (1993) によってなされている。まず彼の関心は所有から時制，アスペクト，モダリティへの転用にある。さらに彼が「be 構造」の「have 構造」としての再解釈と呼ぶ現象も扱われる。この過程について Hagège は特に次の例を挙げている。

1. 19 世紀に，アルタイ諸語のひとつである満州語は目標スキーマ（X exists for/to Y）を have 構文へと発達させた。その際，所有者は与格の標識を失い，文の主語と再解釈されるようになった。

2. 古典アラビア語では目標スキーマが have 構文へと文法化した。マルタ語はさらにもう一段階先に進んだ。アラビア語と密接な関係にあるマルタ語では，所有者を表わす与格名詞句が主語の特性を多く獲得している。この所有者名詞句は文頭で主語およびトピックとして機能し，述部動詞 kon「ある」との一致を見せる（1993: 66 以下）。

　この全体的な発展は実際にコーンウォール語で起こったとされるように，他動詞の have 動詞が生まれることで完結する（Stassen 1995）。

　以上はわずかな例であるが，非所有的な起点領域が所有スキーマを生み出す際に何が起こるか，あるいは起こりうるかを示すのには十分だろう。またここで見たスキーマ（目標スキーマ）以外の起点領域スキーマが関わる場合には，別の結果が観察されることも考えられる。例えばトピックスキーマが用いられると，二つの主語を持つ文構造が生まれやすい（Heine 1997）。以上のすべてが示唆していると思われるのは，人はあるスキーマを選ぶことでどのような形態，統語上の複雑性や不規則性が生じるかということにはあまり関心がないということである。人にはむしろそれよりさらに重要な，他の動機づけがあると考えてよいだろう。

5.4　所有構文を説明する

　これまでの節で行ってきた考察に基づくと，5.1. で生じた問題に答えることが可能である。

1. 述語的所有の表現が位置，存在，あるいは叙述の表現と類似することが多いのはなぜかという問題には，以下のように答えられる。すなわち述語的所有の文法化に用いられるスキーマの大多数が，本来位置や存在などと関連する意味を持つ述語を含むためである。

2. このことは，なぜ多くの言語が述語的な所有で動詞を用いないのか，あるいはなぜ have 構文に含まれる動詞の多くが，例えば体系上のパラダイムの欠如を見せるような，「周辺的地位」の動詞なのかという疑問に対する答えでもある。まず have 構文の起点領域スキーマに現れる動詞の性質に着目し，位置，随伴などのスキーマの構造がコプラのような表現を述語として持つことが多く，そうした表現には典型的には動詞的な振る舞いの減退が見られるためだと答えることができる。次に文法化の影響が考えられる。行為スキーマが選ばれる場合に常にそうであるように，起点領域スキーマが完全に動詞らしい動詞を持っているとしても，ひとたび述語的所有の標識になると，その動詞

は動詞的な特性を失いやすい。動詞的な特性とは，本動詞に特徴的であるさまざまな形態的標識を取ったり，時制，アスペクト，否定，人称，数の区別に関係する能力である。

3. 世界の言語の所有表現には，なぜこれほど多種多様なコード化の様式があるのかも問題であった。have 構文の所有者が主語，目的語，場所格，随伴格，属格の構成要素のいずれかの形でコード化されること，すなわちこれらの格標識のどれとも結びつきうることは，この構文が異なるわずかな数の概念的スキーマに還元され，さらに各スキーマが，生み出される所有構文の形態統語構造の具体的な雛型となっていることに起因する。例えば表5-3に見られるように，行為あるいは随伴スキーマを選んだ言語では，所有者は文の主語としてコード化され，位置スキーマを用いる言語では場所格補語として，または目標スキーマを用いる言語では与格的（すなわち向格，受益格，あるいは与格）付加詞としてコード化されることが予想される。

4. 多くの研究者は，ヨーロッパの諸言語に見られる状況が，類型論的に見ていささか奇異だと指摘している。このように言われるのにははっきりとした理由がある。ロマンス諸語およびゲルマン諸語の have 構文の構造は，特定のスキーマ，すなわち主に行為スキーマの影響により（スラヴ諸語，ケルト語，あるいはフィン・ウゴール語ではそれほど顕著ではないが）決定されている（もちろん当該の事例の多くが，共時的にはもはやその起源を辿れないのだが）。このことにより比較的均質的ではあるが，「奇異」でもある述語的所有のコード化のパターンが見られることになる。つまりヨーロッパの諸言語では典型的な場合，所有者が文の主語，被所有者が目的語としてコード化されるという点で均質的ではあるが，行為スキーマが世界の言語であまり用いられない起点領域構造であるという点で「奇異」なのである。

5. さらに，多くの言語で have 構文に位置を表す形態が用いられるのはなぜかという問題がある。ここでその答えは二つある。まず位置スキーマが世界の言語の have 構文でよく用いられる起点領域の一つであることである。次に数多くのさまざまな起点領域スキーマ（表5-1を見よ）の述部をなす存在動詞は，歴史的に見て位置を表す述語から

派生していることが少なくない。したがって位置スキーマが直接関わっているわけではないものの，語源的には位置表現と関係するhave 構文があっても不思議はない。

6. 以上のことは，この議論全体でおそらく最も広く議論の対象となる問題，すなわち存在，同定，位置といった概念がなぜ所有の概念と結びつくのかという問題と関連する。これらの概念はすべて同一なのだろうか。それとも同一の一般的な存在カテゴリーに属してはいるものの，異なっているのだろうか。また，多くの言語においてこれらの概念の間に観察される構造的類似性は偶然なのだろうか。これまでの議論で明らかにしてきたように，これらの疑問に対する解答は否定的なものにならざるをえない。以上の概念が概念上異なっていることを疑う理由はない。とはいうものの，行為や位置などの述語的所有の表現から派生しているという点で，これらの概念は概念的ならびに通時的な派生関係にある。したがって，これらの構造的類似性を説明する最も有効な方法は，おそらく派生する際に関わる認知的な転用パターンに注意を向けることである。

7. 所有構文の統語構造が当該言語の他の領域で機能する規則と折り合わず，独特であることが多いのはなぜかという問題は主に 5.3 で扱った。これはすでに見たように，例えば目標スキーマ（Y exists to/for Y「X は Y へと・のためにある」）が have 構文へと文法化する際，場所格補語は主語の特性を，主語は目的語の特性を獲得する傾向があるためであった。

　これらの解答はすべて have 構文の構造に関するものである。しかし 5.1 では have 構文のみならず，付加語的所有に関する問題もいくつか挙げた。例えば，なぜ付加語的所有の標識は場所格，与格・受益格，あるいは奪格といった文の格関係を示す標識と類似する場合が多いのかという問題があった。この疑問に対する答えは今や明白である。こういった種類の標識は，関連する起点領域の構造に現れるものなのである。したがって位置スキーマを用いるようになった言語は，位置を示す形態素と類似または同一の形の属格標識を持ちやすいのに対して，英語 (of) やスペイン語 (de) のように起点ス

キーマに頼る言語では，奪格の形態素に類似した形の属格標識がよく見られる。それは接置詞の場合もあれば，屈折要素の場合もある。

　なぜ所有を表わす標識が英語 (of) やスペイン語 (de) のように所有者に先行する言語もあれば，後続する言語もあるのかという問題もあった。これには明快な解答がある。英語やスペイン語のような前置詞を用いる言語が所有者の「前に」属格・所有格の標識を取るのは，おそらく起点領域スキーマから目標領域スキーマに至る過程で，(31a) のような前置詞構造を (31b) のように再解釈しているからであろう。逆に，起点スキーマ，目標スキーマ，あるいは位置スキーマを用いる後置詞言語では，反対の語順が得られると予想される。すなわちコエ語の例 (28b) で見たように，(32a) は (32b) のように再解釈されるため，属格／所有格標識が所有者に後続するのである（ただし (32a) では，後置詞の代わりに格接尾辞などが現れることもある）。

(31) a. 前置詞 + 名詞句　　　　>　　b. 属格標識 + 所有者
(32) a. 名詞句 + 後置詞　　　　>　　b. 所有者 + 属格標識

　最後に，世界の諸言語を広く観察すると，次のような疑問が浮かんでくるかもしれない。英語の have 構文が他動詞文の構造をとるのはなぜか。また，所有者と被所有者がそれぞれ主語と直接目的語としてコード化される構造は，世界の言語ではそれほど普通ではないのに，英語の have 構文がそのような構造をとるのはなぜか。これらに対する解答は基本的にこれまでの所見の中にある。つまり英語の have 構文は（他のゲルマン諸語やロマンス諸語と同じく）インド・ヨーロッパ祖語において「つかむ」「取る」を意味していた動詞を述部の中核として含む，行為スキーマから派生していることによるのである。英語の have 構文はこのような意味が失われても，このスキーマの統語的特徴である他動詞文の構造を保持しており，所有者が主語，被所有者が直接目的語としてコード化される（表5-3を見よ）。とはいうものの，英語の have は他動詞でありながら，同時に例えば受動可能性のような（A good time was had by everyone といったまれな例は除く：Orin Gensler との個人的談話による），他動詞が持つ基本的特性を欠いているのはなぜかという疑問が残る。これに対する解答は，文法カテゴリーの発展の際には脱カテゴリー化を伴うという，多くの言語に見られる規則性と関連し

ている。これを行為スキーマに当てはめるなら，動詞が行為スキーマのカテゴリーに固有の特性を失うということになる。行為動詞の場合，脱カテゴリー化の際にまず初めに障害が観察される現象の一つが，受動可能性である（Heine 1993 を見よ）。

　以上のように英語の have 構文はその発生以来長い道のりを経てきたわけだが，その形態統語上の特徴は，この構文がどのように発展してきたかを見てはじめて十分に理解できるのである。要するに，英語の have 構文，あるいは他の構文がなぜ今の特性を持っているのか，さらに例えばトルコ語やスワヒリ語の対応する所有構文となぜこれほど大きく異なっているかを説明するためには，それにどのような動機づけがあるのかを知る必要がある。

5.5　まとめ

　所有や所有権の議論では，時には言語構造と人間の言語外的な行動との関係の問題が焦点となってきた。こうした焦点の一つは，言語学が人類の進化，例えば以前の人間は今の社会とは異なる形で所有を概念化していたのではないか，という問題の解明に役立つのではないかといったものである。インド・ヨーロッパ語学者などによって提唱されたよく知られた説によれば，「原始社会」は文法化された所有表現を欠いていたか，あるいは少なくとも所有の捉え方が異なっていたという。例えば Isačenko は，所有とはそもそも「社会が何らかの発展段階に達してから生まれる法的観念」であるとしており（1974: 64），それゆえインド・ヨーロッパ祖語の have 動詞の再建に失敗しても驚くには及ばないと考える。これと関連した別の主張では，西洋社会の言語において行為スキーマが広まったのは，社会および経済的相互作用の「能動的」な様態の発達，特に資本主義の誕生と関係しているとされる。さらに第三の説として，具体的所有（He has two cars「彼は車を二台持っている」）から抽象的所有（He has two problems「彼には問題が二つある」）への発達は西洋社会の特徴であり，この社会が経験してきた「異化（alienation）」を示すものであるという考え方を挙げておこう（Fromm 1976）。

　これらの説のいずれにも，それらを支持するような実証的裏づけはない。例えば行為スキーマの文法化は西洋社会に限られているわけではなく，全く

異なる社会的，経済的，そして技術的条件にある世界の他の地域にも見られる。同様に抽象的所有も英語やドイツ語のような言語のみに特有なわけではなく，他の言語にも同様に見られるだろう。

　またこれらの説は，所有構文の言語外的な相関現象について提唱されてきた他の多くの一般化と同じく，「字義的解釈の誤謬」と呼びうる欠点を持っている。すなわちある言語表現には一つの基本的意味，あるいは字義通りの意味があるとされるのである。そしてその表現がさらに他の意味を持っていると，そのことが，その表現を用いる人々に特有の精神的，文化的，社会的属性などの考察の根拠とされる。こういった研究は次の二点を見落としている。まず，所有のような抽象的な概念は，世界の多くの言語で，具体性に富む数の限られた起点領域構造を活用することにより表わされる点である。ひとたび位置あるいは随伴スキーマが have 構文を生み出すと，所有という新しい意味は徐々にそれまでの意味に取って代わることが多く，その結果，最終的に位置や随伴の意味はもはや認められないのに，形態上は場所格や随伴格の特徴を有する所有構文が誕生するのである。二点目は所有の起点領域構造から目標領域構造への転用は連鎖状の言語構造を生み出すという点である。つまり所有構文はさらに長い文法化の連鎖の一部にすぎないのである。この連鎖を簡略化して表すと（33）のようになる。P1, P2 … は上で区別したさまざまな所有概念を，X と Y は非所有概念を表わしている。

　　（33）X > P1 > P2 … > P_n > Y

　ある言語形式が見せる文法化の連鎖（grammaticalization chain）は，（33）のうちのさまざまな概念範囲を覆いうる。よくあるように，この連鎖に一つまたは複数の所有の概念だけでなく，さらに X か Y のいずれかが含まれている場合，その言語形式は所有と非所有の両方に用いられるという点で「多義」である。英語の have 構文は（34a）に挙げたように多くの異なる所有概念を表わすが，それはまた P_n を越えて Y の領域にまで拡張されており，（34b）のようなアスペクトや，（34c）のようなモダリティといった，新たな文法的意味領域に踏み込んでいる。

(34) a.　Jane has a cough.「ジェーンは咳が出る」

　　　b.　She has left.「彼女は出発した」

　　　c.　Ron has to leave too.「ロンも出発しなければならない」

　したがって, 所有表現がさらに他の意味の伝達にも使われることは, そうした意味を生み出す認知の働きを参照することで一貫した説明が可能であり, 必ずしも文化特有の精神的条件や社会的条件などのためとする必要はない。

　これに関連して生じるのが, 所有はレキシコンと文法のどちらの領域に属しているのか, あるいはどちらの領域で扱うべきなのかという問題である。この問題はまた have を意味する動詞は他の動詞よりも意味が希薄なのか, 英語の have は Bach (1967: 476-7) や他の研究者が主張してきたように意味を持っていないのか, あるいは別の研究者が言うように (Brugman 1988: 41 以下を見よ), have の意味は他の動詞の意味と大差ないのかといった問いと密接に関連している。この問題に対する解答がどのようなものであるかは, もっぱら採用する理論の枠組みによる。本書の枠組みに基づくとすれば, 所有はレキシコン ((33) の X) と文法 (Y) に挟まれた概念連鎖のどこかに位置づけられると言える。すでに述べたように, 英語の have 構文は (33) の連鎖上で非常に広い範囲を覆っている。(34a) のような発話での have の用法は, have がまだレキシコンと関係付けられる連鎖のうちのどこかに位置している。しかし (34b) や (34c) のような発話では, もはや have を語彙として扱うことはできない。

　要するに, 英語の have のさまざまな用法によって示される文法化の連鎖は, 語彙領域と文法領域の間にある境界線で止まることはないのである。そうした境界線はむしろしばしば無視される。所有構文には最初から語彙的と言える用法もあれば, 文法的振る舞いをより強く見せる用法もある。したがってレキシコンと文法を対立させるのは誤った二分法なのである。

　ここで議論の対象となっている問題については, 多くの詳細な研究がある (特に Locker 1954; Benveniste 1960; Ultan 1978a; Clark 1978; Seiler 1983; Wilson 1983; Hengeveld 1992 を見よ)。そういった研究ではたいてい be 構文と have 構文の関係が大きな関心事となっている。それに対し Locker (1954) や Claudi (1986) のような若干の例外を除けば, 両構文の関係を概

念転用のパターンの視点，すなわち文法化の視点から説明しようとする研究はなかった。この転用パターンは本来通時的性質のものであるが，通時的過程は各言語の共時的状態において文脈的な変種として保たれることが多いため，同じく共時的記述の問題でもあるのである。

　本章での私たちの主な関心は，いくぶん複雑な対象領域についての言語を越えた一般化にあった。いうまでもなく，扱うことができなかった問題はまだ多くある。例えば次のようなものである。ある文法的な概念を表すのにスキーマ X がスキーマ Y より適しているのはなぜか。ある起点領域スキーマと，ある特定の所有概念にはなんらかの相関関係があるのか。例えば，可譲渡所有と不可譲渡所有の区別は，起点領域スキーマの区別とどのように関係するのか。起点領域スキーマはなぜ今のような方向の文法化へと向かうのか。例えば，位置スキーマを使用すると必ず「Y は X のところにある」が「被所有者は所有者のところにある」へと発達するが，なぜ「所有者は被所有者のところにある」にならないのか。これらの問題に対する解答は可能だろうが，その際そういった文法化のパターンのより包括的な把握が必要となるだろう。

　以上で行った考察により，単一の普遍的な所有構造を立てて，世界のあらゆる言語に見られる形態統語上の多様性を説明しようとすると必ず失敗に終わるのはなぜかという理由が説明される。このような試みは言語学の歴史の中で何度も行われ，ごく最近では Freeze（1992）に見られる。しかし have 構文を表わすのに使われる，普遍的で単一の言語パターンはありえないはずである。というのも行為や位置といったスキーマは，それぞれまったく異なる言語のコード化のパターンを要求するからである。またこれまでの観察によって，have 構文について提案されてきた他の一般化の多くが簡単に反駁されるのはなぜかも示される。例えば Ultan（1978a: 37）は世界の言語の have 構文の調査を行い，所有者が主語に現れるなら，被所有者は随伴格で現れると結論付けている。私たちの言い方に置き換えれば，これは随伴スキーマが，所有者が主語としてコード化される唯一の起点領域だということを意味している。しかしこの主張が誤りであることは明白である。すでに見たように，所有者が文の主語として表されるスキーマにはもう一つのスキー

マ，すなわち行為スキーマがあるからである。例えば have 構文の主な起点
領域として行為スキーマを用いる英語，ドイツ語，フランス語，スペイン語
などのヨーロッパの言語では所有者が主語として現れるが，随伴格は出現し
ないと予期される。

　本章では所有という文法の一領域に限って考察してきた。しかし本章で
行った多くの一般化は，他のカテゴリーにも当てはまる。例えば，世界の言
語で時制やアスペクトに用いられる助動詞が，大抵 10 種類の基本的な事象
スキーマにさかのぼることができる（Heine 1993）。またおそらくさらに注
目に値するのは，同一の具体的な起点領域スキーマが，より抽象的な意味を
表現するための構造上の雛型として，絶えず借り出されることである。例え
ば，行為（何をするか），位置（どこに位置するか），運動（どこから・どこ
へ動くか），随伴（誰といるか，あるいは同伴しているか）といったスキー
マは，所有表現だけでなく，完了・前時，進行，比較のような文法カテゴ
リーの表現に対しても，最も使いやすく，最も頻繁に用いられる雛型を提供
する。さらに，その際には絶えず同一の言語過程，すわなち「文法化」が引
き起こされる。この過程の特徴のひとつは，当該の表現が起点領域と目標領
域の意味の両方の解釈が同時に可能な重複段階，つまりこれら二つの意味の
間の曖昧性が存在する段階を含むということである。したがって曖昧性は例
外的で異常なものではなく，所有表現の発展や使用において，予期される特
徴なのである。

　本章の主な目的は，これまでの章と同様に，文法というものが，私たちを
取り巻く世界を概念化する様式と，他の人間とコミュニケーションを行うた
めに身に付けた知識を用いる様式の両方を具現し，反映したものだというこ
とを示すことにあった。この点で本章の考察は，例えば認知言語学の分野で
活躍する他の言語学者（特に Lakoff 1987; Langacker 1987; Wierzbicka 1988）
のものと一致する。彼らとの相違は，文法の具現が一夜にして，また文脈な
しで生じるのではないと主張する点である。位置構文が have 構文になるに
は時間がかかり，そしてまた適切なコミュニケーション環境を必要とするの
である。

第6章

比較

　比較という領域一般，特に「比較構文」という用語には，さまざまな概念形式や言語形式が対応している。一般的に区別される，比較概念の主なタイプは表6-1のようなものである。

　(a) はそもそも比較構文なのかと疑問に思われるかもしれない。というのも世界の言語においても，このタイプはなんら形式上の表示を持たないから

表 6-1　比較概念のタイプ
(Ultan 1972; Andersen 1983: 100; Stolz & Stolz 1994 を参照)

概念	例
a 原級	David is smart. 「デイビッドは賢い」
b 同等比較	David is as smart as Bob. 「デイビッドはボブと同じくらい賢い」
c 優等比較	David is smarter than Bob. 「デイビッドはボブより賢い」
d 劣等比較	David is less smart than Bob. 「デイビッドはボブほど賢くない」
e 最上級	David is the smartest. 「デイビッドは最も賢い」
f 強意	David is very smart. 「デイビッドは非常に賢い」
g 過度	David is too smart. 「デイビッドは賢すぎる」

である (Ultan 1972: 121)。(a) は (f) や (g) と同じく，比較の基準項が特定されないが，(b) や (c) や (d) のタイプでは，比較が形式的に表現される。(e) のタイプはいささか事情が複雑で，比較は形式上明示されないが，三つ以上の比較される指示対象が含意されている。このような最上級の主な特徴のひとつは，少なくとも三つの異なる被比較項，つまり比較される対象の間で，比較が行われることである（Andersen 1983: 100 参照）。

　ここで私の関心はもっぱら (c) の優等比較のみである。これはすべての比較構文のうちで，最も典型的な構文だと一部の研究者に考えられているものである。したがってここでの考察は，(1) のような叙述に限られる。

(1) David is　smart-er　than　　 Bob.　「デイビッドはボブより賢い」
　　 X　　　 　Y　　 D　M　　　 Z

この構文の基礎にある命題には，次の五つの要素が含まれている。

(2) X = 被比較主
　　Y = 述部
　　D = 級の標識（degree marker）
　　M = 基準項の標識（marker of standard）
　　Z = 基準項

　(1) では，デイビッドは被比較主 X，つまり比較される対象である。is smart は述部 Y，ボブは基準項 Z にあたる。級の標識 D と基準項の標識 M は，それぞれ -er, than という形でコード化されている。

　比較を表すのに，形式的には M（基準項の標識）しか出現しない言語は多い。言い換えると，そのような言語では，級標識 D が欠如しているのである。こういった言語には例えばテルグ語，日本語，エスキモー語，グジャラティ語，アラム語，ウォロラ語，スワヒリ語，エヴェ語がある。一方，ユロク語，マラガシ語，クイ語，コプト語，東チェレミス語のように，級標識を用いても用いなくてもよい言語もある。それに対し英語，ドイツ語，フランス語，ロシア語，ハンガリー語，サモア語，カヌリ語といった言語では，級の標識は義務的である。私たちのここでの関心は基準項の標識 M であるが，それが同時に級も表示するかどうかは考えないことにする。

(2) で区別した概念が言語的にどのようにコード化されるかは，言語によって異なるだけでなく，同一言語内でも構文によって異なる。例えば級の標識は，英語の -er のような接辞や，独立した語や，英語の more のような不変化詞のこともある。また，基準項の標識も接置詞や接語としてコード化されることもあれば，格語尾としてコード化されることもある。それどころか，形式上の表現をまったく持たないことすらある。比較構文の存在にとって本質的な点は，どのようにコード化されるのであれ，述部 Y と基準項の標識 M が関わることで，被比較主 X と基準項 Z の違いがとにかく聞き手に伝えられる必要があるということである。

　比較構文に関わる用語をめぐっては，いささか混乱がある。(3) の名称リストにまとめたのは，(2) に挙げた用語の替わりとして用いられてきたものである。

(3)　比較概念の別称

　　　X = トピック，中心軸 (Friedrich 1975: 27)；リンク (Andersen 1983: 116)

　　　Y = コメント，形容詞 (Greenberg 1963a: 69-70)

　　　D = 標識 (Lehmann 1972: 179; Andersen 1983: 116-7)；比較概念（例えば「more」; Heine 1994a: 56-7)；等級 (Stolz & Stolz 1994)

　　　M = 中心軸 (Lehmann 1972: 179)；標識 (Greenberg 1963a: 69; Friedrich 1975: 27; Andersen 1983: 116-7)；関係辞 (Stolz & Stolz 1994)

　こうした混乱は，特に「中心軸」や「標識」といった同一の用語が，時としてまったく異なる概念にあてられることに起因している。

　どの言語にも通用する比較構文の概念を確立するのは容易ではない。それは特に私たちになじみのどの言語にも，同じ比較構文の名でまとめられるものの，そこには異なったさまざまな構文があるからであり，またそれらすべてが機能的に見て，完全に等価というわけではないためである。Stassen (1985: 24) によれば，比較構文が現れるのは，その構文の「意味機能が，二つ（それ以上のこともある）の対象を，叙述スケール上に段階的（すなわち非同一的）に位置づける」場合である。Stassen の見方はここで挙げたものとはいささか異なっているが，私たちは可能な限りこの定義を採用しようと思う。より詳しく定義するなら，次の条件を満たす場合に「比較構文」とい

う用語を用いることにしたい。

- 比較が二つの事物 X と Z, かつ, 質もしくは属性の表現 (Y) を含み,
- X と Z との間の非同等を表し,
- 基準項 Z が含意されているのではなく（例えば 'David is smarter'「デイビッドはより賢い」のように）,（表6-1のc.のように）明示されており,
- 比較過程でなく, 結果を表す（cf. Andersen 1983: 99）

表6-1の英語の例に見られる状況は, おそらく世界の多くの言語で見られるというほど典型的なものではない。むしろ級の標識 D に独立した形式がなく, 次の例のように比較が基準項の標識 M だけで表示されたり, 級の標識 D と基準項の標識 M の両方の意味を合わせた表現によって表示されたりするものが多い。

(4) スワヒリ語（ニジェール・コンゴ語族, バントゥ諸語）

Hamisi　　　　mfupi　kushinda　　　Juma.

ハミシ　　　　低い　より　　　　　ジュマ

「ハミシはジュマより背が低い」

基準項の標識である（4）の kushinda の意味は字義通りには「負かすこと」であるが, スワヒリ語ではこれが比較を示すための唯一の標識となっている。

6.1　事象スキーマ

この章では, 比較標識も他の文法表現と同じく, より具体的な別の事物から派生する傾向があるということを主張したい。特に強調したいのは, 世界の言語のたいていの比較構文が, 事象スキーマと呼ばれるいくつかの概念的起点構造から派生している点である（5.2節参照）。なお, ここに挙げる言語データの大部分は, Stassen の卓越した研究,『比較と普遍文法（Comparison and Universal Grammar)』(1985) からのものである。

世界の言語においては比較を表現するのに多種多様な形態統語構造が用い

られている。これらの構造を記述し説明するには，比較構文の派生元である
起点領域スキーマに関する知識が不可欠であると思われる。表 6-2 は世界の
言語で使用が確認されている主なスキーマをまとめたものである。ただし表
に挙げた構造が，どれも同程度に使用されているというわけではない（以下
の議論を参照）。

表 6-2 比較構文の主な起点領域スキーマ

(Heine 1994a: 58ff. を参照 ; 目標領域スキーマはすべて X is Y-er than Z「X は Z より Y だ」)

起点領域スキーマ	スキーマの名称
X is Y surpasses Z「X は Y であり Z にまさる」	行為
X is Y at Z「X は Z において Y である」	位置
X is Y from Z「X は Z より Y である」	起点
X is Y to Z「X は Z へと Y である」	目標
X is Y, Z is not Y「X は Y であり，Z は Y ではない」	対極
X is Y, then Z「X は Y であり，それから Z である」	連続
X is Y（like）Z「X は Z（のように）Y である」	類似
X and Z, X is Y「X と Z，X が Y である」	トピック

　ある経験領域を構造化し，抽象概念を表現する事象スキーマの数が限られ
ているということは，所有を扱った前章で説明した通りである。同様に，世
界の言語において時制とアスペクトのカテゴリーを発達させる主な手段は，
少数の基本的な事象スキーマの文法化によることも明らかになっている。そ
の基本的な事象スキーマは，表 6-2 に挙げたものと同一かまたはよく似たも
のである（Heine 1993）。

　以下の議論で明らかになるが，表 6-2 に挙げたスキーマが生起する頻度は
言語によって著しく異なる。最初の 5 つのスキーマ（行為，位置，起点，目
標，対極）は比較的よく見られるが，残りは比較構文の起点領域としては実
際上無視してよい。

　表 6-2 の分類や用語は，このテーマを扱った研究のどれとも完全に一致す
ることはなく，他の研究者が用いる分類はここに挙げたものと異なる点が多
い。ここで扱われるスキーマと他の研究者が区別する構文タイプとのおおよ
その対応を示すと表 6-3 のようになる。それではさまざまな起点領域スキー
マを一つずつ順に見ていきたい。

表6-3　比較構文の起点領域スキーマの別称

Heine	Andersen（1983: 118）	Stassen（1985）
行為	動詞比較	優越比較
位置	接置詞・格比較	位置比較
起点	−	分離比較
目標	−	方向比較
対極	並置比較	連結比較
連続	−	−

6.1.1　行為スキーマ

　行為スキーマが用いられる場合，被比較主は一種の動作主として描かれる。X is Y surpasses Z「X は Y であり Z にまさる」という定式の中の surpass という概念は，「負かす」「勝つ」「超える」といった動詞的概念を表すものである（以下の議論を見よ）。しかしこれらの動詞概念のすべてが必ずしも行為動詞というわけではない。行為スキーマは英語では 'He surpasses all of them in cleverness.'「彼は利発さで皆にまさっている」といった例で表される。

　行為スキーマには，多くの異なる変種がある（Stassen 1985: 43ff. 参照）。おそらく最も一般的な形は，連続した二つの節ないしは叙述からなるもので，(5a) のように，被比較主 (X) が最初に置かれ，その後に基準項 (Z) が現れるものである。また (5b) で示したように，最初の単独の叙述しかなく，第二の叙述の代わりに，非定形動詞を伴うものもある。また (5c) のように，基準項 (Z) が最初に置かれ，その後に被比較主 (X) が続くものや，(5d) のように，被比較主 (X) が主語，基準項 (Z) が目的語，述部は場所格またはその他の付加詞として現れるものもある。(5a-d) のパターンは，それぞれ (6a-d) に見てとれる。

(5)　行為スキーマの変種
  a.　X is Y surpasses Z.「X は Y であり Z にまさる」
  b.　X is Y to surpass Z.「X は Z にまさること Y である」
  c.　Z is Y (but) X exceeds.「Z は Y だが，X がまさる」
  d.　X surpasses Z (at) Y-ness.「X は Z に Y の性質でまさる」

(6) a. ヨルバ語（ニジェール・コンゴ語族，クワ語派；Stassen 1985: 43）

O　　tobi　　　　　ju　　　　　　u.
彼　　大きい　　　　超える　　　　彼を
「彼は彼より大きい」

b. スワヒリ語（ニジェール・コンゴ語族，バントゥ諸語）

Yeye　　　　mrefu　ku-　　shinda　mimi.
彼（彼女）　高い　　負かす・こと　　私を
「彼（彼女）は私より背が高い」

c. タマズィフト語（アフロ・アジア語族，ベルベル語派；Stassen 1985: 49）

Aiis　ennek　ioularen,　　　oua　hin　ioufi.
馬　　あなたの　よい　　　　それを　私の　超える
「私の馬はあなたの馬よりよい」

d. ハウサ語（アフロ・アジア語族，チャド語派；Kraft & Kirk-Greene 1973: 132）

Bellò　　　　　yā　　fi　　Mūsā　　　　girmā.
ベッロ　　　　彼　　まさる　ムーサー　　　高さ
「ベッロはムーサーより背が高い」

　ただし（5d）は二つの異なるスキーマの「混合」であるとする別の解釈
も可能である。この点に関しては今後の議論で再び扱うことにしたい。
　Stassen（1985: 43）の指摘によれば，（5）で挙げたような区別は概念的に
見てそれほど重要ではない。重要なのはむしろ彼の言う「比較基準項名詞句
を直接目的語にとる，『超える（exceed）』型の他動詞」が現れることである。
これは「負かす」「超える」「まさる」といった概念を表す動詞で，文の目的
語として比較の基準項をとるものである。これは私たちの分析にとっても重
要な基本点である。
　行為スキーマの形で現れる動詞の文字通りの意味には，例えば「負かす」
「勝つ」「超える」「より多くある」「より良くある」「まさる」などのような，
さまざまなものがありうる。ここでは包括的な名称として，「まさる
（surpass）」を用いることにしたい。Stassen の「超える（exceed）」を用い
ないのは，「まさる（surpass）」の方が，意味的に見て比較標識の大元の起
点領域に近いと思われるからである。アフリカの諸言語を瞥見すると分かる

のだが，比較概念を表現するこのスキーマの動詞は，「過ぎる」ないしは「負かす」「征服する」という意味の行為動詞から派生される傾向にあり，こういった動詞が「まさる」「超える」「より多くある」といった，より抽象的な意味を帯びるようである（Zimzik 1992 を参照）。行為スキーマで叙述の核として現れうる動詞は，他にも多くある。例えばエヴェ語には，動詞wú「負かす，まさる，超える」を用いる典型的な行為比較構文があるが，次の例のように非物理的な属性が関わる比較構文の場合には，po ta′「誰かの頭を打つ」という複合動詞が用いられることが多い。

(7) エヴェ語（ニジェール・コンゴ語族，クワ語派；Westermann 1907: 102)

é-	po	mia	ta′	le	veviedodo	me.
彼・	打つ	私たち	頭	で	勤勉さ	において

「彼は私たちより勤勉だ」

行為スキーマはピジン・クレオール諸語では，ごく普通に見られる比較構文の起点領域のようである。このことはRomaineの次の指摘に見てとれる。

比較構文を形成する際に，多くのクレオール語が第一もしくは第二に選択する構文の主な特徴は，比較の基準項となる名詞が，「まさる」もしくは「超える」という意味の他動詞の直接目的語だということである。例えばカメルーンピジン英語では，pas mi fo big「彼は私より大きい」i big pas Bill「彼はビルより大きい」といった比較構文が見られる。このような英語の pass からの発達形はジャマイカクレオール語，クリオ語，ガラ語，スラナン語でも用いられている。(1988: 55-7)

6.1.2 位置スキーマ

'X is Y at Z'「X は Z において Y である」という定式の at という概念は，「で」「上で」「上方で」「中で」「そばで」といったさまざまな状態的場所格機能を代表している。この定式は，「X は属性 Y をもち，Z が X と同じ位置に置かれるなら，X は Z 以上に Y をもつ」という意味をおおよそ伝えるものだと言える。このスキーマの例が (8) である。

(8)　a.　ナガー語（シナ・チベット語族，チベット・ビルマ語派；Stassen 1985: 147）

Themma	hau	lu	ki	vi-	we.
男	この	あの	上に	善良・	である

「この男はあの男より善良だ」

　　b.　ハンガリー語（Ultan 1972: 133）

János	nagyobb	József-	nál.
ヤーノシュ	より大きい	ヨージェフ・	において

「ヤーノシュはヨージェフより大きい」

　位置スキーマにはさらに複雑なものがあり，その例が Zigmond, Booth & Munro（1990）が報告する（9）のようなものである。文字通りには「あなたの家の横に並べると，私の家はよい」という意味である。

(9)　カワイース語（ユート・アステック語族，南ヌミック語派；Zigmond, Booth & Munro 1990: 62）

niga- ya	kahni=ni	hi?i- ti	kwiiya- gapi-	şu=	ika	kahni- a=	mi.
私・ 対	家=私の	よさ・主	他の面・ 並んで・強=		その家・	対= あなたの	

「私の家はあなたの家よりよい」

　これまでの他の研究では，起点スキーマ（6.1.3），目標スキーマ（6.1.4），位置スキーマを三つの変種もしくは下位スキーマと見なし，それらを包括する用語として位置スキーマという名称を用いたものもある。というのもこれらのスキーマでは，基準項（Z）が起点「から」，目標「へ」，状態的場所格概念（「で」「に」など）と見なされるためである。これら三つのスキーマが接置詞，格語尾，動詞接辞のどれを用いてコード化されるかはともかく，空間的な性質を持つ関係によって基準項（Z）を概念化する点で共通している。しかし以下ではこれらを区別したい。前章で見たように，何よりもまずこれらが所有などの他の文法概念の起点領域スキーマとして用いられた場合，それぞれが異なった様相を呈するからである（以下の議論も参照）。

　Stassen（1985: 42）の観察によると，この位置スキーマに基づく構文には，ある際立った語順上の特徴があるという。それは位置スキーマを主要スキーマあるいは二次スキーマとする 20 のサンプル言語のうち，動詞が中央に置

かれる基本語順（SVO）を持つものは一つもないということである。つまりこのスキーマは，動詞が最初に置かれる言語（VSO か VOS）と動詞が最後に置かれる言語（SOV）でのみ用いられるのである。しかしさらに広範囲のサンプルに目を向ければ例外は多くある。例えばニジェール・コンゴ語族に属するかなり多くの SVO 言語（スワヒリ語を含む）は，位置スキーマを主要スキーマか二次スキーマにしている。とはいうものの，以上の相関は注目に値するし，説明の必要がある。

6.1.3　起点スキーマ

このスキーマでは，被比較主は基本的に文法機能上の制限を受けないが，基準項の方は通常，奪格的副詞句としてコード化される。(10)はこのスキーマの例である。

(10) a. ムンダーリー語（ムンダ語派；Stassen 1985: 39）

Sadom-	ete	hati	mananga-	i.
馬・	より	象	大きい・	現.3.単

「象は馬より大きい」

b. トルコ語（アルタイ語族，チュルク語派；Ultan 1972: 131）

Türkiye	Lübnan'dan	büyüktür.
トルコ	レバノン・より	大きい・現.3.単

「トルコはレバノンより大きい」

起点スキーマは，比較構文の世界で最もよく見られる起点領域と言えるかはわからないが，それに準ずる起点領域の一つだと言える。このスキーマは Ultan（1972: 130-1）のサンプル言語の半数近くに見られ，Stassen（1985）の言語サンプルではほぼ三分の一を占める。

Ultan（1972: 131, 134）の調査によれば，エスキモー語，フィンランド語，グルジア語，古代ギリシア語，現代ギリシア語，ラップ語，ロシア語では，属格が基準項の標識として現れるという。彼は属格が「分離の概念」，つまり起点スキーマと関わりがあることに，その理由があるのではないかと考えている。

位置スキーマの観察結果と同じように，起点スキーマは語順と強い相関関

係がある。Stassen（1985: 40）の 10 のサンプル言語のうち，起点スキーマを主要スキーマとしている 8 言語はいずれも動詞文末型（SOV）である。

6.1.4 目標スキーマ

Stassen（1985: 40）はこのスキーマが起点スキーマと鏡像関係にあると見なしている。というのもこのスキーマは，基準項（Z）が向格，受益格，与格といった方向を表す参与項としてコード化されるという特徴を持つからである。(11) がその例である。

(11) スス語（ニジェール・コンゴ語族，マンデ語派；Friedländer 1974: 62)
Afriki　　　　　fura　　foretaa be.
アフリカ　　　　暑い　　ヨーロッパに
「アフリカはヨーロッパより暑い」

目標スキーマは，英語の構文中にもあると言えるかもしれない。それは "X is superior/inferior to Y"「X は Y より優れている／劣っている」というタイプのもので，この構文では方向・与格の格標識が，基準項を提示するのに用いられている。

場所的な概念基盤をもつ三つのスキーマのうちでは，起点スキーマが世界の言語で群を抜いて最も一般的なものだと言える（Stassen の 109 の言語サンプルのうち 32 言語）。これに続くのが位置スキーマ（12 言語）で，目標スキーマは最も頻度が低い（7 言語）。

6.1.5 対極スキーマ

対極スキーマでは，二つの反義的な性質の対比的並置が行われる（Andersen 1983: 108）。Stassen はこの言語構造を以下のように述べている。

このタイプで典型的なのは，二つの節を対立的に並置することで名詞句の比較が行われることである。これらの節の一方は被比較主の名詞句を，もう一方の節は基準項の名詞句を含む。さらに二つの節は構造的に平行している。すなわち被比較主の名詞句がその節で果たす文法機能は，基準項の名詞句の文法機能と合致している。このタイプの比較構文

は，二つの文法的に独立した節を含んでおり，それらは二つの対象の等級が推定されるような形で結合しているのである。(1985: 44)

　対比が行われる二つの命題は，Stassen が対立並置と呼ぶ構造をしている。つまり「その文字通りの解釈は『A は p，しかし B は q』のようなものとなる」(1985: 38)。

　対極スキーマには二つの基本的な下位スキーマがある。一つは反義語を含むものであり，もう一つは肯定・否定の対比があるものである。これら二つの下位スキーマの概念構造を示すと (12) のようになる。そして (13) と (14) がそれぞれの例である。

(12) 反義：　　　　　　　「X は属性 p を持つが，Z は反対の属性 q を持つ」
　　　 否定・肯定の対極：「X は属性 p を持つが，Z は p を持たない」

(13) 反義の下位スキーマ：カヤポ語（ジェー語族，Stassen 1985: 184）
　　　 Gan　　 ga　　 prik,　 bubanne ba　　 i　　　 pri.
　　　 あなた　 あなた　 大きい　 しかし　 私　　　 私　　　 小さい
　　　「あなたは私より大きい」

(14) 否定・肯定対極の下位スキーマ：ヒシュカリヤナ語（カリブ語族，Stassen 1985: 185）
　　　 Kaw- ohra　 naha　　 Waraka, kaw　　 naha　　 Kaywerye.
　　　 高い・ない　 彼 . である　 ワラカ　 高い　 彼 . である　 カイウェルイェ
　　　「カイウェルイェはワラカより背が高い」

　(12) の特性記述が示すように，対極は二つの極がはっきりと分かれる概念である。そのため比較は属性 p が存在するかしないかで表される。しかし段階的な対極の捉え方が，非同等の比較を表す雛型となっている場合もある。例えば次の構造は，段階的な比較のスキーマに基づいているようである。したがって典型的な反義スキーマや否定・肯定対極スキーマのどちらにも当てはまらないことになる。

(15)チェロキー語（マクロ＝スー大語族，イロコイ語族 Ultan 1972: 130）

utli	nikatv,	eska	ayv.
より多く	彼.大きい	より少なく	私

「彼は私より大きい」

6.1.6　連続スキーマ

　連続スキーマは二つの連続する叙述からなるもので，一番目の叙述に二番目の叙述が時間的に後続し，連続する事象の標識（「そして」「そしてそれから」「その後」）により，両者が結びつけられる。このスキーマはおよそ次のようにパラフレーズすることができる。「X は属性 Y を持ち，そしてそのときにのみ Z が続いて現れる（すなわち Z は X よりも属性 Y が少ない）」。とはいえこのスキーマはまれであり，十分な記述をするには手に入る例が少ない。

　位置スキーマが被比較主（X）と基準項（Z）を空間的に関係づけるのに対し，連続スキーマが作り出すのは両者の時間的関係である。そのため Heine（1994a: 58）ではこのスキーマを「時間スキーマ」としていた。このスキーマの根底には，「早く現れるものは，遅く現れるよりもより多く Y の性質を持つ」という推論があると思われる。このスキーマの例として，Stassen（1985: 59ff）のジャワ語とオランダ語の例を引用しておこう。これらの言語にはそれぞれ karo と dan という不変化詞があり，これが基準項の標識（M）と連続を表わす接続詞の両方を兼ねている。（16a）と（17a）の例はこのスキーマが比較構文として文法化したものであり，（16b）と（17b）は本来の連続を表す接続詞の用例である。

(16)ジャワ語（オーストロネシア語族，Stassen 1985: 60）

　　a. Enak　　　　　daging　karo　　iwak.
　　　 おいしい　　　肉　　　そして　魚
　　　「肉は魚よりおいしい」

　　b. Bapaq　menjang　ing- desa karo　　simboq menjang ing- desa uga.
　　　 父　　　行く　　　に・畑　そして　母　　　行く　　に・畑　また
　　　「父は畑に行き，そして母も畑に行く」

(17) オランダ語（Stassen 1985: 61）

a. Jan   is   groter   dan   Piet.
   ヤン　である　より大きい　　　そして　ピート
   「ヤンはピートより大きい」

b. Eerst ga   ik,   dan   gaat   Jan.
   まず　行く.1.単　　私.主　そして　行く.3.単　　　ヤン
   「まず私が行き，そしてヤンが行く」

　英語の通常の比較構文も連続のスキーマの例と解釈されることがある。例えば Andersen（1983: 130）は，X is Y-er than Z「X は Z より Y である」という構文が，X is Y-er, then Z is Y「X はより Y であり，そして Z が Y である」のような構文にさかのぼり，また than は歴史的には then の変種であると解釈している。

　なお（18）のようなトバ・バタク語の例を Stassen は「不変化詞比較構文」（以下の議論を見よ）として扱っているが，asa「それから」「そしてその後」という標識が現れるため，連続スキーマと見なすほうがよいだろう。

(18) トバ・バタク語（オーストロネシア語族；Stassen 1985: 60）
   Dumejak   utang-   na   asa   torop   di   obuk.
   より多くの　　　　借金・　彼の　そして　多数　　の　　　髪
   「彼には髪よりも多くの借金がある」

6.1.7　類似スキーマ

　類似スキーマでは，被比較主（X）と基準項（Z）の間に類似または同等関係が現れる。（19a）がその基本構造であるが，それはまた（19b）のように言い換えることもできる。

(19) a.　X is Y（like）Z「X は Z（のように）Y である」
    b.　X is Y-er compared to Z「X は Z と比べてより Y である」

　(20) が示すように，類似スキーマの形式上の指標は，「のように」「のような」といった意味の接置詞である。

⒇ a.　フィンランド語（Andersen 1983: 117）

　　　Pitempi　　　　kuin　　　sinä
　　　より大きい　　　ように　　あなた
　　　「あなたより大きい」

　b.　口語ドイツ語

　　　Klaus　　　　　ist　　　　größ-　　er　　　wie　　　ich.
　　　クラウス　　　　である　　大きい・より　　　ように　　私
　　　「クラウスは私より大きい」

　c.　スラナン語（英語ベースのクレオール；Stassen 1985: 191）

　　　Hugo　can　　　lon　　　moro　　　betre　　liki　　　Rudi.
　　　フゴ　できる　走る　　より多く　よりよく　ように　　ルディ
　　　「フゴはルディよりよく走れる」

　比較構文の研究では，ラテン語がよく引用される。ラテン語は te maior
（あなた.奪格 より大きい）と maior quam tu（より大きい いかに / ように
あなた）といった異なる二つの比較構文を持ち，どちらも「あなたより大き
い」を意味する。（しかし両者はその前提が異なっている。Andersen 1983:
119 参照）。前者の構文は，奪格の参与項としてコード化された基準項（Z）
を持っている点で，起点スキーマ X is Y from Z「X は Z より Y である」の
例であるが，後者は類似スキーマの例と言える。
　連続スキーマと同じく，類似スキーマは非同等比較構文の起点領域として
はまれである。類似スキーマと言える構文を持つ言語には他にマラガシ語，
ハンガリー語，ラトヴィア語（Stassen 1985: 192-5 参照），ロマンス諸語が
ある。
　類似スキーマは比較構文の起点領域としてはあまり見られないが，英語の
Rob is as smart as his father「ロブは父と同じくらい賢い」のような同等構
文では，重要な概念的雛型となっているようである。このスキーマが同等構
文と比較構文の両方に現れることはおそらく偶然ではないだろう。すなわち
ある言語でこれらの構文がともに類似スキーマにさかのぼれる場合には，同
等構文が比較構文の概念的雛型を提供したと考えられる。つまり（21b）の
ような命題スキーマは，認知的に（21a）のようなスキーマに基づいてモデ

ル化されているのである。このことが示すのは，比較構文に類似スキーマを用いる言語は，同等構文にもこのスキーマを用いることが多いということである。例えば（20a）と（20b）の例は，（22a）と（22b）の同等構文に対応している。

(21) a. X is as Y as Z「X は Z のように Y である」
　　 b. X is Y-er as（> than）Z「X は Z のように（>より）さらに Y である」

(22) a. フィンランド語（Andersen 1983: 117）
　　　　 yhtä　　　　　 piktä　　 kuin　　 sinä
　　　　 ように　　　 大きい　 ように　 あなた
　　　　「あなたと同じくらい大きい」

　　 b. ドイツ語
　　　　 Klaus　　　　　 ist　　 so　　　　　 groß　　 wie　　 ich.
　　　　 クラウス　　　 である　 そのように　　 大きい　 ように　 私
　　　　「クラウスは私と同じくらい大きい」

　ただし類似スキーマが比較構文で見られるときは，級の標識(-er「より〜」，上の (2) を見よ) が使われることが極めて多いようであり，この点で他のスキーマと異なる。

6.1.8　トピックスキーマ

　このスキーマでは，「デイビッドとボブに関しては，デイビッドは（より）高い」のように，被比較主（X）と基準項（Z）の二つの比較対象が，二つの名詞句の並列という形で命題のテーマとして現れ，後続する節が二つの対象の一方についての叙述となる。このスキーマの定式と言えるのが（23）である。今のところこのスキーマに相当する例は，（24）に挙げた一例しか見つかっていない。

(23)　　 X and Z, X is Y　　　　　 >　　　　 X is Y-er than Z
　　　　「X と Z, X が Y である」　>　　　「X は Z より Y である」

(24)ニャンジャ語（ニジェール・コンゴ語族，バントゥ諸語；Jensen 1934: 117)

madzi	ni	čakudia	komo	čakudia.
水	と	食べ物	よい	食べ物

「食べ物は水よりよい」

6.1.9　いわゆる「不変化詞比較構文」

　基準項の標識「より」は語源的に不明瞭あるいは「不透明」，つまり既存の接置詞や格語尾，もしくは他の語や接辞に関連づけられないものが多い（2.4 を見よ）。このような標識は「不変化詞」と呼ばれ，これを用いた構文は「不変化詞構文」と呼ばれる（Andersen 1983: 118ff.; Stassen 1985: 39）。英語の than 比較構文，フランス語の que 比較構文，ラテン語の quam 比較構文は，このタイプの例として扱われてきた。このタイプを Stassen は「一つのクラスだとしても小さなものにすぎず」，いずれにせよ「均質なカテゴリーではない」としている（Stassen 1985: 55）。

　不変化詞比較構文がこれまでの比較構文と異なる点は，基礎にある認知スキーマが容易には再建できない，またはとにかく今のところは再建できないほどに，文法化が進んでいることである。とはいえ Andersen と Stassen が論じた不変化詞構文の多くは，実はこの構文とは言えない。というのもそうした構文の概念的起点領域は実は不透明ではないからである。不変化詞構文の多くは，これまでに挙げたさまざまな起点領域スキーマのうち，特に連続スキーマと類似スキーマにさかのぼることができる。

　世界の言語における大多数の非同等比較構文は，以上の議論で登場したスキーマによって説明されるが，さらに他にもいくつかのパターンがある。まずそれほど一般的ではないが，地域的に重要なスキーマがかなりある。次にスキーマ混合と呼びうる，二つの異なるスキーマを組み合わせたものがある。スキーマはしばしば混合された形式で現れるのである。言語によっては，二つの異なるスキーマの属性を結合させて比較構文を作ることがしばしばある。例えば（25）のアステック語の例では，行為スキーマと対極スキーマのそれぞれの要素が結合している。

(25) アステック語（ユート・アステック語族；Thomas Stolz, 個人的談話による）

tla-panahuia　　ic　ni-　　　cuztic　in　amo　tehua: tl
まさる 3. 単　　と　1. 単 -　　黄色い　限　否　代 .2. 単
「私の肌はあなたの肌より黄色い」
（直訳：「私が黄色いことでまさり，あなたはそうではない」）

　同時にまた単一スキーマなのかスキーマ混合なのかがはっきりしない場合
もかなりある。次のモツ語の例を見てみよう。

(26) モツ語（ニューギニア諸語；Stassen 1985: 48）

Una　na　　namo,　ina　　herea-ia.
あれ　である　よい　　これ　　超える
「これはあれよりよい」

　Stassen はこういった例を混合の例だと考えている。この例には対極ス
キーマの特徴を示す X is good（but）Y is better というタイプの対立的叙
述が見られ，「まさる」「超える」を意味する動詞を伴う行為スキーマも関わっ
ているからである。ここでは (26) のような例がスキーマ混合なのか，行為
スキーマの特別な事例として解釈されるのかには触れないでおきたい。しか
しスキーマ混合が存在し，決してまれなものではないことは疑う余地がない。
　このテーマを扱う研究者の多くが指摘してきたように，どの言語も最も優
勢な単一の比較スキーマを持つことが極めて多い。しかしこれはその言語で
用いられるスキーマが一つしかありえないという意味ではない。同一言語内
で複数の異なるスキーマが用いられることはむしろよくある。例えばドイツ
語には，文法化が進行したために概念的起点領域が不透明となってしまった
-er als「よりも」という比較構文がある。この構文はドイツ語話者が持つ，
第一の選択肢だが，他の構文が現れることもある。例えば (27) に挙げた構
文は，文脈さえ整えば非同等比較の概念を表せる。この場合コード化される
参与項には，異なる四つのスキーマの特徴が見られる。

(27) ドイツ語

    a. Sie   ist   ihm   überlegen.   目標スキーマ
        彼女はである   彼に   優れている
        「彼女は彼より優れている」

    b. Sie   ist   die   klügere von ihnen.   起点スキーマ
        彼女は   である   定   より賢い より 彼ら
        「彼女は彼らのうちでより賢い」

    c. Neben Paul   wirkt   Ernst   klein.   位置スキーマ
        並んでパウル   見える   エルンスト   小さく
        「パウルと比べてエルンストは小さく見える」

    d. Sie   übertrifft ihn   an   Klugheit.   行為スキーマ
        彼女は   まさる   彼を   で   賢さ
        「彼女は賢さで彼にまさる」

  Zimzik（1992）が行った西アフリカの 20 言語の調査によれば，そのうち5 言語が主要スキーマを二つ持っており，それはどの言語でも行為スキーマと位置スキーマであるという。

  さらに同一のスキーマが，さまざまな形式で言語化することもある。これは異なる言語のみならず，同一言語内でも見られることがある。例えばナイジェリア北部のアンガス語では，動詞 del「まさる」を含む行為スキーマに，4 つの異なる構造が可能である。Foulkes（1915: 61）はそれらの構造のそれぞれの意味を，次のような英訳で示している（1 の表現の正確な意味は不明である）。

1.   This woman is pretty, but that one surpasses beauty her.
        「この女性は美しいが，あの女性は彼女を美しさにまさっている」

2.   This woman is pretty, but the beauty of that one surpasses her.
        「この女性は美しいが，あの女性の美しさは彼女にまさっている」

3.   This woman is pretty, but that one surpasses her beauty.
        「この女性は美しいが，あの女性は彼女の美しさにまさっている」

4.   This woman is pretty, but that one surpasses her with beauty.
        「この女性は美しいが，あの女性は彼女に美しさでまさっている」

　これまで世界の言語に見られる多様な比較構文を把握しようと，多くの試みがなされてきた。ここで論じているテーマの先駆的な研究の一つであるJensen（1934）では，比較構文は心理的動機づけのもとに連鎖をなしているという考え方が提案されている。私たちの枠組みに置き換えるなら，Jensenによる比較構文の発展の過程は，表6-4のような段階で表すことができる。この順序が通時的発展の反映として解釈されるのか，それとも非通時な関係の認知的パターンと見なされるのかは，定かではない。とにかくJensenのこの連鎖という考え方は，概念的起点領域の数が限られてはいても，非同等比較の概念が言語コード化される方法はきわめて多彩だという，比較構文を把握する際の重要な要因の一つに対し，注目させるものであろう。

　たいていの先行研究では，純粋に言語的パラメータのみに基づき，比較構文が記述されてきた。そのような研究は多くの価値ある知見をもたらしたし，またこのことはStassen の研究（1985）の大部分についても言える。それに対し，本書の中心的な主張は，これらの構文の基礎に，少数の基本的な認知パターンがあり，それらを用いることで各構文に特有な言語構造が説明されるということである。本節ではこれらの認知パターンと，その結果としての言語構文の関係を検討してみたい。

　上記のスキーマの言語コード化にとって重要なのは，こうしたスキーマが少なくとも被比較主，基準項，述部，基準項の標識という四つの形式要素を含んでいるということである。この数は基本的な命題の範囲を超えている。基本的命題は通常三つの基本要素（例えばX does Y「XがYをする」とい

表6-4　Jensen（1934）による比較構文の発展過程

段階	スキーマの例	スキーマ
I	X is Y, Z is –Y「X は Y で，Z は非 Y である」	反義
II	X is Y, Z is not Y「X は Y で，Z は Y でない」	否定・肯定対極
III	X and Z, X is Y「X と Z，X が Y である」	トピック
IV	X is Y at Z「X は Z において Y である」	位置
V	X is Y from Z「X は Z より Y である」	起点
VI	X surpasses Z in Y-ness「X は Y の性質で Z にまさる」	行為
VII	X is Y-er than Z「X は Z より Y である」	不透明な構文

う形式のプロトタイプ的行為スキーマでは，参与項 X，Y に加えて述部
does「する」がある）を超えることはない。とすると比較構文が比較を表現
するには，基本命題に比べ，より複雑な構造が必要だということになる。つ
まり比較構文は基本命題に加えてさらにもう一つの構成要素を伴うため，
「より複雑」になるのである。この付加要素はたいてい副詞句や斜格でコー
ド化される付加詞か，または付加的な命題となる。したがって比較表現に用
いられる構造は，通常次のタイプのどちらかである。

　　(28) 比較構文の主要タイプ
　　　　a.　命題 1 ＋ 命題 2
　　　　b.　命題 ＋ 付加詞

　Jensen（1934）が心理的動機づけがあるとして提案した表 6-4 の連鎖との
関係で注目されるのは，この連鎖が（28a）の構造から（28b）の構造への
移行を含んでいることである。つまり，二つの等位節によって特徴づけられ
る比較表現から，単一節の表現への移行が見られるのである。
　また事象スキーマと命題構造にも，強い相関関係が見られる。すなわち位
置スキーマ，起点スキーマ，目標スキーマは（28b）と，対極スキーマは
（28a）の構文タイプとそれぞれ強く結びついている。
　しかしこれらの対応例が示唆する以上に実情は複雑である。各事象スキー
マと統語的な構文のタイプの相互関係が見られる範囲は限られている。ま
ず，異なる事象スキーマでありながら，同一の構文タイプを共有する例が多
い。例えば次のスワヒリ語の文はほぼ同義であり，それぞれ位置スキーマ
（29a）と行為スキーマ（29b）のものと言えるが，構造は基本的に同じである。

　　(29) スワヒリ語（ニジェール・コンゴ語族，バントゥ諸語）
　　　　a.　Juma　　ni　　　m-　　refu　　ku-　　li-　　　ko　Ali.
　　　　　　ジュマ　コプラ　クラス 1・長い　場・　　である・場　アリ
　　　　　　「ジュマはアリより背が高い」

　　　　b.　Juma　　ni　　　m-　　refu　　ku-　　shinda　Ali.
　　　　　　ジュマ　コプラ　クラス 1・長い　不定詞・負かす　アリ
　　　　　　「ジュマはアリより背が高い」

　さらに同一のスキーマが，複数の異なる構文タイプでコード化されることもある。先に見たように，これは特に行為スキーマに当てはまる。このスキーマは同一言語内でまったく異なる複数の構文タイプと結びつくこともある。このことは次のドゥアラ語の例（30）に見て取れる。

(30) ドゥアラ語（ニジェール・コンゴ語族，バントゥ諸語：Stassen 1985: 181)

a. Bono　　　　bo　　　kolo　　　　buka　　ndabo.
　ボート　　　それ　　大きい・現在　超える　家
　「そのボートは家より大きい」

b. Modi　　　　a　　　buki　　Edimo　　　　bwala.
　モディ　　　彼　　　超える　エディモ　　　怠惰
　「モディはエディモより怠惰である」

6.2　最上級構文について

　ここまでは比較構文の一つ，優等比較構文が完全な形で現れるもののみを扱い，これを「比較構文」と呼んできた。この種の比較構文について述べてきたことは，ある程度まで他の比較構文にも当てはまる。Ultan（1972）は比較構文が同等構文（例えば「デイビッドはボブと同じくらい賢い」）とはかなり異なっているものの，最上級構文（「デイビッドは最も賢い」）とは多くの点で似ているとしている。彼が十分なデータを持つ 30 言語のうち，18言語（すなわち 60%）は比較構文と最上級構文の両方に同じ標識を使っている。

　比較構文について述べてきたことの大部分は，実際に最上級構文にも当てはまる。まず両者は同一の構文をしていることが多いが，それは最上級構文がしばしば比較構文をモデルに作られるためである。第二に両者の概念的起点領域は，少なくともある程度まで同一である。例えば起点スキーマは，両者の最も頻繁に用いられる概念的雛型のようである（Ultan 1972: 134 参照）。最上級構文を作るための主なパターンは，一つしかなかった比較の基準項（Z）を，比較可能な個体の全集合に置き換えるというものであろう。つまり典型的な場合は，基準項が数量詞「すべて」などで修飾される。したがっ

て (31a) のような比較構文のスキーマ定式は，最上級構文の概念を表現する場合には (31b) のような式に替えられる。

(31) a. X is Y-er than Z 「X は Z より Y である」
   b. X is Y-er than all others 「X は他のすべてより Y である」

このパターンを示しているのが次の例である。(32) は行為スキーマ，(33) は起点スキーマ，(34) は位置スキーマ，(35) は目標スキーマの例である。

(32) a. スワヒリ語（ニジェール・コンゴ語族，バントゥ諸語）

Ali	m-	fupi	ku-	shinda	w-	ote.
アリ	クラス1・短い		不定詞・負かす		クラス2・	すべて

「アリは最も小さい」（直訳：「アリは他のすべてを負かすほど小さい」）

   b. ナンディ語（ナイル・サハラ語族，南ナイル語派；Creider & Creider 1989: 150）

nyúmnyûm	ko-	siːr	kiy	ake	túkûl.
簡単だ	3・	越える	もの	他の	すべて

「それはすべてのうち最も簡単だ」

(33) アムハラ語（アフロ・アジア語族，セム語派；Ultan 1972: 134）

kə-	hullu	yamral.
から・	すべて	彼.ハンサムである

「皆の中で彼が最もハンサムだ」

(34) a. タミル語（ドラヴィダ語族；Ultan 1972: 134）

ēlla	malaikaḷilum	inta	malai	uyaramāṉatu.
すべての	山でも	この	山	高い

「この山がすべての山で最も高い」

   b. ラテン語（Jensen 1934: 120）

super	omnes	beatus
上に	すべて.対.男.複	幸せだ.男.単

「他のすべての男たちより幸せだ」

(35) シンハラ語（インド・ヨーロッパ語族，インド・イラン語派；Ultan 1972: 135)

mē	lámayā	hama	lámayinṭa	ma	váḍā	hoňda	y.
この	少年	すべて	少年たちに	強	より	よい	である

「この少年は少年たちのうちで最もよい」

　第三に，これまでの観察から，最上級が比較級から派生することはあっても，その逆はないことが推察される。そして実際に Ultan（1972: 141）も，最上級構文が比較級構文に比べ有標のカテゴリーであると結論づけている。例えばツワナ語では，比較の級の標識を反復することでこの有標性が表現される。

(36) ツワナ語（ニジェール・コンゴ語族，バントゥ諸語；Ultan 1972: 140)

tlôu	ethata	bogolo-	bogolo	môdiphôlôgôlông.
象	強い	より・	より	場.動物

「象は動物の中で最も強い」

　同時に比較級構文と最上級構文の構造にはいくつかの相違もある。まず，両者が同じ概念的雛型を用いることがあっても，雛型が使われる相対的な頻度は異なる。例えば属格は比較構文の基準項標識（M）となることがあり，それは最上級構文でも同じであるが，最上級構文の方が属格の出現率がずっと多いという違いがある（Ultan 1972: 134）。(37) はそのような属格を基準項標識とした最上級構文の一例である。

(37) ロシア語（Ultan 1972: 134)

on	vs'ex	starše
彼	すべて.属	より老いた

「彼は彼らのうちで最も歳をとっている」

　二つ目の相違点は，目標スキーマは比較構文には出てくるが，最上級構文に用いられるのはまれだということである。このことは対極スキーマにも言える（Ultan 1972: 138）。第三に，Ultan（1972）は最上級構文が比較構文に比べ有標なカテゴリーだとしているものの，しかしまた無標の最上級もあり，しかもかなりよく見られるという。Ultan（1972: 141）は無標の最上級

の例として次を挙げている。この例は典型的な位置スキーマだと言える。

(38) カンナダ語（南ドラヴィダ語派；Ultan 1972: 141; 原語と注釈の正確な対応は不明）
　　i: mənd ae: ga　　　　awa　　sa: ṇae.
　　これら：人々：場　　　彼　　　である：賢い
　　「これらの人々のうちで彼が最も賢い」

　第四に，最上級構文には用いられるが，比較構文には決して用いられない表現形式がある。これは例えば最上級の概念が「とても」「あまりに」といった強意語によって表現されるような構文に当てはまる。以下は「とても」を含む例である。

(39) a. カヌリ語（ナイル・サハラ語族；Norbert Cyffer, 個人的談話による）
　　　mâi- wá　Bòrnó- bè　zâu- rò　nòwátà- də́　　fál- nzá.
　　　王・複　　ボルノ・属　とても・副　知られた・定　　ひとつ・彼らの
　　　「彼はボルノの最も知られた王の一人だ」

b. ナンディ語（ナイル・サハラ語族，南ナイル語派；Creider & Creider 1989: 151）
　　nyúmnyûm　　misí : ng.
　　簡単だ　　　　とても
　　「それは最も簡単だ」

　第五に，Ultan（1972: 124, 142）の見解によると，比較構文は不定の標識と結びつきやすいが，最上級構文は定の標識と結びつきやすいという。彼はこれに関してデンマーク語とフランス語の例を挙げている。デンマーク語では比較構文は常に不定であり，最上級構文は定である。フランス語の最上級構文は比較構文に定冠詞を付加することで形成される。したがって（40b）の最上級の例と（40a）の比較の例の違いは，前者には定冠詞 la（女性形）があることだけである。

(40) フランス語
a. Marie　　　　est　　　plus　　sage.
　　マリー　　　　である　　より　　賢い
　　「マリーはより賢い」

b. Marie　　　　est　　la　　plus　　sage.

マリー　　　　　である　定　　より　　賢い

「マリーは最も賢い」

　なお最上級構文で現れる対象は，唯一のものの指示の形でコード化される傾向にある。「彼は最も大きい」と言う場合，主張されるのはその真偽はともかく，この描写に当てはまる人がこの世に他にいないということである。

　また実際に，定性が最上級を表示する唯一の手段だと思われる言語がJensen (1934: 111) によって多く挙げられている。つまり X is the big one「Xがその大きいものである」という形式の表現が，最上級構文 (= X is the biggest「X は最も大きい」) へと文法化されているのである。

　最後に，最上級の概念の表現に（強調の）再帰代名詞を用いる言語がある。これはラトビア語の pats labais「最もよい」（直訳「まさによいもの」）や，ロシア語の sámaja čistaja vodá「最も純粋な水」（直訳「まさに純粋な水）(Jensen 1934: 111) などに見られる。

　この節の目的は，比較構文を，それと密接に関わる文法概念である最上級構文と関連づけ，対比することであった。この観察結果から，何よりも最上級構文の類型論的な分析が必要なことが分かる。分析にあたっては，場合によって比較構文に目を向けることも必要だが，それだけでなく最上級構文そのものに重点を置く必要があるだろう。

6.3　地域的な影響

　言語学でよく知られているのは，複数の言語が接触すると借用が起こりがちだということと，借用が語彙で顕著に見られるのに対して，文法への影響ははるかに少ないことである。言語の中で文法が借用に対し最も抵抗を示す部分の一つであることは，これまでかなりの研究者がそれぞれ独自に指摘してきた。しかし文法が借用されにくいということは，文法の領域すべてに当てはまるわけではないようである。例えば文接続詞，間投詞は容易に借用されるし，比較の不変化詞も借用の候補となりやすい。Stolz & Stolz (1994) は，スペイン語の比較の標識である más「より」や que「より」「ような」が中央アメリカの諸言語に入り込んだ経緯について，豊富な情報を提供して

いる。この経緯は，次のモパン語の例で明らかとなる。

(41) モパン語（マヤ語族；Stolz & Stolz 1994: 8-9）

  a. ki' a ximbaL-a tuwich ka tin- lak- en.
    よい 冠 走る・ 不変 に.前 接 座る・接法・1.単.絶対
    「私はここに座ってバスを待つより，走るほうがよい」

  b. top kich'pan bin kuchi más tuwich a prinseesah- a.
    とても 美しい 引 しかし より に.前 冠 王女・ 不変
    「しかし彼女は王女よりずっと美しかったと言われている」

  c. más sasil u wich u na' más tuwich ti kuxa'an ti yok'olkab-a.
    より 明るい3 目 3 母 より に.前 場 生きた 場 地上・不変
    「彼の母の目は世界のどんな生き物よりも光っていた」

　（41a）はモパン語固有の本来のパターンで，基準項の標識として英語のthanに相当する比較標識 tuwich「に対して」「を前にして」を伴う。位置の標識 tuwich により，これが位置スキーマの例であることがわかる。（41b）では，(a) のような伝統的パターンがスペイン語の標識 más「より」により強化されているが，この標識の使用は任意である。最後に（41c）では，本来余剰ではあるが，más が二度現れている。また文頭の más の代わりにモパン語固有の標識 top「とても」を用いてもよい（41b 参照）。

　Stassen（1985）が行った研究は，比較構文の地理的分布の分析に利用できるような豊富なデータを含んでいる。以下では比較構文がどの程度地域的な要因に関わるかを明らかにしてみたい。

　私が用いる言語の分類は，Stassen の分類と異なり，基本的に言語の系統ではなく地理的な基準に基づく。例えば，Stassen（1985: 352-5）の分類では，英語と日本語は同一のクラス（ユーラシア）に属し，日本語と朝鮮語は別のクラス（それぞれユーラシアとアジア）になる。私の分類では，日本語と朝鮮語の両方が「アジア」の言語ということになり，このグループにはまたヒンディー語，カシミール語，タジク語といったインド・ヨーロッパ諸語も含まれる。なお，ある言語において同程度に用いられる比較構文の起点領域が二つある場合には，Stassen が「主要選択肢」と記述しているものだけ

178

表 6-5　地域的分布に基づく 109 言語の比較構文の起点領域
（Stassen 1985 に基づく。主要スキーマのみを考慮）

	言語数					
起点領域スキーマ	ヨーロッパ	アジア	アフリカ・中東	アメリカ	インド・大西洋	総計
行為	0	4	13	1	2	20
位置	0	4	3	4	1	12
起点	0	16	6	9	1	32
目標	1	0	3	3	0	7
対極	0	0	0	10	10	20
不変化詞比較	13	0	0	1	4	18
総計	14	24	25	28	18	109

を表 6-5 の統計に取り上げて考察している。

表 6-5 に挙げた数字がそれぞれの地域を忠実に代表するものであると仮定すると，構文タイプと地域的分布の間には，主に次のような重要な相関関係があるようである。

1. ヨーロッパでは不変化詞を伴う比較構文が最も普及している。ヨーロッパの全言語のうち，約 93% に主要選択肢としてこの構文がある。一方この構文がヨーロッパ以外で見られることはまれである。Stassen が挙げている不変化詞比較構文の全事例のうち，72% がヨーロッパのものである。

2. アジアの全言語のうち，少なくとも 66% が起点スキーマを用いている。

3. アフリカと中東の諸言語は主として行為スキーマと結びついている。このスキーマを持つ全言語のうちほぼ 3 分の 2（65%）がアフリカの言語であり，また行為スキーマは広大なアフリカ地域の約半数の言語に見られる。西アフリカ諸語 20 言語の調査（Zimzik 1992）によれば，生起するスキーマはまさにこの行為スキーマおよび位置スキーマのみである。これらの言語のうち 14 言語は行為スキーマのみを用い，5

言語はそれに加えて位置スキーマを併用し，残りの1言語（セヌフォ
語）はもっぱら位置スキーマのみを用いる。

4. 対極スキーマはアフリカには見あたらない。このスキーマはアメリカ
   とインド・太平洋地域に限られている。とはいえこの種の比較構文を
   持つのは，アメリカ諸言語では36%にすぎないのに対し，インド・
   太平洋地域の言語では半数以上の言語（56%）に見られるという違い
   がある。

5. 位置，起点，目標のような空間を基盤とする比較構文は世界的に見て
   最も数が多いが，ヨーロッパとインド・太平洋地域においては，統計
   的に見て有意な言語数となっていない。

この数量データを基礎にすると，次のような確率的予測が立てられる。

1. 不変化詞比較構文を優先的に用いる言語があるならば，それはヨー
   ロッパの言語であって，アフリカやアジアの言語ではない可能性が高
   い。

2. 対極スキーマを主要選択肢として持つ言語があるならば，それはアメ
   リカの言語か，インド・太平洋地域の言語であって，ヨーロッパやア
   ジア，アフリカの言語ではない可能性が高い。

3. アジアの言語を任意に選ぶと，起点スキーマが主要選択肢として用い
   られる可能性が最も高い。

4. インド・太平洋地域の言語を任意に選ぶと，比較構文に対極スキーマ
   が用いられる可能性が最も高い。

5. 同様にアフリカの言語を任意に選ぶと，行為スキーマが用いられる可
   能性が最も高い。

　事象スキーマの選択に重要な役割を果たすのは，言語の系統的関係よりも
実際は地域的分布である。このことは特に次の例で示される。Stassen
(1985) の言語サンプルには全部で13のインド・ヨーロッパ語が含まれてい
る。そのうち3言語はアジアで，10言語はヨーロッパで話されている。そ
の三つのアジアの言語（ヒンディー語，カシミール語，タジク語）はすべて

起点スキーマの使用を特徴とするが，このスキーマを用いるヨーロッパの言語は 10 言語のうち一つもない。その代わり 10 のうち 9 のヨーロッパの言語（ギリシア語，ラトビア語，ロシア語，フランス語，オランダ語，英語，ゲール語，アルバニア語）では不変化詞比較構文が見られ，残りの 1 言語（ブルトン語）のみで目標スキーマの比較構文が見られる。

　同様に Stassen が挙げる 9 つのウラル・アルタイ諸語の言語サンプルのうち，2 言語はヨーロッパ，7 言語はアジアで話されているものである。そのヨーロッパの 2 言語（フィンランド語，ハンガリー語）はいずれも不変化詞比較構文を有するが，アジアの 7 言語（ジュラク語，ラムート語，満州語，トルコ語，ハルハモンゴル語，日本語，朝鮮語）はすべて起点スキーマを使っている。結局のところスキーマは系統的境界を越えてさまざまに使われるが，地理的な観点から捉えるとほぼ予測可能となるのである。

6.4　まとめ

　第 5 章で見たように，所有はその表現のために他の概念を必要とする派生概念であった。同じことは比較にも当てはまる。この章で明らかになったように，所有と比較との間にはさらなる共通点がある。それは特に両者が共通の起点領域概念，すなわち行為，位置，運動といった叙述概念から派生しているという点である。

　前節までのもう一つの重要な主張は，Andersen が次のように述べている点である。

　　要するに，語順研究のためには同一の基底タイプをもつ個別言語の形態統語構造をすべて調査し，それぞれに異なる（含意的）語順普遍性を立てる必要がある。言い換えれば，Greenberg の比較構文についての普遍性第 22 番[48]と，そこから導き出される含意的普遍性のすべてを，他の多くの普遍性に置き換えねばならない。(1983: 125)

　Andersen が念頭に置いている普遍性は，必ずしも私がここで提案しているものと同一ではないが，主張したいことは共通している。つまり比較構文

の文法を理解するには，単一の普遍的な構造を見出そうしても得るものは少なく，むしろ可能な概念的起点領域の集合全体を考察することが必要だということである。

　私が述べてきたことは，世界の言語で比較表現に用いられる構文の多くは，事象スキーマと呼ばれる，行為，位置，起点，目標スキーマなどの少数の認知パターンの集合に還元できるということであった。これらのスキーマによって，ある比較構文がそれぞれどのような言語的な姿をとるかが決定されるのである。同じような見解は他の研究者によっても支持されてきた。そういった研究者には例えば心理的見地からの Jensen（1934），言語学的見地からの Andersen（1983）がいる。

　これまで比較構文の構造と再建に関するいくつかの問題は取り上げなかった。そのため指摘を受けそうなのは，例えば当該の起点領域スキーマが常にはっきりと同定できるとは限らないのではないか，というのも構文があまりに古くてその起源がもはやたどれない場合，または表現に用いられる形態が多義で，再建可能な起点領域スキーマが複数考えられる場合があるのではないか（Stassen 1985: 34-7 参照）といったことである。またここでは語順も扱わなかった。Stassen（1985）によれば，世界の言語において比較構文のタイプと基本語順との間には，強い相関関係があるという（6.1. を見よ）。

　さらにこの章の主要観察結果と言えるのは，比較構文の起点領域スキーマとその地域的な分布との間にははっきりとした相関関係があるということであろう（6.3）。比較構文の基底にある認知パターンは本質的に有限少数のスキーマから成り，これらのスキーマの中でどれが選ばれるかは何よりも地域的な要因によって規定されているようである。そのため例えばオセアニアのある言語には，アジアやアフリカの言語とは異なる特定のスキーマが見られるはずだと，ある程度予測することが可能なのである。

第7章

文法の領域を超えて

　これまでの章で議論してきたことは，どれも何らかの形で文法が生み出される過程に関係するものである。したがってそれは文法化理論の射程に収まるものだと言える。これまで例えば名詞や動詞といった開いたクラスに属する語が，数詞，副詞，接置詞，冠詞といった閉じたクラスの項目へと発展する多くの例を見た。本章では基本的にそういった例と同じ原理がレキシコンの領域でも，すなわち語彙が新しい意味を獲得するときにも働いていることを示してみたい。

　言語学において最も複雑で論議を呼んでいる問題の一つは，意味の構造と発展である。これまでにも意味の研究はあったが（例えば Paul［1880］1975; Stern 1931; Ullmann 1962），私たちのもつ意味変化の知識はそれほど進歩しておらず，いかなる意味変化も可能であるかのように考えられている。例えば Anttila は「意味変化を扱うための厳密な規則はない。それゆえ最終的要因は必然的に各学者の常識と経験ということになる」（Anttila 1989: 299）と断言している。しかし近年の概念転用に関する研究により，いくつかの一般化に基づくなら，意味変化を以前よりうまく取り扱えることが分ってきている。本章ではこの領域で成し遂げられてきたいくつかの成果を

まとめてみたい。また，これまで考察した発展のパターンが文法上の意味の領域に限定されるものでなく，文法の領域を超えて広がっていることを示したい。

　これまでの章における主要な起点領域は身体であったが，本章でも引き続きこの領域を取り上げる。7.1 節では，他の概念に起源をさかのぼることのできる身体部位があることを見る。7.2 節では，ある身体部位を表す語から他のものへと発展するさまを考察する。7.3 節では，身体部位語が他の概念を表す語を作り出すのにどのように使われるのかという問題を検討する。最後に 7.4 節では，本書で議論したような概念的転移の背後にあるメカニズムは何かという，より普遍的な問題を扱う。

7.1　対象物から身体部位へ

　身体部位を表す語は，レキシコンのうちで最も保守的な領域である。過去の言語状態を歴史的に再建する際，「目」や「頭」「背中」といった語が，他の語に比べて言語変化の影響を受けにくいと判明することがしばしばある。だが身体部位が他の概念領域から派生することもないわけではない。フランス語の tête「頭」が後期ラテン語の testa「鉢」から派生し，英語の vagina「膣」がラテン語の「さや」に起因するといったように，このような例もしばしば見られる。もうすこし例を挙げて，この変化の過程の性質を示してみよう。利用するデータは主に Brown & Witkowski（1981）と Wilkins（1993, 1996）からのものである。彼らは世界各地の 118 言語における身体部位語の調査に基づき，対象物から身体部位を表す語への転用における，ある種の規則性を観察している。そういった規則性には，次のようなものがある。

- 「ひとみ」を表す語は，小さな人間を指す名詞，すなわち赤ん坊，子供，または人形のような人間に似た小さな対象物から派生する可能性が非常に高い。重要なのは大きさが小さいことばかりではない。いくつかの言語では「ひとみ」は「目の人」もしくは「目の天使」（ケチュア語）や「目の電」（マオリ語），「目の蝋燭」（ウェールズ語），もしくは「目の甲虫」（ハンガリー語）と表現される。

- 手足の親指とそれ以外の指に関しては，異なる転用パターンがある。前者は年長の上の世代の親族名称に基づいていることが多いが（例えば「手・足の母」），手足の他の指は子孫または他の若い親族を表す語を含む表現から派生する傾向がある（例えば「手・足の子供[49]」）。
- 「筋肉」の概念は，主に小さな哺乳類を構造的雛型として用いることにより表現される。英語の muscle「筋肉」（これは元をたどればラテン語の musculus「子ねずみ」から派生した）の場合のように，「ねずみ」を表す語は，筋肉や体の筋部，例えば太ももやふくらはぎや二頭筋のような部分を表すごく普通の起点領域となっているようである。とかげ，ウサギ，カエルや小牛といった他の動物は，ねずみに比べ，使われることが少ない。
- 「睾丸」の概念に関して，最も広く見られる起点領域は「卵」を表す語であり，その他の選択肢には「石」「小石」「種」「果物」がある（Brown & Witkowski 1981; Wilkins 1993: 12; 7.5 節を参照）。

　これまで見てきたわずかなデータに基づいて一般化を行うのは時期尚早であろうが，とはいえ身体部位に関して好まれる，ある種の起点領域が浮かび上がってくるようである。最も重要な領域はおそらく，父，母，子供といった人の基本的な役割関係を表すものだろう。動物もまたもう一つの重要な領域であり，さらにまた一連の無生物もそういった領域となる。無生物を選ぶのに最もよく使われるパラメータは，おそらく形と機能の類似である。また起点領域の無生物は，はっきりと目につきやすいもので，それがあまり目立たない身体部位を名指すためのモデルとなる。例えば中耳には三つの重要な骨[50]があるが，これらの骨は，私たちがそれらを名指すのに採用した，「槌」（ラテン語 malleus），「きぬた」（incūs），「あぶみ」（stapes）に比べると，目にとまる度合いが低い。パプアニューギニアのグナウ語話者はアキレス腱を wangen「弓のつる」と呼び，さらに泉門（幼児の頭蓋骨の柔らかい部分）を basyilape「バッタ，コオロギ」と呼ぶ。これはおそらく幼児がせきやくしゃみをするとき，泉門の皮膜が飛び上がるように鼓動するためだと考えられる（Lewis 1974: 53-4; Matisoff 1978: 175, 190）。

7.2　身体部位から別の身体部位へ

　身体部位の研究はこの数十年多く見られる。これは民間分類学（folk taxonomy）が研究分野として台頭してきたことと関連している。身体部位の研究といっても民間分類学は人体解剖学，より正確にいうと，人体の諸部分とその民間生物学的な分類の研究とは関係が薄い。民間分類学的には，身体部位は全体と部分という関係にあるわけではない。爪は指の一部であり，指は手の一部であり，手は腕の一部であるが，爪は通常腕の一部とは見なされないためである。

　本節は人体の諸部分の関係を扱うが，分類や部分関係（つまり部分全体関係もしくは包摂関係）は重要とはならず，むしろ身体部位間の概念転用のパターンを扱うことになる。とはいうものの，名づけの方策に直接的な意味を持つような場合には，部分関係の問題は避けられない。例えば，身体には部分としての階層がはっきりしない部位が多くあるが，そういった部位は，社会によって異なるやり方で部分関係を概念化していることが予想される。shoulder blade「肩甲骨（直訳：肩の翼）」はそういった身体部位のひとつである。英語のこの表現は，この部分が肩と部分関係にあることを示している。しかし肩はこの部位と部分関係をなす身体部位のうちの可能性の一つにすぎない。(1) のケニアの諸言語の例を見てみよう。「肩甲骨」が結びつけられるのは肩のみならず胸や首である可能性もあることがわかる。(1) における命名パターンの違いは，どの身体部位と関連づけるかが民族によって異なることを示している。

(1) ケニアの諸言語における「肩甲骨」を表す語（Schladt 1997: 63）
　a. レンディーレ語（アフロ・アジア語族，東クシ語派）

láf	ti	gárab
骨	の	肩（＝肩の骨）

　b. カンバ語（ニジェール・コンゴ語族，バントゥ諸語）

ivĩndĩ	ĩnene	ya	ĩthũĩ
骨	大きい	の	胸（＝胸の大きい骨）

c.　ポコト語（ナイル・サハラ語族，東ナイル語派）

kɔwɔ　　　　　　káat
骨　　　　　　　　首（＝首の骨）

　身体部位はどのような概念転用のパターンと結びついているかによって，基本部位と非基本部位とに分けられる。基本部位は次のような特性を示すことが多い。

1.　基本部位は短く，形態的に単純で，分解不可能な語によって言語化される。

2.　基本部位はインフォーマントに身体部位の名称を言ってもらう際に，最初に挙がりやすい。

3.　基本部位は他の身体部位や，身体部位と関係のない他の対象，つまり形，位置や機能から見て身体部位に関係があると知覚される概念を指すための構造的雛型となりうる（Schladt 1997: 69ff.）。

4.　わずかの例外を除き，基本身体部位は体の外側，つまり見たり触ったりできる部分である。

　基本身体部位には典型的には血液，耳，目，手・腕，頭，心臓，脚・足，口，胃，舌，歯が含まれる（Andersen 1978: 353 参照）。非基本身体部位は，これら以外のすべてということになるが，この非基本部位には上で挙げた特性のほとんど，またはすべてが欠けているという特徴がある。とはいえこの二つの部位の境界は曖昧であるため，ここではそれを定めることはしない。
　ここで私の関心は特に3の特性についてである。他の身体部位を表現するのに使われやすい身体部位もあれば，一方ほとんどそういうことがない部位もある。ここで主張したいのは，ある身体部位が他の身体部位を指すモデルとして使われる際にも，身体部位から数詞もしくは位置の標識への発展で見たような一方向性の原理が働いていることである。以下では，身体部位の領域における転用の方策を制御していると思われる二つの基本的な転用原理に限定して議論を進める。その原理とは「上下」という方策と「部分・全体」という方策である。もちろんこの二つだけが考慮されるべき方策というわけではないが，この二つの方策で身体部位間の転用の多くを説明することがで

きる。

7.2.1 上下方策

　身体部位の転用は上半身から下半身へ進む，つまり下半身が上半身の視点から概念化される傾向にある。これを上下方策と呼ぶ。この方策の基礎と思われるのは，上半身がより細分化して把握され，知覚やコミュニケーションを行おうとする際により目立つため，上半身と下半身とが非対称的に概念化されることである。この方策に特徴的な主な転用の例は，表7-1 にまとめられる。

　上下方策は一方向的である。ある言語でつま先が「足の指」と呼ばれることはあるが，指は「手のつま先」と呼ばれることはないだろう。同様に，足首の骨（距骨）は東アジア，東南アジアの言語では「足の目」と呼ばれるが，目が「頭の距骨」と呼ばれることはない（Matisoff 1978: 198）。とはいえこの転用パターンは際限なく適用できるというわけではない。例えば，「指」から「つま先」への転用は見られるが，それに対応して「手」が「足」に転用されるパターンはこれまで観察されていない。

　上下方策には例外はほとんどなく，例外的な場合も他の要因を考慮することで説明できる。例えば，ドイツ語には Handschuh（手の靴）「手袋」という語があり，上下方策の例外のように見える。しかしこれは互いに関係する二つの理由により，例外にはならないと考えられる。まずこの語は身体部位でなく，特定の身体部位につけられる製品である。したがって概念転用の原

表7-1　上下方策に基づく概念転用のパターン（Andersen 1978 参照）

起点領域		目標領域
顔	>	むこうずね
指	>	つま先
手の爪	>	足の爪
頭	>	尻
首	>	足首
鼻	>	指，つま先
手首	>	足首

理が身体部位に適応されるものとまったく同じではなくとも驚くにあたらないだろう。第二に足を覆って保護することは，多くの文化で手を覆うことよりずっと一般的である。そのため履物を表す語が，手につける物を指すためのモデルに採用されることのほうが，その逆よりも多いのである。

　下半身が上半身の身体部位語に登場する例もいくつかある。例えばAndersen（1978: 356）は，ハウサ語でひじが「腕のひざ」（gwiwàr hannu）と表現されることを観察している。ここでは下半身（「ひざ」）が上半身に転用されている。しかしこの場合，もう一つの別の原理が働いている。身体の背面部（「ひじ」）はしばしば前面部の語（「ひざ」）で概念化されるという原理である。

　つまり上下方策に加え，もう一つの方向性が存在することになる。これを前後方策と呼びたい。この方策に従うと，前面にある身体部位は背面にある身体部位をも指すことが多く，その反対方向はあまりなさそうだということになる。このことにははっきりとした理由があるようである。「上」や「前」のような参照点は，「下」や「後ろ」とは違って，知覚やコミュニケーションと関係するすべての器官が位置しているところである。例えば Andersen は次のように述べている。

> 同様に「上方」や「上面」，「前方」や「前面」といった自然の方向は極めて知覚されやすく，身体部位を概念化し命名する際の，概念的に無標な方向だと考えられ，また身体の下部もしくは背部を指示対象とする語を派生する基礎となる。（1978: 364）

　上下方策は身体部位の領域における概念転用の最も普通に見られる手段の一つである。Schladt（1997）の東アフリカの諸言語のデータによれば，18言語のうち15言語，すなわち83パーセントがつま先を表す語を指から派生させており，またつま先は脚・足の指とも表現されるという。上下方策はまた Andersen（1978: 351-2）が「概念化の普遍性」と呼ぶものにある程度依存していると考えられる。それは次のようなものである（Brown 1976 も参照）。

1. ある言語に（「足」に対して）「脚」を表す独立した語があるなら，また（「手」に対して）「腕」を表す語もある。

2. 「足」を表す独立した語があるなら，また「手」を表す語もあるが，その逆はない。

3. これまで知られているすべての言語において，「つま先」と「指」を指す名称があるようである。その際に個々のつま先の指を表す語があるなら，また個々の手の指を表す語もあるが，その逆はない。

人体領域内での転用に見られる上下方策の例は，さらに多くの言語で見られる。例えばツェルタル語で「乳首」は「胸の鼻」，「ひざ」は「脚の頭」と表される（Levinson 1994: 804）。

7.2.2　部分・全体方策

上下方策が形や機能上の類似性に基づくと考えられるのに対し，部分・全体方策は物理的な隣接関係と関わる。つまり身体部位はとなりあう身体部位からしばしば名前を引き継ぐのである。多くの場合，この過程には部分から全体へという一方向的な転用が見られる。この方策の多くの事例は Wilkins（1996）によって確認されている。Wilkins はそういった事例を「同一領域メトニミー変化」と呼んでいる。Wilkins により提案されたこのタイプの一方向的発展をまとめたのが表7-2である（X>Y という定式は「X を表す語は通時的に見て Y に発展する可能性がある」を表す）。

Wilkins の起点領域の再建は，Witkowski & Brown（1985: 203）に基づいている。二人は，世界の109言語のうち50言語で手と腕の両義性が見られ，またその両義性は，典型的には「手」が拡大して「腕」も覆うようになるという発展によるとしている[51]。

同様に足と脚の両義性は109言語中42言語に見られ[52]，それは「足」が拡大して「脚」を含むようになるという発展から生じるという。二人は最終的に反対方向の拡大は普通起こらないと結論している。「手」と「足」は「際立ちの高い指示対象」であるが，「腕」と「脚」は比較的「際立ちの低い指示対象」であるためである。

しかしこの一方向性の原理にはいくつかの反例がある。どうやら双方向の

表 7-2　部分全体方策に基づく概念転用のパターン（Wilkins 1996 による）

起点領域		目標領域
爪，足裏，かかと	>	足
足，大腿，むこうずね / ふくらはぎ	>	脚
爪	>	指
指，掌	>	手
へそ	>	腹
腹，胴，皮	>	体
体	>	人
眉毛，口，唇，目	>	顔
顔，髪，耳	>	頭

発展もあるようで，例えば「頭蓋骨」を意味する語は「頭」を表す語から派生することもあれば，その逆のこともある。双方向のパターンはまた「骨」と「足」，「胃」と「腹」の間にも見られる（Wilkins 1996; Schladt 1997）。

7.3　身体部位から対象物へ

　前節で扱った身体部位から身体部位への転用に加えて，身体部位の概念化に関連して一般化できるもう一種の転用がある。身体部位語はさらにより一般的な意味を獲得し，より抽象的なスキーマ概念を指すようになることもある。いくつかの代表例が表 7-3 に挙げたものである。この転用から生じる「上方」「開口部」などの目標領域の意味は，身体部分の領域に限定されて使われるのではなく，むしろ無生の対象物の領域で使われる。つまり身体部位は，身体とは何の関係もない対象について述べるための雛型としてもはたらくのである。このようにして身体部位をあらわす語が，1.2.3 節で対象直示定位と呼んだ表現を生み出すこともある。

　とはいえ身体（また時には動物の体の）部位が対象直示定位の構造的雛型となるのは限られた場合のみである。すべての身体部位がこのために利用されるわけではなく，またすべての無生物が身体部位モデルに基づいて表されるわけでもない。しかし少なくともある一つの社会では，まさにどんな物理

表7-3　身体部位から抽象的スキーマへのいくつかのよく見られる転用

起点領域		目標領域
頭	>	上方，先端
尻，足	>	下方
口	>	開口部，端
首，手首	>	細い部分

的対象でも身体部位の観点から表せるような枠組みを作り上げている。それはツェルタル族の社会で，そこではナイフ，ポット，葉，羽，厚板といった対象物に，ほぼ完全な形で身体から派生する概念的属性がある。その主要な転用パターンを以下に説明する（ここではその中のいくつかの例のみを挙げ，また身体部位語としても依然として使用される語彙に限定する。そのため y-olil「中」や y-util「内」といった語は除外することとなる。さらに転用パターンの性質が定かでない少数の例は扱わない。また例に挙げたツェルタル語の語形は被所有形である）。Levinson（1994）のデータによると，転用には三つの主なタイプが区別される。それは次のようなものである。

1.　身体部位の「形」の属性が対象物に転用されるもの。以下がこの転用の例だと考えられる。

(2) a. *s-niʼ*　「鼻」　　　>　　(a) とがった先端もしくは鋭い凸上の先端
　　　　　　　　　　　　　　　　(b) 三次元の突出
　　 b. *s-tiʼ*「口」　　　>　　(a) 二次元の平面の端または輪郭
　　　　　　　　　　　　　　　　(b) 三次元の輪または帯（例えば唇）
　　　　　　　　　　　　　　　　(c) 開口部や開口部を閉じるもの，もしくは開口部の「ストッパー」
　　 c. *snukʼ*「首」　　　>　　例えば容器などの細い部分
　　 d. *x-chikin*「耳」　　>　　平たい突出
　　 e. *s-jol*「頭」　　　>　　緩やかに曲がった丸い輪郭を持ち，さらに輪郭の両側にごくわずかな凹面がある突出
　　 f. *y-akan*「下脚，足」 >　　比較的大きい突出

2. 身体部位の「形」の属性に加えて，「空間」の属性も対象物に転用されるもの。

(3) a. *y-it*「尻」　　　＞　　下，s-jol の逆の先端

　b. *s-pat*「背」　　　＞　　y-elaw と x-ch'ujt の反対の面

　c. *y-akan*「下脚，足」＞　底部の近くの複数の突起

　d. *y-elaw*「顔」　　＞　　(a) 長方形もしくは楕円形の広く平らな表面中の上端

　　　　　　　　　　　　　　(b) s-pat の逆の先端

　e. *x-ch'ujt*「腹」　　＞　　s-pat の逆の先端

　f. *s-k'ab*「手 / 腕」　＞　頭部の近くの複数の突起

　このグループにおいては，「形」の属性は「空間」の属性ほど（「空間」とはより正確には相対的位置を指す）重要でないようである。このように考えられるのは，ツェルタル語ではナイフを指すとき，尖った方と反対の握り側は，握りの形状に関わりなく y-it「尻」であるためである（Levinson 1994: 819）。これらを区別する属性が空間的位置であることを示すのはまた次の例である。例えば木の枝は(底部ではなく，上部に近いという)相対的に異なった位置により s-k'ab「手・腕」と呼ばれるが，それに対して椅子の脚は y-akan「下脚，足」と呼ばれる（Levinson 1994: 830-1）。

3. もっぱら「空間」の属性に関して転用されるもの。これに属すると言える身体部位語は，おそらく s-jol「頭」ただひとつである。すくなくともある種の文脈では，この表現は「形」の属性を失っていると考えられ，関係を表す表現の s-ba「上面，端，上，上方」と「外延的に見て同一である」（Levinson 1994: 803）。この第三のタイプが現れる場合は，別の概念領域である空間的定位の領域が関わることになる。この領域は第 3 章ですでに詳細に検討した。

　なお注意しておきたいのは，ある身体部位が複数の転用と結びつく場合もあることである。例えば y-akan「下脚，足」は，第一と第二のタイプの両方で現れ，s-jol「頭」は第一と第三のタイプで現れる。

　ツェルタル語で身体部位から対象物への転用パターンをつくる主な手段

は，形と空間（すなわちある身体部位の他の身体部位に対する位置）である。しかしさらに少なくとももう一つのパラメータがある。それは大きさである。大きさは，他の二つのパラメータについては同一である対象を区別するのに重要になる。例えば，対象物の小さめの突出を指すのには，身体部位s-ni「鼻」が用いられるが，大きめで一つしかない突出に関しては，ツェルタル人は y-akan「下脚，足」を使う。しかしさらに重要なのは，大きさが身体の主軸を区別するのに重要だということであろう。ツェルタル人は身体の垂直および水平の軸を区別するのに，重さより大きさに注目してきた。Levinson（1994: 814）によると，上下の軸は「最も大きい容積を持つ体の錐を生み出す」もの，すなわち通常ありうるうちで最も長い軸である。前後の軸は明らかにそれより短い。

　以上の転用には，それらを規定する二種類の主要なモデルがあるようである。一つは例えば頭と尻が両端となるような関係的モデルである。この場合，頭は典型的には突出もしくは鋭い凸状のものとして概念化されるか，または最も平たく，最も「つぶれた」端の反対に位置するものとして概念化され，また尻は頭に対し，空間的に逆にあるものとして定義される。もう一つのモデルはある身体部位の形の属性に基づく個別身体部位モデルである。このモデルでは，対象物の部分が人間の鼻や口に似ているものとして概念化され，鼻モデルもしくは口モデルがそれぞれ引き起こされる。例えば鼻モデルは「対象物の主軸の上部に尖った突出」を持つ対象に適用される。このとき s-ni「鼻」の身体への連想は，ほぼなくなっている（Levinson 1994: 821）。

　身体部位メタファーと呼びうるものを無生対象物の形や，空間や，大きさの属性を表すのにまで利用している言語は，私の知る限りでは他にはない。とはいえこのメタファーの根底にある諸原理は文化を超えて同一であると考えられる。またそのことにより表7-3で挙げた転用が，系統的，地域的に異なる極めて多様な諸言語の中に観察されることが説明される。

7.4　議論

　私たちが本章で扱っている転用は，実は通常「メタファー」に関わるものとして捉えられている。しかしこれまで多くのメタファー研究があるもの

の, そこではメタファーがどのように定義されるべきかに関して, 一致した見解がない。それゆえある研究者はメタファーと呼ぶけれども, 他の研究者はそうは呼ばないというような転用に出くわしても驚くに当たらない。ここでは次のような基準を満たすときにメタファーが関わると考えておくことにしたい。

1. 起点領域と目標領域の概念の指示対象は異なる。
2. 転用には異なる二つの経験領域が含まれる。
3. 転用は形式的には表現されない。
4. メタファーによって表現される叙述は, 文字通りにとると偽である。

　例えば私が「ピーターは豚だ」と言うとすると, 両者の指示対象は同一ではなく (基準1), 一つは人間の領域に属し, もう一つは動物の領域に属している (基準2)。また「ピーターは豚のように振舞う」の場合には, 「ように」によって起点領域と目標領域の比較が作り出されるが, メタファーにはこの直喩に見られるような形式的表現が存在しない (基準3)。さらにメタファーの叙述は文字通りにとると偽である。というのも私は友人ピーターが豚でないことを知っているからである (基準4)。これらの基準は, 意見が分かれる場合は多くあるにせよ, メタファーの主要な事例のほとんどに当てはまると考えられる。

　したがって関連文献の見解がおおかた信用できるものだとすれば, これまでの節で記述してきた過程がメタファーを基礎にしているということは, ほとんど疑う余地がないと言える。

　メタファーの観点で説明することで, ここで述べた転用パターンに通常結びついている特性の多くを理解することができる (Heine, Claudi, & Hünnemeyer 1991; Svorou 1994; Stolz 1994b)。しかしながら, これに関しては別の見方もある。まずメタファーは当該の過程の一面にしか注目しない。したがって意味が談話においてどのように操作されるか, とりわけ文脈においてどのように再解釈が引き起こされるかという分析がさらに必要となる (Heine, Claudi, & Hünnemeyer 1991, 第3章)。この点に関しては4.5節でも触れた。第二に, 少なくとも前節で議論したような事例においては, メ

タファーの重要性をそもそも疑問視するような立場がある。Levinson (1994)
はツェルタル語のデータの詳細な分析に基づき，身体部位と無生物の用語的
な同一性を説明するのはメタファーではなく，「内的幾何学構造」であると
している。Levinson はこの主張を裏付ける数多くの論拠を挙げている。

　メタファーの観点の分析に反対する論拠の一つは，身体部位と無生物の
マッピングが完全には行われないという事実に関するものである。人間には
二本の手・腕（s-k'ab）と二本の足・脚（y-akan）しかない。しかしツェル
タル語では木の s-k'ab「枝」または椅子の y-akan「脚」はさらに数が多い，
つまり起点領域概念と目標領域概念との間には一対一の対応関係がない。し
かしこの主張はメタファーの通常とは異なる解釈に基づいているようであ
る。というのもこの種の「不一致」はよくあるのみならず，メタファー的転
用においては当然予期されるからである。英語の hill「丘」には足は一つし
かないし（the foot of hill「丘のふもと」），ジャガイモの目は二つである必
要はなく，一つでも三つ以上でもよい。それにもかかわらず，丘の足（the
foot of hill）はメタファー的な足，ジャガイモの目はメタファー的な目と呼
びうる。つまり典型的な場合，メタファー的なマッピングに関して強調され
るのは起点領域概念のひとつの際立った部分のみであり，他の部分は背景化
するか，または完全に無視されることさえあるのである。

　Levinson が挙げるもう一つの論拠は次のようなものである。ある種の事
例においては，転用が人間形態に基づく（すなわち人間の身体から無生物へ
と進んでいく）のか，動物形態に基づく（動物の体をその起点領域にしてい
る）のか，または他の何らかのモデルに基づいているのかを確定するのが難
しい。それゆえメタファー的なアプローチは反証が難しくなる。というの
も，そのようなアプローチをとる者は，いくつかの起点領域の選択肢から任
意に選ぶことができ，さらに「他の領域を発明することさえ可能である」た
めだと Levinson（1994: 834）は述べている。

　しかしながらこれも適切な主張ではないと思われる。この数十年間で得ら
れた比較データが示すように，さまざまなタイプの起点領域モデルのそれぞ
れが一様に起点として貢献するという Levinson の記述は，再考の必要があ
るからである（特に Heine, Claudi, & Hünnemeyer 1991; Bowden 1991;
Svorou 1994 を参照）。たしかに動物形態モデルによる転用であることが明

白な事例もある。例えば対象物の部位がその対象物の「尾」と表されること
は普通であり，そのような場合に動物形態モデルが働いていると主張する理
由は十分にある。しかし全体的に見ると，そういった事例は例外である。
Levinson（1994）が議論したタイプの概念転用の基礎となっているのは，ほ
とんどいつも人体，すなわち人間形態モデルである。例えば，ツェルタル語
では「口」から「家の口」（＝「ドア」），「鼻」から「胸の鼻」（＝「乳首」）
といった転用がある。それゆえ，この種の転用の事例で関与しているのは動
物や植物の体でなく人体だとし，人間形態モデルが適用できない事例にの
み，他のモデルに頼るというのが理にかなったものである。

　さらに重要なのは，考えられるモデルのうち実際にどれが関わっているか
を決定するのは記述の都合のよさや，論理的なもっともらしさの問題でな
く，「歴史的事実」の問題であるということである。言語学者や人類学者が，
ツェルタル語の「乳首」を表す語が人体領域の概念と何らかの動物の身体領
域の概念のどちらに基づいているのかという問題を抱えているとしても，転
用パターンを導入したばかりのツェルタルの人々は，自分たちがどの起点領
域モデルを採用しているかを知っていたに相違なく，その当時のツェルタル
の人々が何を考え，行動したかを再構築することが言語学者や人類学者の役
目である。そのため，なぜツェルタル人が乳首を今呼んでいるように呼ぶの
か，より普遍的に見るなら，なぜ人々が言語や文化を超えて規則的に身体部
位を他の身体部位の観点から，さらに無生物を身体部位の観点から述べ表す
のかは，そもそも何らかの方法論的パラメータではなく，当該の仮説が歴史
的事実と一致するかどうかとの関わりで答えられる必要があるのである。

　さらに Levinson（1994: 834）は，メタファー的転用が本当に関わってい
たのであれば，すべての身体部位語が利用されると予測されるところである
のに，実際には 20 以下の部位しか使われないと論じている。繰り返しにな
るが，このような主張にはメタファーに対する通常とは異なる捉え方が見ら
れる。身体部位には明らかにその形，大きさや空間的な特徴により，雛型と
して使われる可能性が高いものもあるが，その可能性が低い，もしくはあり
えそうもないものもある。例えば頭は当然ながら転用の候補となる身体部位
であり，その転用先には例えば空間的定位や知的能力がある。一方肝臓のよ
うな身体部位は，この種の転用であれ，また多くのそれ以外の転用であれ用

いられる可能性が少ない。したがって原則としてはすべての身体部位がメタ
ファー的に利用される可能性を持つものの，実際利用される部位はたいてい
ほんのわずかである。

さらにLevinsonは，メタファーのアプローチの問題点が「目新しい対象
物やさまざまに形が異なる対象物の部分に，身体部位語をためらいなく生成
的に応用すること」（1994: 835）を説明しようとする点にあるとしている。し
かしこれこそメタファーの作用である。私たちにはツェルタル語が類まれな
メタファー的創造性の一つの例であるように見える。そういったメタファー
的創造のいくつかは慣習化し，「死喩」となるが，これがメタファー使用の
根底にある全体的な創造性に影響をおよぼすことはほとんど考えられない。

最後にLevinsonは，ツェルタル語のデータを分析するにはメタファーの
観点より「内在的幾何学構造」の観点の方が有利な点が多く，また簡潔であ
ると主張する。というのもメタファーの観点は「得体が知れず，複雑な過程
である」（1994: 834, 835）からであるとする。なぜメタファーは得体が知れ
ず，複雑だということになるのか，私には分からない。それはさておき，こ
の議論は目下の問題の性質と一致しないように思われる。つまり二つの仮
説，すなわちメタファーもしくは幾何学構造のどちらが正しいかは，提案さ
れたどちらの分析がより「有利な点が多く」，簡潔もしくは洗練されている
かといった問題ではなく，むしろ歴史的な事実の問題である。ツェルタル人
が木の枝と人間の手の両方を「手」と呼ぶ事実（Levinson 1994: 834）は，
歴史的過程の結果であり，それゆえこの状況を引き起こしたと考えられる歴
史的事実との関連で説明されねばならない。

身体部位から無生物への転用が，直立した人間の身体から無生物へのメタ
ファー的な転用の問題であることは，次の観察による。

1. 身体部位から無生物への転用過程は，私たちが提案したメタファーの
   定義に完全に一致する。
   a. 起点領域と目標領域の概念は異なった対象物である。すなわちそ
   れらはそれぞれ身体部位と無生物である。
   b. 転用には二つの異なる経験領域が関わる。すなわち人間の身体の
   領域と，無生物の領域である。

  c. 転用は形式的には表現されない。

  d. メタファーは文字通りにとると偽となる叙述からできている。「木の手」は実際には「手」ではない。

2. 無生物の形，大きさ，空間的輪郭を表すのに使われる語は，人体から採用されている。

3. 対象物の部位の形は，名前を共有する身体部位の形と似ている。例えば，対象物の小さな突出は s-ni'「鼻」と呼ばれ，大きなものは y-akan「足」と呼ばれる。この例が示すように，身体部位の起点領域から無生物の起点領域へとマッピングされるのは，形に加えてまた相対的な大きさのこともある。

4. 同様に，無生物の属性を記述するのに使われる空間的な軸は，まさに予期どおり人体の知識に基づいている。ツェルタル語では，垂直軸の端は「頭」（>「上」）と「尻」（>「下」）という身体部位の観点から概念化される。同様に，水平軸は「背」（>「後ろ」）と，「腹」または「顔」（>「前」）のどちらかを両端にしている。似た状況は他の多くの言語にも見られる（例えば Svorou 1994 参照）。

5. もう一つの観察は，有標性とも関連するものである。身体部位から無生物へのメタファー的な転用があると想定すると，転用された語が転用後の領域ではなく，起点の身体部位の領域とより基本的なつながりを保持している場合があってもさして驚くには当たらない。このような場合とは，例えば対象物の部位が，その対象物の名前を加えることで身体部位から区別されるような場合である。このような例は実際にも存在する。例えばツェルタル人は「乳首」を s-ni' chu'il「胸の鼻」と呼ぶが，有標性の低い人間の鼻は（「顔の鼻」ではなく）単に「鼻」と呼ばれる（Levinson 1994: 808 を参照）。

6. 最後に最も重要な点として，もしある言語に身体部位と無生物部位の両方を指す語が存在するなら，前者の意味の方が歴史的にほぼ常に古いということ，すなわち無生物を指す意味は歴史的に見て身体部位を指す意味から派生しているということが，系統・地域的に多様な言語から集めた証拠によって明らかである。私たちはツェルタル語に関する歴史的記録を持たないとはいえ，この言語が妥当な証拠を持つ他の

言語と異なる振る舞いを見せるとは思われない。例えば，foot, mouth, tongue, neck, eye のような英語の語は，それらが山，川，靴，瓶，ジャガイモのような無生物に拡大されて使われる前に，おそらく身体部位を指すのに使われたはずである。

　以上で見たことから結論を引き出すと，メタファーはたしかに本章で議論したタイプの過程を理解するのにあらゆる点で理想的というわけではないにしても，対象物から身体部位へ（例えば「ねずみ」から「筋肉」へ），ある身体部位から別の身体部位へ（例えば「指」から「つま先」へ），または身体部位から無生物部位へ（例えば「目」から「ジャガイモの目」へ）といった転用の主要な特性を扱う唯一の道具立てである。

　ツェルタル人が対象物を内的に調和した体系を持つものとして言語的に概念化することは，一見なじみのないものに見えるかもしれないが，実際はそうではない。ヨーロッパの標準的な言語的概念化と異なっているのは，一つにはおそらくメタファー的マッピングが行われる領域の広がりとその厳格さである。ヨーロッパの文化圏でももちろん個別的なマッピングは見られるが，Levinson（1994）のツェルタル語の記述とほぼ同程度に規則的で広範囲に及ぶ転用パターンは存在しない。

　またこれらの観察が示すのは，内在的に把握された対象物間の境界線がどこに引かれるかという点に関して，文化によって大きな違いがあることである。とはいうものの，他の対象物を理解し言い表すための構造的な雛型として人体を用いるという能力は普遍的であると想定できる。それゆえ私たちはこの能力が，すべての言語に反映されていると期待してよいだろう。

　本章の主な関心の一つは，起点領域概念，すなわち具体的で明確な境界を持ち，私たちの認知器官の身近にある対象から，より抽象的で明確な境界をもたず，より近づきにくい目標領域概念へと進行する一方向の過程として概念転移を定義することにあった。このような方向性を決定するのに，私たちは多くのパラメータ，特に以下のものを利用してきた。

通時性：目標領域の語は歴史的に見て起点領域の語から派生したものである，すなわち前者は後者より新しい。例えば，table-leg「机の脚」という英

語の表現における leg「脚」という語は，その起点領域である有生対象物 leg「脚」より新しいと予想される。

　有標性：起点領域の意味での語の使用は無標である可能性が高い（例えば leg「脚」）。それゆえ例えばその語が文脈の手がかりが全くない状態で使われるとき，起点領域の意味が含意されることになる。目標領域の意味が意図されていることをはっきりさせるには，通常なんらかの修飾要素が付け加えられる（例えば leg of the table「机の脚」における of the table「机の」）。例えばルーマニア語の deget という語は，「手指」と「足指」の両方を意味するが（すなわち英語の digit「（手足の）指」），さらなる情報のない文脈では，上半身にある「指」を指す（Andersen 1978: 356）。より一般的には「手指」や「足指」といった概念がまったく同一の呼称で呼ばれる言語があるとき，その言語で二つの概念を区別したいと思うなら，「足指」の方を「足（・脚）の指」と呼ぶ可能性が高いが，それに対して「足指」が無標の概念となっていて，指を「手の足指」と呼ぶような言語を見つけるのは難しいだろう。またある言語に「手指」と「足指」の両方を指す語がある場合，前者が後者の意味に先行したことを，これまで知られている歴史的証拠のどれもが示している。

　叙述性：無標の起点領域とは異なり，派生概念にはそれを示すための叙述的な句が付け加えられる場合がある。叙述は形（例えば眼球を表すドイツ語の Augapfel「目のりんご」，英語の eyeball「目の球」，フィンランド語の silmä muna「目の卵」）や位置（チェコ語 zá pesti「拳の後ろ」すなわち「手首」），または機能（フィンランド語の käsi varsi「手のハンドル」すなわち「腕」）と関係する傾向がある。

　文脈性：有標性がもはや方向性を決める手がかりにならないこともある。そのような場合，起点領域の意味は問題の表現が出現する，より広範囲の文脈との関連で推論されることが多い。例えば多くの言語には「目・顔」の両義性（「目」と「顔」が同一の語で表される）が見られる。この状況の例となるのがワステック語の hual という語である。この言語においては，病気を表す複合形で hual が使われるとき，hual は通常，顔の状態ではなく，目の状態を指すことから，「目」の意味が基本で，「顔」の意味は派生したものだということがわかる。例えば ya' ul-hual は「目の炎症」を表す（Andersen

1978: 356)。この解釈は「目」が起点領域で「顔」が目標領域になるという，これまでのところ知られている歴史的証拠と一致している。つまりそういった語の歴史には，「目」の意味は持っていたが，「顔」の意味はまだ持っていない段階があったことになる（表7-2参照）。

7.5　まとめ

　文法化の研究により，文法カテゴリーの発展は一方向的であり，語彙形式から文法形式へ，開いたクラスから閉じたクラスのカテゴリーへ，具体的意味から抽象的意味へと進行することが明らかとなっている（例えばTraugott & Heine 1991a, 1991b; Heine, Claudi, & Hünnemeyer 1991; Bybee, Perkins, & Pagliuca 1994 を参照）。

　本章の主な目的は，一方向性の原理は文法の発展に限らず，ここで見たようなレキシコンの領域にも同じく当てはまることを示すことであった。レキシコン領域の一方向的な意味発展の例は他にも簡単に見出せる（例えば1976 年の Willams の共感覚形容詞に関する研究，もしくは 1984 年のViberg の知覚動詞の研究を参照）。どの場合にも例外はあるだろうが（例えば7.2 節を参照），しかしそういった例外はまれであり，実際は「例外」や他の原理を示す事例と見なす必要がないことが多い。

　もしかするとこれまでの節で，そのような例外があったではないかと思われるかもしれない。7.1 節では対象物から身体部位への転用を見たのに対し，7.3 節では身体部位から無生対象物へという，反対の方向性を示すように見える転用を考察した。しかし詳しく見てみると，7.1 節で議論した対象物は，7.3 節で見たものと同じではない。7.1 節では，ドイツ語のOhrmuschel「外耳」のように，文字通りにとると「耳の貝」を意味するような表現を扱い，またフィンランド語では「眼球」が「目の卵」となるが，ドイツ語では「目のりんご」となるといったことを見た。身体部位の起点領域に使われる対象に共通して見られるのは，それらがある全体の一部ではなく，独立した実体だということである。貝，球，卵，りんごといった事物は，通常その出現によって部分・全体関係が含意されるような関係を表す対象ではなく，その使用も所有者・被所有者関係を持つ句に限られてはいない。

　一方 7.3 節での私たちの関心は，「川の口」,「テーブルの脚」,「瓶の首」のような対象，すなわち全体に対して部分をなすような関係的概念に関わるものであった。しかし 7.1 節で議論した例には，起点領域に関係を表す対象，すなわち，「母」,「父」，または「息子」のような人間的役割関係を表す表現も含まれているではないかという指摘がさらになされるかもしれない。しかしこの事実も，ここで提案した分析に対して問題を投げかけることはなさそうである。親族名称と身体部位は，二つの異なる秩序をもつ関係を表す対象だと考えられる。前者と異なり後者では部分・全体関係が問題となる。つまり「女王の鼻」は部分全体関係を示すが，「女王の義理の父」は，転用的意味で用いられない限り，そのような関係を示さないのである。

　以上の議論から見て取れるのは，有生もしくは無生の対象物の名称から身体部位，すなわち有生の部分全体関係へ，さらに身体部位から無生の部分全体関係へと進行する発展である。本章で扱われた発展の全体は，したがっておおむね (4) のようなものとなるだろう。

　(4)　有生もしくは無生の対象物→全体のうちの有生部分→全体のうちの無生部分

　この発展は二つの独立したタイプの発展を示している。ひとつは全体から部分へという発展であり，もうひとつは有生の対象物から無生の対象物へという発展である。この発展には時折例外が見られたり（例えば文字通りには「手のハンドル」を意味する，フィンランド語の käsi farsi「腕」），説得力のある説が立てられなかったり（例えばツェルタル語の y-akan のように，道具のハンドルと動物の脚の両方を指す場合；Levinson: 808 参照）することもあるものの，一方向的である。

　本章で扱った意味の発展は，ほんの限られた範囲のものであった。例えば身体部位を表す語は，他の身体部位や対象物から派生するだけでない。それらはまた当該の身体部位の機能と関わる活動を表す語からも派生することがある。例えば，ドイツ語の語 Gesicht「顔」は，sehen「見る」と関係しており，英語の語 ear はおそらく元をたどれば hear という語に関係しているだろう（より詳しくは，例えば Buck 1949 を参照）。本章で強調してきたのは，特定の意味領域に属する語彙が，他の対象を指すのに幾度となく利用され，またその発展は一方向的であることである。それに対して前章までは，

新しいタイプの語や形態素の出現，より具体的に言うなら，名詞や動詞のような開いたクラスの語から，副詞や前置詞，冠詞といった閉じたクラスの表現への発展に関心を払ってきた。しかし転用パターンの全体は，本質的に同一であると考えられる。

　これが実際正しいことは，すでに7.1節で簡単に触れた例で示される。「睾丸」という概念を表現するにはいくつかの選択肢があり，実際それらは文化を超えて繰り返し利用されるようである。Wilkins の議論によれば，そういった選択肢は，睾丸が小さめで，丸みを帯びていて，（人工ではなく）天然であるということによって決定されている。この特徴に近い対象は「卵」，「種」，「果実」「石」であるが，まさにこれらの対象物が，多くの言語で睾丸を意味する語の最も普通の選択肢となっている（Brown & Witkowski 1981: 603-4; Wilkins 1996）。これまで見てきたように（7.1 節），ある社会を取り上げて，そこでは「睾丸」が「卵」や「木の実」や「ジャガイモ」と呼ばれているだろうと，ある程度の確率をもって予言することができる。とはいえこれらの選択肢のうちのどれが選ばれるかを予言するのは困難である。

　前章までは，これとまったく同一の原理が文法カテゴリーの発展を支配していることを見てきた。その場合にも通常ほんのわずかな起点領域概念のみが，文法化の候補となるのである。そういった概念のうちどれが使われるかは，文化特有の選択の問題であり，またそれらの一つが文法カテゴリーとして慣習化しても，そのことによって残りの選択肢，またはそれらのいくつかがまた特別な目的に使われる可能性は排除されない。また「卵」を表す語が第二の意味である「睾丸」を獲得する文脈で，本来の特性の多くが失われるのと同様に，want や go to を意味する動詞が未来時制のマーカーとして慣習化されると，語彙として使われたときに有していた多くの特性を失うことになる。

　以上から，言語構造を理解し説明するためには普遍主義と相対主義の視点を組み合わせなければならないことになる。前者によって私たちはある概念を表現するのに通常使われる選択肢の幅を狭めることが可能となる。後者はこの世界のある地域ではなぜ Y や Z でなく X という選択肢が使われるのか，もしくは多くの言語で通常使われている選択肢が，なぜある言語共同体には完全に無視されるのかを理解するのに役立つだろう。

第8章

展望

　あなたには娘がいて，その娘にいかなる先入観もない名前，すなわち無意味な名前をつけたいとしよう。あなたは娘を X と呼ぶことにするかもしれない。あなたのこの決定によって生じうる，いや必ず生じると思われる反応は，人々が「なぜ彼女は X という名前なのか。それには特別な意味があるはずだ」と不思議がるというものであろう。私の考えでは，人や物もしくは活動に命名するのであれ，名称が当該の言語もしくは他の言語の表現から選ばれるのであれ，命名は恣意的でなく，内在的に動機づけられている。同様のことが「文法的意味への命名」，すなわち文法機能を表現する言語形式を見つけるのに使われる方策にも，本質的に当てはまる。

　したがってよくあるように，ある名前の原因と見なしうる動機を再構築することができないとすれば，それは私たちの無知のせいであると考えねばなるまい。「私には動機が見て取れない。したがって動機は存在しない」といった結論は，無知が科学的独断となる危険をはらんでいる。

　ここでは命名の背後に存在する動機の正確な性質を突き止めようというのではない。しかしさしあたってさらに証拠が得られるまでは，他の文法化の研究（Heine, Claudi, & Hünnemeyer 1991: 29ff.; Hopper & Traugott 1993: 67）でも想定したように，これまで述べた過程が問題解決という心理学的概

念に関係していると考えておきたい。その解決の対象となる問題は言語外的であって，できる限りうまく他人と関わり，また特にコミュニケーションをうまくとりたいという私たちの願望と関係している。そしてまさしくこのコミュニケーション上の目標が，「言語使用を支配する心的かつ伝達的な過程の体系的な性質そのもの」（Bybee, Perkins, & Pagliuca 1994: 298）を説明するのである。

　本書ではこれまでコミュニケーションを中心に扱ってきたわけではないが，話し手・聞き手の相互作用が成功する前提には，コミュニケーションが築かれる土台である，概念化の過程が存在する。それゆえ文法の発展の背後にある動機の研究は，話し手・聞き手の相互作用を扱うのに加え，私たちを取り巻く世界の把握に利用される方策に関わることになる。したがって本書で述べたことの多くはまた，上のコミュニケーション上の目標と関わるものである（この後の議論を参照）。

　これまで「言語構造」は思考，すなわち心のはたらくさまが直接反映したものだと論じられてきた。言語は私たちに人が何をどのように考えるのかを告げる。この主張はとりわけ私の方法論的な土台であるため強調したいが，一方で本来は正しいものではないことに留意する必要がある。そのため私はこの主張を「字義的解釈の誤謬」と呼んだ（5.5節）。この主張が誤っているのにはいくつもの理由がある。まず私たちは考えていると思っているときでも，考えていることを常に言うわけではない。さらにより重要な点は，言語は歴史的産物であり，その構成部分はほとんどすべて私たちが生まれる前に発生したものだということである。それゆえ私たちの言語を構成する形式を理解し，説明するためには，現代の言語使用の習慣を分析するだけでは十分でなく，むしろその形式が生み出されたときにどのような目的を果たしていたのかを理解する必要がある。したがって1.1節で指摘したように（前提D），言語学的説明は適切な歴史的再建によって裏付けられない限り必然的に不完全になる。本書で私はこの見方を例証するために多くの例を議論してきた。例えば第4章では，不定冠詞がたいていの場合基数詞の「1」から派生することを指摘した。それゆえ不定冠詞の意味や形態統語構造や音声的特性を理解するには，その数量詞としての歴史を考慮する必要がある。さもないと私たちはその振る舞いの重要な真相を見失うことになる。

　さらに第5章では所有構文が，位置，行為といった派生元の起点領域スキーマの用法を残す傾向があることを示した。言語学者も多くの非言語学者と同様に，所有表現に使われる構文が多くの言語で位置の表現にも用いられるという事実により，文化によっては所有や所有権の概念がないと信じる傾向にある。そのような主張はたいてい正当とは言えない。というのもこれまで知られているすべての社会で，所有が言語的かつ概念的に識別される普遍的概念であることを示す証拠があるし（Heine 1997），また所有表現（所有概念というよりこの方が適切だろう）は位置や行為のような，人間が経験する別の領域から派生したものであることが世界の多くの言語で判明しているからである。所有概念の存在を支持する言語的観察は，例えばまた「奪う」や「盗む」といった概念が，世界のたいていの社会の法体系に組み込まれており，それゆえ窃盗は訴訟になるという言語外的観察によってさらに裏付けられる。これまでの章で得られた結果は，なぜ文法カテゴリーが今のような構造をしているかを説明できるだけでなく，今後何が起こるかを限定的にせよ予測することを可能にする（Stolz 1994b; Heine 1995）。これまでの章で示してきたように，ある言語形式の派生元となりうる概念の範囲は厳密に限られている。場合によってはいくつかの基本方位（第3章）や不定冠詞（第4章）の表現の場合のように，起点領域概念は基本的にひとつしかないこともある。このような場合，次の (1) から (3) のような確率的予測が可能である。

1. 基本方位の「東」と「西」を表す語が新たに導入されるとすれば，それらを表す語はそれぞれ日の出と日の入りに関係する表現から派生する可能性が最も高い。
2. ある言語で定冠詞が生じるとすれば，その冠詞は指示代名詞的な付加語から派生する可能性が最も高い。
3. ある言語で不定冠詞が発達するとすれば，その冠詞はほとんど必ず基数詞の「1」から派生する。

　これ以外の場合には大きな予測は難しいかもしれない。しかし空間的定位（第3章），所有（第5章），比較（第6章）の場合のように，たとえ多くの起点領域概念が可能である場合でも，ときには妥当な予測を定式化すること

208

ができる。例えば空間的定位の地点を表す「の前（に）」、「前に」などといった副詞や接置詞は、「顔」という名詞から派生する可能性が高いが、さらに「目」や「頭」や「胸」といった多くの選択可能な起点領域がある（第3章を参照）。これらの起点領域に共通しているのは、どれも身体部位を指すものであるということである。私たちはそれゆえ（4）のような形で、より一般的な予測を定式化することができる。

4. もしある言語で「前」を表す新しい語が導入されるなら、その語はほとんど必ず身体部位の名詞から派生される。

しかし文法カテゴリーや他のカテゴリーについての普遍的に当てはまる定式の形で予測することが不可能な場合でも、他のパラメータが予測の助けとなる。そのようなパラメータの一つは地理的分布である。第6章で見たように、言語接触の結果生ずる地域による影響は、概念化の過程の重要な原動力である。言語が接触するときには借用が起こりやすい。借用はレキシコンの領域に顕著に見られ、文法にはそもそもごくわずかしか影響を及ぼさないと広く考えられている。文法が借用を受け入れにくい言語部門であることは、かなり多くの研究者によって個別に観察されている。しかしこの見方は修正の必要がある。たしかに英語と接触している言語が、比較の標識 -er や属格標識 of を借用することはないと思われるが、比較や所有の概念の表現に使われる認知的パターンが、ある言語からもう一つの言語へと転用される可能性は実際かなり高い。6.3 節で挙げた例は、この点を説明するためのものだった。すなわち不均等の比較である X is Y-er than Z「X は Z より Y である」が位置スキーマ、極性スキーマ、もしくはそれらとは別の特別な起点領域構造のうちどれで表現されるかは、ある程度地域的な影響によって決定されるのである。さらにこの節では地域的分布に基づく確率的な予測をいくつか紹介した。

ブルームフィールド学派であれチョムスキー学派であれ、構造言語学の説明力は乏しい。それは学者が注目に値すると見なす現象が、基本的にさまざまな点で厳密に制限されているからである。これは特に構造言語学の言語学的説明が主として言語内的で、さらに言語の共時的状態に限定されているせ

いである。したがって構造言語学者の説明の多くに見られる観察は，本質に
ふれないものとなる。例えば多くの構造主義的研究でなされてきたように
（例えばFreeze 1992），共時的統語論の視点で所有構文の統語法を説明する
にあたっては，説明が説明とは言いがたい構造的メカニズムのことにされて
しまう（Heine 1997）。このような立場は，例えばhave構文が多くの異なっ
た形態統語形式を取りうることや，そういった形式の構造が派生元の概念的
雛型に基づいて予測可能であることを説明できない。そういった雛型は行
為，位置，同伴などの概念のような，より具体的な経験に関わるものであっ
た。第5章で見たように，これらの雛型によって，have構文のすべての主
要な構造的特性，すなわち例えば所有者が文の主語としてコード化される言
語もあれば，目的語，目標，属格，同伴格もしくは他の文の参与者として
コード化される言語もあるのはなぜかということが説明される。

　序章（1.1節）の前提Cによれば，本書の第一の優先事項は，言語構造に
関する言語外的な説明を模索することであった。これまで論じたように，文
法は概念化の方策とコミュニケーションの方策との相互作用の産物である。
概念化の方策が使われるのは，例えば空間的関係の観点から時間のような非
空間的な関係を把握し，また物理的対象物の観点から空間的関係を把握する
ためである。とするとこの方策はコミュニケーション上の目的，すなわち談
話を構築するために採用されると言ってよい。さらに空間関係，時間関係の
どちらも，いわゆる談話の「論理関係」を表示するのに利用される。つまり，
かつて空間や時間を表した表現が，前方照応や後方照応のような談話機能の
標識や，条件や原因，目的，反意，認容その他の標識へと変化するというこ
とである。さらにまた，本来位置や時間の概念の表示に使われた副詞や接置
詞が，主に文の従属を表示する要素になることもある（例えばFrajzyngier
1991; Heine et al. 1993参照）。

　これまでの章で示そうとしてきたのは結局のところ，言語が私たちを取り
囲む世界との相互作用の産物だということである。私たちが談話を築き上
げ，言語的カテゴリーを発展させる様式は，私たちが周囲の環境を経験し，
その経験を他人と意思疎通するために使用する様式から生まれる。さらにこ
れまで言語形式の使用の根底にある，いくつかの流動性を明らかにしてき
た。そういった流動性がまた言語カテゴリーの構造に反映されている。この

ような流動性を見せる形式を必要十分条件に基づく一定の基準により，非連続的なカテゴリーとして記述することは有用なこともあるし，また記述の目的によっては，不可欠の場合もあるだろう。しかし言語構造の説明が目的だとすれば，そのような記述が必ずしも役立つとは限らない。それは言語構造の理解を妨げる束縛となる可能性の方が高い。このような障害は，さまざまな機能主義の流れに属する，多くの研究者によって指摘されてきた（例えばGivón 1979, 1995; Lakoff 1987; Taylor 1989）。本書で検討した言語構造に関しては，例えば次のような特徴が見られる。

1. 言語表現は派生元の表現のなんらかの特性を保持する傾向がある。この傾向は Hopper（1991）によって持続性（persistence）と呼ばれてきた特徴である。この特徴は特に文法カテゴリーの発展の初期段階に見られる。その後の段階では，新しい表現の発生を示すような新しい特性が出現する。したがって（1）のような発展図式に基づくとすれば，表現 B がそこから派生した新しい形式 C の特性をすでに獲得していても，B がその歴史的な起点領域 A の特性を含んでいることがあると予期してよいだろう。

   (1) A > B > C

2. あるいはこれまでの章の例に見て取れたかもしれないが，A から B，もしくは B から C の転用は，当該表現の形態統語構造や音韻に転用の影響が及ぶ前に，まず意味から始まる。したがって意味変化は他のすべての変化に先行することになる（1.1 節の前提 A を参照）。そのため B はまだ圧倒的に A の統語，形態，かつまた音韻的な装いをしているが，その意味は実際のところ A とは類似していないかもしれないのである。例えば助動詞は，主動詞の統語，形態，音韻的特性を依然として残していることもあるだろうが，その意味はすでに文法形式のものである。

3. （1）で表される発展は，文脈における拡大のパターンに反映されていることが多く，それゆえ共時的に文脈での相補的使用の形で復元できることが多い。このことは例えば A から B への転移がすでに完了し

ているとしても，Aはまだ限定された文脈で生き残っているかもしれないということである。同様に，今のところBからCへの転移は確認されないが，Bの他の用法とはもはや相容れず，むしろBが新しい用法，すなわちCとして再解釈されていることを示すような文脈において，拡大して使用されていることもある。これまで見た三つの特徴は，それぞれ持続性，形式と意味の非対称，文脈の拡大と呼んでよいと思われる。

4. 最後の特徴として，言語形式の使用の根底に流動性が見られるということは，レキシコンと文法が境界のはっきりした，別々の実体であるという主張に対立するものであることが挙げられる。例えばAでは言語表現（例えば身体部位の名詞）が語彙的に使われ，Bでは語彙的にも文法的にも解釈が可能であり（その名詞が接置詞の用法で現れる），Cではその表現がもっぱら文法的標識（例えば位置を表す接置詞）として使用されることがありうる。このような場合には，同一の言語表現が同時に語彙的な用法，はっきり語彙的とも文法的とも言いがたい用法，文法的な用法に結びついていることになる。この過程は，第2章，第3章，第4章で議論されたデータに基づくと図8-1のようになる。

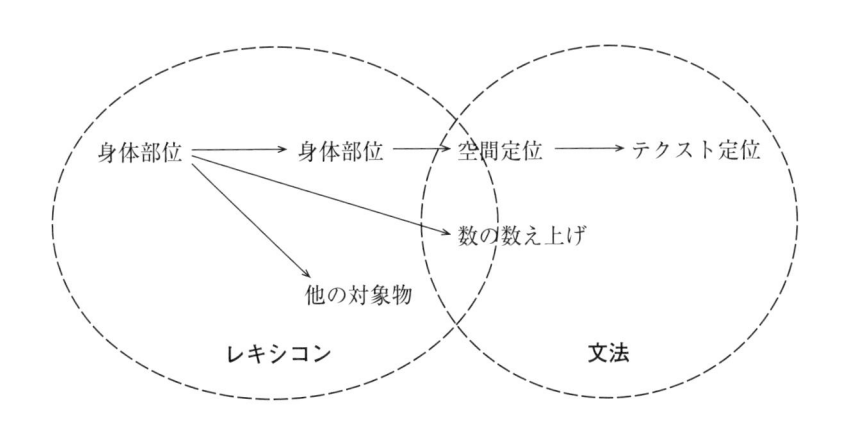

図8-1　レキシコンから文法へ：身体部位の寄与

これまでの章で，他にも数多くの例を見てきた。例えば不定冠詞は，数詞の特性を持つ可能性が高い（第4章を参照）。たとえ不定冠詞の本来の数詞としての意味が完全に漂白化するほどにまで慣習化したとしても，その形態統語的，音韻的様態の多くは，相変わらず数詞「1」のものであることもある。さらに音韻的に相変わらず数詞（A）と同一でも，不定冠詞（B）は名詞の必須の標識（C）として一般的に使われるようになっているかもしれない。結局のところ，不定冠詞がどの程度数詞の特性を保持しているかは，それが使われる文脈に大きく依存している（第4章を参照）。

以上の観察が示しているのは，言語カテゴリーははっきりと境界のある，不連続のカテゴリーであるとするより，連鎖，段階，連続体，もしくは線条的な家族的類似性を見せるカテゴリーとして記述するのが，より適切であるということである（Heine 1992; Hopper & Traugott 1993）。

本書で用いた方法は，個々の表現や構文の発展における，概念転用の構造の規則性に基づいている。しかしこの方法は，異なる対象や構造を互いに関係させる，原則的な方法を提供するものではない。例えば第4章で，不定冠詞についてのいくつかの一般化を提案し，また定冠詞と不定冠詞の相関関係を指摘した。そこでは不定冠詞を文法化している言語には定冠詞もある可能性が高いが，逆は必ずしも真ではないことを見た。このような観察が，さまざまな概念的な流動性の枠組みの中でさらにどのように融合されるのかは未解決の問題である。

この方法に関連するもう一つの問題は，前提 F（1.1 節），すなわち一方向性の原理に関わるものである。文法化が一方向的な過程だということは，すでに多くの先行研究で確立された前提であり，また本書の重要な土台の一つとなっている（Lehmann 1982; Heine & Reh 1984; Heine, Claudi, & Hünnemeyer 1991; Hopper & Traugott 1993; Bybee, Perkins, & Pagliuca 1994）。これは強い主張であるがゆえに，この原理に対する多くの反例が指摘されてきた（Campbell 1991; Greenberg 1991; Ramat 1992 参照）。そのような例外の正確な位置づけは，今後検討する必要がある。今のところは，特別な影響力が例外の原因となる可能性があると考えておく。そういった影響力は特に言語コミュニケーションの語用論的側面に関わっており（Forchheimer 1953; 37ff.），またタブーや婉曲，丁寧さや謙遜，温情といった心理・社会的要因

に関連すると考えられる（Allan & Burridge 1991 参照）。例えば空間概念は身体部位の観点から表現される傾向があり，私たちの後ろや前のものは，背中や顔の観点から表現される可能性が高いものの（第3章），特定の身体部位，とりわけ陰部は逆に空間表現によって表示されることもある。例えば性器は「前のもの」もしくは「下のもの」と呼ばれることがある。さらにこういった婉曲表現が，当該の対象を表す唯一の語として慣習化されることもある。例えばスワヒリ語のいくつかの方言では，mbeleni「前に」という表現が「生殖器」を表す通常の語となっている。一方向性の原理によれば，身体部位が空間指示の構造的雛型となるが，このような場合には空間表現から身体部位表現へという逆の方向性が観察されるという点で，一方向性の原理に違反している。しかしこれは以上の特別な理由のせいなのである。

　一方向性の原理は他の認知的原理が存在する場合に破られることはあるが，しかし統計的には有意であり，言語の発展と言語構造に関する一般化の基礎となりうる。だが一方向性はもう一つの点でも重要である。例えば私たちはこれまでの章で，身体部位語が他の身体部位の構造的雛型となることを観察した。例えば人間の手や足は，縮小標識などを加えることによって，それぞれ「手指」や「足指」を表すための便利な雛型となっている。したがって多くの言語で「手指」が「手の子供」もしくは「小さな手」と表現される。

　それに対して，逆の過程も予想可能である，つまり指を表す語彙に拡大標識を加えることで「手」が表現されることもあるのではないかと予想する人もいるかもしれない。しかし「手」が例えば「大きい指」と表現されるような言語は，どうやら存在しないようである。普通，文字通りに解釈すると「大きい指」を意味するような表現は，ほぼ決まって「親指」を表す新しい表現が生み出される概念転用の基礎となるが，「手」を表す表現となることはない。結論として，一方向性は特別な形で制限を受けており，指は小さい手として概念化されうるが，手が大きい指として概念化される可能性は低いと言える。

　語彙や構文は，文法機能を表す目的で使われると，本来もっていたその意味を失い，語源的に見て不透明になる。しかし本来の用法を依然として反映する構造的特性は生き残る可能性が高い。この特性は私が2.4節でパターン透明性と呼ぶことを提案したものである。この特性はもはや語源的に接近で

きない，言語の初期のパターンを再構築する助けとなる（2.4 節を参照）。

　これまで本書全体を通して行った考察により，序章（1.1 節）で述べた基本前提の重要性が明らかとなった。そういった基本前提に基づいて，私は他の文法モデルの射程を超える言語的説明を提示してきた。とはいえ私が関心を払ってきたのは，主に新しい意味と新しい形式の発展の初期段階である。この発展がさらに進行すればするほど，他の力の影響をより多く受けるようになり，自由で制限のない言語使用のパターンが，慣習化した文法構文へと変化し，意味的な現象がますます形態統語的，形態音韻的現象に取って代わられるようになる。この過程がどのような姿をとるのかは，本書で引用した文法化に関する研究に詳細に記述されている。

　本書の考察はまた，言語的な相互作用において話し手が果たす役割に関して別の視点を提案するものである。現代言語学の多くの学派では，話し手と聞き手の両者がどことなく文法の犠牲者のように，すなわち獲得される言語に対応しなければいけない受動的存在のように描かれている。本書が強調するのは，この点に関して別の見解があるということである。この見解に従うなら，話し手と聞き手は単に言語の消費者ではない。Hagège（1993）によって提案された言い回しを用いるなら，両者は同時にまた言語の構築者でもあるのだ。

参考文献

Abraham, Roy Clive. 1933. *The Tiv people*. Lagos: The Government Printer.

Agheyisi, Rebecca Nogieru. 1971. *West African Pidgin English: Simplification and simplicity*. (Ph.D. diss., Stanford University.) Ann Arbor, Michigan: University Microfilms.

Ahlqvist, Anders (ed.). 1982. *Papers from the 5th International Conference on Historical Linguistics*. (Amsterdam Studies in the Theory and History of Linguistic Science, 21.) Amsterdam: John Benjamins.

Allan, Keith, & Kate Burridge. 1991. *Euphemism and dysphemism: Language use as a shield and weapon*. New York: Oxford University Press.

Amborn, Hermann, Gunter Minker, & Hans-Jürgen Sasse. 1980. *Das Dullay: Materialien zu einer ostkuschitischen Sprachgruppe*. (Kölner Beiträge zur Afrikanistik, 6.) Berlin: Dietrich Reimer.

Ameka, Felix K. 1991. Ewe: Its grammatical constructions and illocutionary devices. Ph.D. diss., Australian National University, Canberra.

Andersen, Elaine S. 1978. Lexical universals of body-part terminology. In: Greenberg, *Universals*, Vol. 3, pp. 335–68.

Andersen, Paul Kent. 1980. On the reconstruction of the syntax of comparison in PIE. In: Ramat, *Linguistic reconstruction*, pp. 225–36.

———. 1983. *Word order typology and comparative constructions*. (Amsterdam Studies in the Theory and History of Linguistic Science, 25.) Amsterdam: John Benjamins.

Anderson, John M. 1971. *The grammar of case: Towards a localistic theory*. London: Cambridge University Press.

———. 1973. *An essay concerning aspect: Some considerations of a general character arising from the Abbé Darrigol's analysis of the Basque verb*. (Janua Linguarum, Series Minor, 167.) The Hague: Mouton.

————. 1979. Serialization, dependency, and the syntax of possessives in Moru. *Studia Linguistica* 33,1:1–25.

Anderson, Lloyd B. 1975. Grammar-meaning universals and proto-language reconstruction or, Proto-World NOW! *Chicago Linguistic Society* 11:15–36.

Anderson, R. C., R. J. Spiro, & W. E. Montague (eds.). 1977. *Schooling and the acquisition of knowledge*. Hillsdale, N.J.: Erlbaum.

Antal, L. 1964. The possessive form of the Hungarian noun. *Linguistics* 3:50–61.

Anttila, Raimo. 1989. *Historical and comparative linguistics*. (Current Issues in Linguistic Theory, 6.) 2nd rev. ed. Amsterdam: John Benjamins.

Austin, Peter. 1981. *A grammar of Diyari, South Australia*. (Cambridge Studies in Linguistics, 32.) Cambridge: Cambridge University Press.

Auwera, Johan van der (ed.). Forthcoming. *Adverbial constructions in the languages of Europe*. Berlin: Mouton de Gruyter.

Bach, Emmon. 1967. *Have* and *be* in English syntax. *Language* 43,2:462–85.

Bach, Emmon, & Robert T. Harms (eds.). 1968. *Universals in linguistic theory*. New York: Holt, Rinehart and Winston.

Bailard, Joelle. 1982. Le français de demain: VSO ou VOS. In: Ahlqvist, *Papers from the 5th International Congress*, pp. 20–28.

————. 1987. Il s'en va où le français, et pourquoi? In: Ramat, Carruba, & Bernini, *Papers from the Seventh International Conference*, pp. 35–55.

Bally, Charles. 1926. L'expression des idées de sphère personelle et de solidarité dans les langues indo-européennes. In: Fankhauser & Jud, *Festschrift Louis Gauchat*, pp. 68–78.

Bargery, G. P. 1934. *A Hausa-English dictionary and English-Hausa vocabulary*. Oxford: Oxford University Press.

Barr, L. I. 1965. *A course in Lugbara*. Nairobi: East African Literature Bureau.

Bartlett, Frederic C. 1932. *Remembering: A study in experimental and social psychology*. Cambridge: Cambridge University Press.

Bates, Elizabeth, & Brian MacWhinney. 1989. Functionalism and the competition model. In: MacWhinney & Bates, *Crosslinguistic study*, pp. 3–73.

Bavin, Edith. 1996. Body parts in Acholi: Alienable and inalienable distinctions, and extended uses. In: Chappell & McGregor, *Grammar of inalienability*, pp. 841–64.

Beckmann, Petr. 1972. *The structure of language: A new approach*. Boulder: Golem Press.

Beeler, M.S. 1961. Senary counting in California Penutian. *Anthropological Linguistics* 3,6:1–8.

Bendix, Edward Herman. 1966. *Componential analysis of general vocabulary: The semantic structure of a set of verbs in English, Hindi, and Japanese*. Bloomington: Indiana University Press.

Benveniste, Emile. 1960. "Etre" et "avoir" dans leurs fonctions linguistiques. *Bulletin de la Société de Linguistique* 55,1:113–34. Reprinted in *Problèmes de linguistique générale*, pp. 187–207. Paris, Gallimard, 1966.

Bhaskararao, Peri. 1972. On the syntax of Telugu existential and copulative predications. In: Verhaar, *Verb 'be'*, Part 2, pp. 153–206.

Bhat, D.N.S. 1991. *Grammatical relations: The evidence against their necessity and universality*. London: Routledge.

Bickel, Balthasar. 1993. The possessive of experience in Belhare. Paper presented at the workshop "From Body to Emotion and Cognition," Cologne, 2–3 July.

————. 1994. *Spatial operations in deixis, cognition, and culture: Where to orient oneself in Belhare*. (Cognitive Anthropology Research Group, Working Paper 28.) Nijmegen: Max Planck Institute for Psycholinguistics.

Bickerton, Derek. 1977. Pidginization and creolization: Language acquisition and language universals. In: Valdman, *Pidgin and creole linguistics*, pp. 49–69.

————. 1981. *Roots of language*. Ann Arbor: Karoma Publishers.

————. 1990. *Language and species*. Chicago: University of Chicago Press.

Biermann, Anna. 1985. *Possession und Zuschreibung im Ungarischen*. (Continuum—Schriftenreihe zur Linguistik, 4.) Tübingen: Gunter Narr.

Bills, Garland D., Bernardo Vallejo C., & Rudolph C. Troike. 1969. *An introduction to spoken Bolivian Quechua*. Austin: University of Texas Press.

Bird, Charles S. 1972. The syntax and semantics of possession in Bambara. Paper presented at the Conference on Manding Studies, London.

Bisang, Walter. 1995. Areal typology and grammaticalization: Processes of grammaticalization based on nouns and verbs in East and mainland South East Asian languages. Paper presented at the Annual Meeting of the Societas Linguistica Europaea, University of Leiden, 31 August to 2 September.

Blake, Barry J. 1984. Problems of possessor ascension: Some Australian examples. *Linguistics* 22:437–53.

————. 1990. *Relational grammar*. London: Routledge.

————. 1994. *Case*. Cambridge: Cambridge University Press.

Boeder, Winfried. 1980. "Haben" in den Kartwelsprachen. In: Lehmann & Brettschneider, *Wege der Universalienforschung*, pp. 207–17.

Bowden, John. 1991. Behind the preposition: Grammaticalization of locatives in Oceanic languages. M.A. thesis, University of Auckland.

Bowers, J. S. 1975. Some adjectival nominalizations in English. *Lingua* 37:341–61.

Brainerd, C. J. (ed.). 1982. *Children's logical and mathematical cognition*. New York: Springer.

Brauner, Siegmund. 1993. *Einführung ins Schona*. (Afrikawissenschaftliche Lehrbücher, 5.) Cologne: Rüdiger Köppe.

Brinkmann, Hennig. 1959. Die "haben"-Perspektive im Deutschen. In: *Sprache—Schlüssel zur Welt: Festschrift für Leo Weisgerber*. Düsseldorf: Schwann, pp. 176–94.

Brown, Cecil H. 1976. General principles of human anatomical partonomy and speculations on the growth of partonomic nonmenclature. *American Ethnologist* 3,3:400–24.

————. 1983. Where do cardinal direction terms come from? *Anthropological Linguistics* 25,2:121–61.

Brown, Cecil H., & Stanley R. Witkowski. 1981. Figurative language in a universalist perspective. *American Ethnologist* 8,3:596–615.

————. 1983. Polysemy, lexical change and cultural importance. *Man* (n.s.) 18:72–89.

Brown, Penelope, & Stephen C. Levinson. 1993a. *Linguistic and nonlinguistic coding of spatial arrays: Explorations in Mayan cognition*. (Cognitive Anthropology Research Group, Working Paper 24.) Nijmegen: Max Planck Institute for Psycholinguistics.

————. 1993b. 'Uphill' and 'downhill' in Tzeltal. *Journal of Linguistic Anthropology* 3,1:46–74.

Brugman, Claudia Marlea. 1981. The story of "over." M.A. thesis, University of California, Berkeley.

————. 1983. The use of body-part terms as locatives in Chalcatongo Mixtec. *Survey of Californian and Other Indian Languages* 4:235–90.

————. 1984. The *very* idea: A case study in polysemy and cross-lexical generalization. *Chicago Linguistic Society*, Parasession on Lexical Semantics, pp. 21–38.

————. 1988. The syntax and semantics of HAVE and its complements. Ph.D. diss., University of California, Berkeley.

Brugman, Claudia Marlea, & Monica Macaulay. 1986. Interacting semantic systems: Mixtec expressions of location. *Berkeley Linguistics Society* 12:315–27.

Buck, Carl Darling. 1949. *A dictionary of selected synonyms in the principal Indo-European languages: A contribution to the history of ideas.* Chicago: University of Chicago Press.

Bugenhagen, Robert D. 1986. Possession in Mangap-Mbula: Its syntax and semantics. *Oceanic Linguistics* 25,1/2:124–66.

Burgess, Don. 1984. Western Tarahumara. In: Langacker, *Studies in Uto-Aztecan grammar*, pp. 1–149.

Burridge, Kate. 1990. Sentence datives and the grammaticization of the dative possessive: Evidence from Germanic. *La Trobe University Working Papers in Linguistics* 3:29–47.

Butterworth, Brian, Bernard Comrie, & Östen Dahl (eds.). 1984. *Explanations for language universals.* Berlin: Mouton de Gruyter.

Byarushengo, E. R., A. Duranti, & Larry M. Hyman (eds.). 1977. *Haya grammatical structure.* (Southern California Occasional Papers in Linguistics, 6.) Los Angeles: Department of Linguistics, University of Southern California.

Bybee, Joan L. 1985. *Morphology: A study of the relation between meaning and form.* (Typological Studies in Language, 9.) Amsterdam: John Benjamins.

Bybee, Joan L., & Östen Dahl. 1989. The creation of tense and aspect systems in the languages of the world. *Studies in Language* 13,1:51–103.

Bybee, Joan L., & William Pagliuca. 1985. Cross linguistic comparison and the development of grammatical meaning. In: Fisiak, *Historical semantics*, pp. 59–83.

Bybee, Joan L., William Pagliuca, & Revere D. Perkins. 1991. Back to the future. In: Traugott & Heine, *Approaches to grammaticalization*, Vol. 2, pp. 17–58.

Bybee, Joan L., Revere D. Perkins, & William Pagliuca. 1994. *The evolution of grammar: Tense, aspect, and modality in the languages of the world.* Chicago: University of Chicago Press.

Byrne, Francis, & John Holm (eds.). 1993. *Atlantic meets Pacific: A global view of pidginization and creolization.* (Creole Language Library, 11.) Amsterdam: John Benjamins.

Campbell, Lyle. 1985. *The Pipil language of El Salvador.* (Mouton Grammar Library, 1.) Berlin: Mouton de Gruyter.

———. 1991. Some grammaticalization changes in Estonian and their implications. In: Traugott & Heine, *Approaches to grammaticalization*, Vol. 1, pp. 285–99.

Capell, A. 1949. The concept of ownership in the languages of Australia and the Pacific. *Southwestern Journal of Anthropology* 5,3:169–89.

Carlin, Eithne. 1993. *The So language.* (Afrikanistische Monographien, 2.) Cologne: Institut für Afrikanistik, University of Cologne.

Casagrande, J. B., & Kenneth L. Hale. 1967. Semantic relations in Papago folk definitions. In: Hymes & Bittle, *Studies in Southwestern ethnolinguistics*, pp. 165–96.

Chappell, Hilary, & William McGregor. 1989. Alienability, inalienability and nominal classification. *Berkeley Linguistics Society* 15:24–36.

———. (eds.) 1996. *The grammar of inalienability: A typological perspective on body part terms and the part-whole relation.* Berlin: Mouton de Gruyter.

Chomsky, Noam. 1965. *Aspects of the theory of syntax.* Cambridge, Mass.: MIT Press.

———. 1972. Remarks on nominalization. In: *Studies on semantics in generative grammar.* The Hague: Mouton, pp. 11–61.

———. 1986. *Knowledge of language: Its nature, origin, and use.* New York: Praeger.

Christie, J. 1970. Locative, possessive and existential in Swahili. *Foundations of Language* 6:166–77.

Clark, Eve V. 1970. Locativeness: A study of 'existential,' 'locative,' and 'possessive' sentences. *Stanford University Working Papers in Language Universals* 3:1–36.

———. 1978. Locationals: Existential, locative, and possessive constructions. In Greenberg, *Universals*, Vol. 4, pp. 85–126.

Clasen, Bernd. 1981. *Inhärenz und Etablierung*. (Arbeiten des Kölner Universalien-Projekts, 41.) Cologne: University of Cologne.

Claudi, Ulrike. 1986. To have or not to have: On the conceptual base of predicative possession in some African languages. Unpublished manuscript, University of Cologne.

————. 1993. *Die Stellung von Verb und Objekt in Niger-Kongo-Sprachen: Ein Beitrag zur Rekonstruktion historischer Syntax*. (Afrikanistische Monographien, 1.) Cologne: Institut für Afrikanistik, University of Cologne.

————. 1994. Word order change as category change: The Mande case. In: Pagliuca, *Perspectives on grammaticalization*, pp. 191–231.

Claudi, Ulrike, & Fritz Serzisko. 1985. Possession in Dizi: Inalienable or not? *Journal of African Languages and Lingustics* 7,2:131–54.

Claudi, Ulrike, & Bernd Heine. 1985. From metaphor to grammar: Some examples from Ewe. *AAP* (Afrikanistische Arbeitspapiere) 1:17–54.

————. 1986. On the metaphorical base of grammar. *Studies in Language* 10,2:297–335.

————. 1989. On the nominal morphology of "alienability" in some African languages. In: Newman & Botne, *Current approaches*, pp. 3–19.

Colby, Benjamin N., James W. Fernandez, & David B. Kronenfeld. 1981. Toward a convergence of cognitive and symbolic anthropology. *American Ethnologist* 8, 3:422–50.

Cole, Desmond T. 1955. *An introduction to Tswana grammar*. Cape Town: Longman Penguin South Africa.

Cole, Peter (ed.). 1976. *Studies in modern Hebrew syntax and semantics: The transformational generative approach*. Amsterdam: North-Holland.

Comrie, Bernard. 1981. *Language universals and linguistic typology*. Chicago: University of Chicago Press.

Condillac, Etienne Bonnot de. 1746. *Essai sur l'origine des connaissances humaines*. Paris.

————. 1749. *Traité des systèmes*. Paris.

Conrad, Rudi (ed.). 1988. *Lexikon sprachwissenschaftlicher Termini*. Leipzig: VEB Bibliographisches Institut.

Cooke, Joseph R. 1968. *Pronominal reference in Thai, Burmese, and Vietnamese*. (University of California Publications in Linguistics, 52.) Berkeley: University of California Press.

Corbett, Greville G. 1978a. Universals in the syntax of cardinal numerals. *Lingua* 46:355–68.

————. 1978b. Numerous squishes and squishy numerals in Slavonic. *International Review of Slavic Linguistics* 3:43–73.

————. 1983. *Hierarchies, targets and controllers: Agreement patterns in Slavic*. London: Croom Helm.

————. 1991. *Gender*. Cambridge: Cambridge University Press.

Crazzolara, J. P. 1933. *Outlines of a Nuer grammar*. (Linguistische Anthropos-Bibliothek, 13.) Vienna: Anthropos.

Creider, Chet A., & Jane Tapsubei Creider. 1989. *A grammar of Nandi*. (Nilo-Saharan, 4.) Hamburg: Buske Verlag.

Creissels, D. 1979. Le comitatif, la coordination et les constructions dites "possessives" dans quelques langues africaines. *Annales de l'Université d'Abidjan*, Série H. Linguistique, 12,1:125–44.

Croft, William. 1991. *Typology and universals*. Cambridge: Cambridge University Press.

Croft, William, Keith Denning, & Suzanne Kemmer (eds.). 1990. *Studies in typology and diachrony: Papers presented to Joseph H. Greenberg on his 75th birthday*. (Typological Studies in Language, 20.) Amsterdam: John Benjamins.

Crowley, Terry. 1996. Inalienable possession in Paamese grammar. In: Chappell & McGregor, *Grammar of inalienability*, pp. 383–432.

220

Cyffer, Norbert. 1991. *We learn Kanuri*. (Afrikawissenschaftliche Lehrbücher, 2.) Cologne: Rüdiger Köppe.

Dal, I. 1952. *Kurze deutsche Syntax*. Tübingen: Max Niemeyer.

Dantzig, T. 1940. *Number: The language of science*. London: George Allen and Unwin.

Dayley, Jon P. 1985. Why all languages aren't SOV or VOS, or how competing motivations lead to natural inconsistency. *Berkeley Linguistics Society* 11:52–64.

Demiraj, Shaban. 1985. About the origin of the possessive perfect in Albanian and some other languages. (Sprachwissenschaftliche Forschungen: Festschrift für Johannes Knobloch.) *Innsbrucker Beiträge zur Kulturwissenschaft* 23:81–85.

de Sivers, Fanny (ed.). 1981. *La main et les doigts dans l'expression linguistique*. (Lacito-Documents, Eurasie 6, II.) Paris: SELAF.

Devitt, Dan. 1990. The diachronic development of semantics in copulas. *Berkeley Linguistics Society* 16:102–15.

Diem, Werner. 1986. Alienable und inalienable Possession im Semitischen. *Zeitschrift der Deutschen Morgenländischen Gesellschaft* 136,2:227–91.

Dik, Simon C. 1979. *Functional grammar*. (Linguistic Series, 37.) Amsterdam: North-Holland.

————. 1989. *The theory of functional grammar*. Part I: *The structure of the clause*. (Functional Grammar Series, 9.) Dordrecht: Foris Publications.

Dimmendaal, Gerrit Jan. 1983. *The Turkana language*. Dordrecht: Foris Publications.

————. 1993. Conversational implicatures, metonymy, and attitude markers in Turkana speech acts. Unpublished manuscript, Leiden, The Netherlands.

Dixon, Robert M. W. 1980. *The languages of Australia*. Cambridge: Cambridge University Press.

————. 1988. *A grammar of Boumaa Fijian*. Chicago: University of Chicago Press.

Doke, Clement M. 1930. *Textbook of Zulu grammar*. Cape Town: Maskew Miller.

Downing, Pamela, & Michael Noonan (eds.). 1995. *Word order in discourse*. (Typological Studies in Language, 30.) Amsterdam: John Benjamins.

Dryer, Matthew S. 1989. Discourse-governed word order and word order typology. *Belgian Journal of Linguistics* 4:69–90.

————. 1995. Frequency and pragmatically unmarked word order. In: Downing & Noonan, *Word order in discourse*, pp. 105–35.

Duridanov, Ivan. 1956. *Kum problemata za razvoja na bulgarskija ezik ot sintetizum kum analitizum*. (Godišnik na Filologičeski fakultet, 51.) Sofia: Sofiskija Universitet.

Durie, Mark, & Malcolm Ross (eds.). 1996. *The comparative method reviewed*. New York: Oxford University Press.

Emanatian, Michele. 1992. Chagga 'come' and 'go': Metaphor and the development of tense-aspect. *Studies in Language* 16,1:1–33.

Fachner, Regine. *See* Koroma, Regine.

Fankhauser, F., & Jakob Jud (eds.). 1926. *Festschrift Louis Gauchat*. Aarau: Verlag Sauerländer.

Farris, Glenn J. 1990. Vigesimal systems found in California Indian languages. *Journal of California and Great Basin Anthropology* 12,2:173–90.

Ferguson, Charles A. 1968. Language development. In: Fishman, Ferguson, & Das Gupta, *Language problems*, pp. 27–35.

————. 1978. Historical background of universals research. In: Greenberg, Ferguson, & Moravcsik, *Universals of human language*, pp. 7–31.

Fillmore, Charles J. 1968. The case for case. In: Bach & Harms, *Universals in linguistic theory*, pp. 1–88.

Fishman, Joshua A., Charles A. Ferguson, & Jyotirindra Das Gupta (eds.). 1968. *Language problems of developing nations*. New York: Wiley.

Fisiak, Jacek (ed.). 1985. *Historical semantics, historical word formation*. Berlin: Mouton de Gruyter.

Fleischman, Suzanne. 1982a. *The future in thought and language: Diachronic evidence from Romance.* (Cambridge Studies in Linguistics, 36.) Cambridge: Cambridge University Press.

————. 1982b. The past and the future: Are they coming or going? *Berkeley Linguistics Society* 8:322–34.

Flier, Michael S. (ed.). 1974. *Slavic Forum: Essays in linguistics and literature.* (Slavistic Printings and Reprintings, 277.) The Hague: Mouton.

Foley, William A. 1991. *The Yimas language of New Guinea.* Stanford, Calif.: Stanford University Press.

Forchheimer, Paul. 1953. *The category of person in language.* Berlin: Walter de Gruyter.

Fortescue, Michael. 1984. *West Greenlandic.* (Descriptive Grammars.) London: Croom Helm.

————. 1988. Eskimo orientation systems. *Man and Society* 11:3–30.

Fortune, G. 1968. Predication of 'being' in Shona. In: Verhaar, *Verb 'be'*, Part 3, pp. 110–125.

Foulkes, H. D. 1915. *Angass manual: Grammar and vocabulary.* London: Kegan Paul.

Fox, Barbara. 1981. Body part syntax: Towards a universal characterization. *Studies in Language* 5:323–42.

Frajzyngier, Zygmunt. 1983. Marking syntactic relations in Proto-Chadic. In: Wolff & Meyer-Bahlburg, *Chadic and Afroasiatic linguistics*, pp. 115–38.

————. 1987. Encoding locative in Chadic. *Journal of West African Languages* 17,1:81–97.

————. 1991. The *de dicto* domain in language. In: Traugott & Heine, *Approaches to grammaticalization*, Vol. 1, pp. 219–51.

————. 1993. *A grammar of Mupun.* (Sprache und Oralität in Afrika, 14.) Berlin: Dietrich Reimer.

Freeze, Ray. 1992. Existentials and other locatives. *Language* 68,3:553–95.

Friedländer, Marianne. 1974. *Lehrbuch des Susu.* Leipzig: VEB Verlag Enzyklopädie.

————. 1992. *Lehrbuch des Malinke.* Leipzig: Langenscheidt.

Friedrich, P. 1975. Proto-Indo-European syntax. (JIES Monograph, 1.) Butte, Mont.

Fritze, Marie-Elisabeth. 1976. Bezeichnungen für den Zugehörigkeits- und Herkunftsbereich beim substantivischen Attribut. In: Kettmann & Schildt, *Der Einfachsatz*, pp. 417–76.

Fromm, Erich. 1976. *To have or to be?* New York: Harper & Row.

Geeraerts, Dirk. 1992. Prototypicality effects in diachronic semantics: A round-up. In: Kellermann & Morrisey, *Diachrony within synchrony*, pp. 183–203.

Gentner, Derdre. 1975. Evidence for the psychological reality of semantic components: The verbs of possession. In: Norman & Rumelhart, *Explorations in Cognition*, pp. 211–46.

Gerhardt, Ludwig. 1987. Some remarks on the numeral systems of Plateau languages. *Afrika und Übersee* 70,1:19–29.

Ginneken, Jacques van. 1939. Avoir et être (du point de vue de la linguistique générale). In: *Mélanges de linguistique offerts à Charles Bally.* Geneva: Georg et Cie, pp. 83–92.

Givón, Talmy (Tom). 1971. Historical syntax and synchronic morphology: An archaeologist's field trip. *Chicago Linguistic Society* 7:394–415.

————. 1973. The time-axis phenomenon. *Language* 49:890–925.

————. 1979. *On understanding grammar.* New York: Academic Press.

————. 1981. On the development of the numeral 'one' as an indefinite marker. *Folia Linguistica Historica* 2,1:35–53.

————. 1990. *Syntax: A functional-typological introduction.* Vol. 2. Amsterdam: John Benjamins.

————. 1993. *English grammar: A function-based introduction.* 2 vols. Amsterdam: John Benjamins.

————. 1994. The grammaticalization of verbs to postpositions in Ute. Unpublished manuscript, Linguistics Department, University of Oregon, Eugene.

————. 1995. *Functionalism and grammar.* Amsterdam: John Benjamins.

Goldap, Christel. 1992. Morphology and semantics of Yucatec space relators. *Zeitschrift für Phonetik, Sprachwissenschaft und Kommunikationsforschung* 45,6:612–25.

222

Greenberg, Joseph H. (ed.) 1963a. *Universals of language*. Cambridge, Mass.: MIT Press.

———. 1963b. Some universals of language, with particular reference to the order of meaningful elements. In: Greenberg, *Universals of language*, pp. 73–113.

———. (ed.) 1978a. *Universals of human language*. Vol. 4: *Syntax*. Stanford, Calif.: Stanford University Press.

———. (ed.) 1978b. *Universals of human language*. Vol. 3: *Word structure*. Stanford, Calif.: Stanford University Press.

———. 1978c. Generalizations about numeral systems. In: Greenberg, *Universals*, Vol. 3, pp. 249–95.

———. 1991. The last stage of grammatical elements: Contractive and expansive desemanticization. In: Traugott & Heine, *Approaches to grammaticalization*, Vol. 1, pp. 301–14.

Greenberg, Joseph H., Charles A. Ferguson, & Edith Moravcsik (eds.). 1978. *Universals of human language*. Vol. 1. Stanford, Calif.: Stanford University Press.

Greene, D. 1962. The development of the construction *is liom*. *Éigse* 10,1:45–48.

———. 1976. The preposition *in*- as subject marker. *Celtica* 11:61–67.

Hagège, Claude. 1993. *The language builder: An essay on the human signature in linguistic morphogenesis*. (Amsterdam Studies in the Theory and History of Linguistic Science, 94.) Amsterdam: John Benjamins.

Haiman, John. 1985a. *Natural syntax: Iconicity and erosion*. Cambridge: Cambridge University Press.

———. 1985b. *Iconicity in syntax*. Amsterdam: John Benjamins.

Haiman, John (ed.). 1985. *Iconicity in syntax*. Amsterdam: John Benjamins.

Halim, Amran, Lois Carrington, & Stephen A. Wurm (eds.). 1982. *Papers from the Third International Conference on Austronesian Linguistics*. Vol. 1: *Currents in Oceanic*. Pacific Linguistics, C-74.

Halliday, Michael A. K. 1961. Categories of the theory of grammar. *Word* 17:241–92.

———. 1985. *An introduction to functional grammar*. London: Edward Arnold.

Harris, Martin B. 1982a. The 'past simple' and the 'present perfect' in Romance. In: Vincent & Harris, *Studies*, pp. 42–70.

———. 1982b. On explaining language change. In: Ahlqvist, *Papers from the 5th International Conference*, pp. 1–14.

———. 1983. On the causes of word order change. *Lingua* 63:175–204.

Harweg, R. 1968. Besitzanzeigende *haben*-Konstruktionen als Katalysator für die Doppeldeutigkeit der Gruppe 'Nomen + Possessivsuffix' im Türkischen. *Archiv Orientální* 36:407–28.

Haspelmath, Martin. 1993a. *A grammar of Lezgian*. (Mouton Grammar Library, 9.) Berlin: Mouton de Gruyter.

———. 1993b. A typological study of indefinite pronouns. Ph.D. diss., Freie Universität, Berlin.

Haspelmath, Martin, & Oda Buchholz. Forthcoming. Equative and similative constructions in the languages of Europe. In Auwera, *Adverbial constructions*.

Hawkins, John A. 1978. *Definiteness and indefiniteness: A study in reference and grammaticality prediction*. London: Croom Helm.

———. 1979. Implicational universals as predictors of word order change. *Language* 55:618–48.

———. 1983. *Word order universals*. New York: Academic Press.

———. 1988. *Explaining language universals*. Oxford: Basil Blackwell.

———. 1991. On (in)definite articles: Implicatures and (un)grammaticality prediction. *Journal of Linguistics* 27:405–42.

Hawkins, Roger. 1981. Towards an account of the possessive constructions: *NP's N* and *the N of NP*. *Journal of Linguistics* 17:247–69.

Hawkinson, Annie K. 1979. Homonymy versus unity of form: The particle *-a* in Swahili. *Studies in African Linguistics* 10,1:81–109.

Heim, Irene. 1988. *The semantics of definite and indefinite noun phrases.* New York: Garland.

Heine, Bernd. 1982. *The Nubi language of Kibera—an Arabic creole: Grammatial sketch and vocabulary.* (Language and Dialect Atlas of Kenya, 3.) Berlin: Dietrich Reimer.

————. 1983. The Ik language. Unpublished manuscript, Cologne.

————. 1989. Adpositions in African languages. *Linguistique Africaine* 2:77–127.

————. 1990. The dative in Ik and Kanuri. In: Croft, Denning, & Kemmer, *Studies in typology,* pp. 129–49.

————. 1991. The Hausa particle *naa.* In: Mendel & Claudi, *Ägypten,* pp. 157–70.

————. 1992. Grammaticalization chains. *Studies in Language* 16,2:335–68.

————. 1993. *Auxiliaries: Cognitive forces and grammaticalization.* New York: Oxford University Press.

————. 1994a. Areal influence on grammaticalization. In: Pütz, *Language contact,* pp. 55–68.

————. 1994b. Grammaticalization as an explanatory parameter. In: Pagliuca, *Perspectives on grammaticalization,* pp. 255–87.

————. 1995. Conceptual grammaticalization and prediction. In: Taylor & MacLaury, *Language and cognitive construal,* pp. 119–35.

————. 1997. *Possession: Cognitive sources, forces, and grammaticalization.* Cambridge: Cambridge University Press.

Heine, Bernd, & Mechthild Reh. 1984. *Grammaticalization and reanalysis in African languages.* Hamburg: Helmut Buske Verlag.

Heine, Bernd, Ulrike Claudi, & Friederike Hünnemeyer. 1991. *Grammaticalization: A conceptual framework.* Chicago: University of Chicago Press.

Heine, Bernd et al. 1993. Conceptual shift: A lexicon of grammaticalization processes in African Languages. *AAP (Afrikanistische Arbeitspapiere)* 34/35:1–322.

Heine, Bernd, Ulrike Claudi, Christa Kilian-Hatz, Tania Kuteva, & Mathias Schladt. 1995. On indefinite articles. Paper presented at the International Conference on Functionalism, University of New Mexico, Albuquerque, New Mexico, 24–28 July.

Hengeveld, Kees. 1992. *Non-verbal predication: Theory, typology, diachrony.* (Functional Grammar Series, 15.) Berlin: Mouton de Gruyter.

Henry, David, and Kay Henry. 1969. Koyukon locationals. *Anthropological Linguistics* 11,4:136–42.

Hester, Thomas R. 1976. A universal explanation for several syntactic shifts in Basque. *Papers from the Parasession on Diachronic Syntax, Chicago Linguistic Society,* pp. 105–17.

Hetzron, Robert. 1970. Nonverbal sentences and degrees of definiteness in Hungarian. *Language* 46,4:899–927.

————. 1977. *The Gunnän-Gurage languages.* (Ricerche, 12.) Naples: Istituto Orientale di Napoli.

Hill, Clifford A. 1974. Spatial perception and linguistic encoding: A case study in Hausa and English. *Studies in African Linguistics* 4:135–48.

————. 1982. Up/down, front/back, left/right: A contrastive analysis of Hausa and English. In: Weissenborn & Klein, *Here and there,* pp. 13–42.

————. forthcoming. Spatial orientation: Cognition, language, and myth in Hausa culture. *Semiotica.*

Hill, Deborah. 1994. *Spatial configurations and evidential propositions.* (Cognitive Anthropology Research Group, Working Paper 25.) Nijmegen: Max Planck Institute for Psycholinguistics.

Hinnebusch, Thomas J., & Robert S. Kirsner. 1980. On the interference on "inalienable possession" in Swahili. *Journal of African Languages and Linguistics* 2:1–16.

Hockett, Charles F. 1958. *A course in modern linguistics.* New York: Macmillan.

Hodge, Carleton T. 1947. *An outline of Hausa grammar.* (Language Dissertations, 41.) Baltimore: Linguistic Society of America.

———. 1963. Morpheme alternants and the noun phrase in Hausa. *Language* 21:87–91.

———. 1969. Hausa *naà*—: 'To be' or not 'to be'? *African Language Review* 8:156–62.

Holes, Clive. 1990. *Gulf Arabic.* (Croom Helm Descriptive Grammars Series.) London: Routledge.

Hopper, Paul J. 1972. Verbless stative sentences in Indonesian. In: Verhaar, *Verb 'be'*, Part 5, pp. 115–52.

———. 1986. Discourse function and word order shift: A typological study of the VS/SV alternation. In: W. Lehmann, *Language typology 1985*, pp. 123–40.

———. 1987. Emergent grammar. *Berkeley Linguistics Society* 13:139–57.

———. 1991. On some principles of grammaticization. In: Traugott & Heine, *Approaches to grammaticalization*, Vol. 1, pp. 17–35.

———. 1994. Phonogenesis. In: Pagliuca, *Perspectives on grammaticalization*, pp. 29–45.

Hopper, Paul J., & Janice Martin. 1987. Structuralism and diachrony: The development of the indefinite article in English. In: Ramat, Carruba, & Bernini, *Papers from the Seventh International Conference*, pp. 295–304.

Hopper, Paul J., & Sandra Thompson. 1984. The discourse basis for lexical categories in universal grammar. *Language* 60:703–52.

Hopper, Paul J., & Elizabeth C. Traugott. 1993. *Grammaticalization.* Cambridge: Cambridge University Press.

Horne Tooke, John. 1857. *Epea pteroenta or the diversions of Purley.* 2 vols. London.

Hoskison, J. T. 1983. A grammar of the Gude language. Ph.D. diss., Ohio State University.

Humboldt, Wilhelm von. 1825. Über das Entstehen der grammatischen Formen und ihren Einfluß auf die Ideenentwicklung: Gelesen in der Academie der Wissenschaften am 17. Januar 1822. *Abhandlungen der Königlichen Akademie der Wissenschaften zu Berlin*, 401–30.

Hurford, James R. 1975. *The linguistic theory of numerals.* Cambridge: Cambridge University Press.

———. 1987. *Language and number: The emergence of a cognitive system.* Oxford: Basil Blackwell.

Hutchison, John P. 1980. The Kanuri associative postposition: A case for subordination. *Studies in African Linguistics* 11,3:321–51.

Hyman, Larry M. 1977. The syntax of body parts. In: Byarushengo, Duranti, & Hyman, *Haya grammatical structure*, pp. 99–117.

Hyman, Larry M., Danny Keith Alford, & Elizabeth Akpati. 1970. Inalienable possession in Igbo. *Journal of West African Languages* 7,2:85–101.

Hymes, Dell, & W. E. Bittle (eds.). 1967. *Studies in southwestern ethnolinguistics.* The Hague: Mouton.

Ifrah, Georges. 1981/86. *Universalgeschichte der Zahlen.* Frankfurt: Campus Verlag.

Isačenko, Alexander V. 1974. On 'have' and 'be' languages: A typological sketch. In: Flier, *Slavic Forum*, pp. 43–77.

Ittmann, Johannes. 1939. *Grammatik des Duala (Kamerun).* (Beihefte zur Zeitschrift für Eingeborenen-Sprachen, 20.) Hamburg: Dietrich Reimer.

Jackendoff, Ray S. 1977. *X̄-syntax: A study of phrase structure.* Cambridge, Mass.: MIT Press.

Janssen, Theo A. J. M. 1976. Hebben-*konstrukties en indirekt-objektskonstrukties.* Utrecht: HES Publishers.

———. 1993. "Possession:" Expressed or culturally conceived? Paper presented at the Third International Cognitive Linguistics Conference, Leuven, Belgium, 18–23 July.

Jensen, Hans. 1934. Der steigernde Vergleich und sein sprachlicher Ausdruck. *Indogermanische Forschungen* 52:108–30.

Kachru, Yamuna. 1968. The copula in Hindi. In: Verhaar, *Verb 'be,'* Part 2, pp. 35–59.

Kahn, C. H. 1966. The Greek verb "to be" and the concept of being. *Foundations of Language* 2:245–65.

Kastenholz, Raimund. 1988. Note sur l'expression énonciative de la possession en bambara. *Mandekan* 14–15:193–201.

————. 1989. *Grundkurs Bambara (Manding) mit Texten.* (Afrikawissenschaftliche Lehrbücher, 1.) Cologne: Rüdiger Köppe.

Kellermann, Günter, & Michael D. Morrissey (eds.). 1992. *Diachrony within synchrony: Language history and cognition.* Frankfurt: Peter Lang.

Kettmann, Gerhard, & Joachim Schildt (eds.). 1976. *Zur Ausbildung der Norm der deutschen Literatursprache auf der syntaktischen Ebene (1470–1730). Der Einfachsatz.* (Bausteine zur Sprachgeschichte des Neuhochdeutschen, 56/I.) Berlin: Akademie Verlag.

Kiefer, Ferenc. 1968. A transformational approach to the verb *van* 'to be' in Hungarian. In: Verhaar, *Verb 'be'*, Part 3, pp. 53–85.

Kilian-Hatz, Christa. 1995. *Das Baka: Grundzüge einer Grammatik aus der Grammatikalisierungsperspektive.* (Afrikanistische Monographien, 6.) Cologne: Institut für Afrikanistik, University of Cologne.

Kilian-Hatz, Christa, & Thomas Stolz. 1992. Comitative, concomitance, and beyond: On the interdependence of grammaticalization and conceptualization. Paper presented at the Annual Conference of the Linguistic Society of Belgium, University of Antwerp, 26–28 November.

————. 1993. Grammatikalisierung und grammatische Kategorien: Ein Bericht aus der Pathologie. (Arbeitspapier 14.) *ProPrinS* 14. University of Essen.

Kimball, J. 1973. The grammar of existence. *Chicago Linguistic Society* 9:262–70.

Köhler, Oswin. 1973. Grundzüge der Grammatik der Kxoe-Sprache. Unpublished manuscript, University of Cologne.

Kölver, Ulrike. 1984. *Local prepositions and serial verb constructions in Thai.* (Arbeiten des Kölner Universalien-Projekts, 56.) Cologne: University of Cologne.

König, Ekkehard, & Bernd Kortmann. 1991. On the reanalysis of verbs as prepositions. In: Rauh, *Approaches to prepositions*, pp. 109–25.

Koroma, Regine [= Regine Fachner]. 1988. Das Nominalsyntagma im Gola. M.A. thesis, Institut für Sprachwissenschaft, University of Cologne.

————. 1994. *Die Morphosyntax des Gola.* (Afrikanistische Monographien, 4.) Cologne: Institut für Afrikanistik, University of Cologne.

Kraft, Charles H. 1963. *A study of Hausa syntax.* 3 vols. Hartford: Hartford Seminary Foundation.

————. 1964a. A new study of Hausa syntax. *Journal of African Languages* 3:66–74.

————. 1964b. The morpheme *naà* in relation to a broader classification of Hausa verbals. *Journal of African Languages* 3:231–40.

Kraft, Charles H., & Salisu Abubakar. 1965. *An introduction to spoken Hausa.* Preliminary edition. (African Language Monograph, 5.) East Lansing: Michigan State University, African Studies Center.

Kraft, Charles H., & A. H. M. Kirk-Greene. 1973. *Hausa.* (Teach Yourself Books.) London: St. Paul's House.

Kuno, S. 1971. The position of locatives in existential sentences. *Linguistic Inquiry* 2:333–78.

Kuryłowicz, Jerzy. [1965] 1975. The evolution of grammatical categories. *Esquisses linguistiques* II:38–54. Munich: Fink.

Lakoff, George. 1987. *Women, fire, and dangerous things: What categories reveal about the mind.* Chicago: University of Chicago Press.

Lakoff, George, & Mark Johnson. 1980. *Metaphors we live by.* Chicago: University of Chicago Press.

226

Lambrecht, Knud. 1987. On the status of SVO sentences in French discourse. In: Tomlin, *Coherence and grounding*, pp. 217–61.

Langacker, Ronald W. 1968. Observations on French possessives. *Language* 44,1:51–75.

———. 1972. Possessives in Classical Nahuatl. *International Journal of American Linguistics* 38:173–86.

———. 1978. The form and meaning of the English auxiliary. *Language* 54, 4:853–84.

———. 1984. *Studies in Uto-Aztecan grammar*. Vol. 4: *Southern Uto-Aztecan grammatical sketches*. Arlington: Summer Institute of Linguistics and University of Texas at Arlington.

———. 1987. *Foundations of cognitive grammar*. Vol. 1: *Theoretical perspectives*. Stanford, Calif.: Stanford University Press.

———. 1991. *Foundations of cognitive grammar*. Vol. 2. Stanford, Calif.: Stanford University Press.

———. 1993. Reference-point constructions. *Cognitive Linguistics* 4,1:1–38.

———. 1994. Culture, cognition, and grammar. In: Pütz, *Language contact*, pp. 25–53.

Lass, Roger. 1980. *On explaining language change*. Cambridge: Cambridge University Press.

Lébikaza, Kézié K. 1991. Les constructions possessives prédicatives et nominales en kabiye. *Journal of West African Languages* 21,1:91–103.

Lehiste, Ilse. 1969. 'Being' and 'having' in Estonian. *Foundations of Language* 5:324–41.

———. 1972. 'Being' and 'having' in Estonian. In: Verhaar, *Verb 'be'*, Part 5, pp. 207–24.

Lehmann, Christian. 1982. *Thoughts on grammaticalization: A programmatic sketch*. (Arbeiten des Kölner Universalien-Projekts, 48). Cologne: University of Cologne.

Lehmann, Christian, & Gunter Brettschneider (eds.). 1980. *Wege der Universalienforschung. Festschrift für Hansjakob Seiler zum 60. Geburtstag*. (Tübinger Beiträge zur Linguistik, 145.) Tübingen: Gunter Narr.

Lehmann, Thomas. 1989. *A grammar of modern Tamil*. Pandicherry: Pandicherry Institute of Linguistics and Culture.

Lehmann, Winfred P. 1972a. Proto-Germanic syntax. In: van Coetsem & Kufner, *Grammar of Proto-Germanic*, pp. 239–68.

———. 1972b. Contemporary linguistics and Indo-European studies. *Publications of the Modern Language Association* 87:976–93.

———. 1972c. The comparative method as applied to the syntactic component of language. *Canadian Journal of Linguistics* 17:167–74.

———. (ed.) 1986. *Language typology 1985: Papers from the Linguistic Typology Symposium, Moscow, 9–13 December, 1985*. (Current Issues in Linguistic Theory, 47.) Amsterdam: John Benjamins.

Lessau, Donald A. 1994. *A dictionary of grammaticalization*. 3 vols. (Bochum-Essener Beiträge zur Sprachwandelforschung, 21.) Bochum: N. Brockmeyer.

Levinson, Stephen C. 1992. *Language and cognition: The cognitive consequences of spatial description in Guugu Yimithirr*. (Working Paper 13, Cognitive Anthropology Research Group.) Nijmegen: Max Planck Institute for Psycholinguistics.

———. 1994. Vision, shape, and linguistic description: Tzeltal body-part terminology and object description. *Linguistics* 32:791–855.

Lévy-Bruhl, Lucien. 1914. L'expression de la possession dans les langues mélanésiennes. *Mémoires de la Société de Linguistique de Paris* 19,2:96–104.

Lewis, Gilbert. 1974. Gnau anatomy and vocabulary for illnesses. *Oceania* 45, 1:50–78.

Lichtenberk, Frantisek. 1983. Relational classifiers. *Lingua* 60:147–76.

———. 1985. Possessive constructions in Oceanic languages and in Proto-Oceanic. In: Pawley & Carrington, *Austronesian linguistics*, pp. 93–140.

———. 1991. Language change and heterosemy in grammaticalization. *Language* 67,3:475–509.

Locker, Ernst. 1954. Etre et avoir: Leurs expressions dans les langues. *Anthropos* 49:481–510.

Lockwood, W. B. 1968. *Historical German syntax*. Oxford: Clarendon Press.

Löfstedt, Bengt. 1963. Zum lateinischen possessiven Dativ. *Zeitschrift für vergleichende Sprachforschung auf dem Gebiete der Indogermanischen Sprachen* 78:64–83.

Lukas, Johannes. 1970. *Studien zur Sprache der Gisiga (Nordkamerun)*. (Afrikanistische Forschungen, 4.) Glückstadt: J.J. Augustin.

Lynch, John. 1969. On Fijian possession. Unpublished manuscript.

————. 1971. Melanesian 'possession' and abstract verbs. Paper delivered to the Fifth Annual Congress of the Linguistic Society of Papua New Guinea.

————. 1973. Verbal aspects of possession in Melanesian languages. *Working Papers in Linguistics* (Honolulu) 5,9:1–29. Also published in *Oceanic Linguistics* 12,1/2 (1973):69–102.

————. 1982. Towards a theory of the origin of the Oceanic possessive constructions. In: Halim, Carrington, & Wurm, *Papers from the Third International Conference*, pp. 243–68.

————. forthcoming. Possessive structures in Lenakel. *Linguistic Communications*. Melbourne: Monash University.

Lyons, John. 1967. A note on possessive, existential and locative sentences. *Foundations of Language* 3:390–96.

————. 1968a. *Introduction to theoretical linguistics*. London: Cambridge University Press.

————. 1968b. Existence, location, possession and transitivity. In: van Rootselaar & Staal, *Logic, methodology, and philosophy*, pp. 495–509.

————. 1977. *Semantics*. 2 vols. Cambridge: Cambridge Univesity Press.

MacLaury, Robert E. 1989. Zapotec body-part locatives: Prototypes and metaphoric extensions. *International Journal of American Linguistics* 55,2:119–54.

MacWhinney, Brian, and Elizabeth Bates (eds.). 1989. *The crosslinguistic study of sentence processing*. Cambridge: Cambridge University Press.

Majewicz, Alfred F. 1981. Le rôle du doigt et de la main et leurs désignations dans la formation des systèmes particuliers de numération et de noms de nombres dans certaines langues. In: de Sivers, *La main et les doigts*, pp. 193–212.

Makino, Seiichi. 1968. Japanese 'be'. In: Verhaar, *Verb 'be'*, Part 3, pp. 1–19.

Malandra, Alfred. 1955. *A new Acholi grammar*. Nairobi: Eagle Press.

Mallinson, Graham, & Barry Blake. 1981. *Language typology*. Amsterdam: North-Holland.

Mann, Charles C. 1993. Polysemic functionality in pidgins and creoles: The case of *fò* in Anglo-Nigerian Pidgin. In: Byrne & Holm, *Atlantic meets Pacific*, pp. 57–67.

Marcel, Gabriel. 1935. *Etre et avoir*. Paris: F. Aubier, Editions Montaigne.

Marr, David. 1982. *Vision*. New York: Freeman.

Matisoff, James A. 1978. *Variational semantics in Tibeto-Burman: The "organic" approach to linguistic comparison*. (Occasional Papers of the Wolfenden Society on Tibeto-Burman Linguistics, 6.) Philadelphia: Institute for the Study of Human Issues.

Matlin, Margaret W. 1989. *Cognition*. 2nd ed. New York: Holt, Rinehart and Winston.

Matthews, Peter H. 1981. *Do languages obey general laws?* Inaugural Lecture of the University of Cambridge. Cambridge: Cambridge University Press.

McKay, Graham. 1996. Body parts, possession marking and nominal classes in Ndjébbana. In: Chappell & McGregor, *Grammar of inalienability*, pp. 293–326.

McMahon, April M. S. 1994. *Understanding language change*. Cambridge: Cambridge University Press.

Mead, Margaret. 1956. *New lives for old: Cultural transformation—Manus, 1928–1953*. London: Victor Gollancz.

Meillet, Antoine. 1912. L'évolution des formes grammaticales. *Scientia* 12. (Reprinted in A. Meillet, *Linguistique historique et linguistique générale*, 1:130–48. Paris: Edouard Champion, 1948.)

————. 1923. Le développement du verbe "avoir." *Festschrift, Jacob Wackernagel zur Vollendung des 70. Lebensjahres*. Göttingen: Vandenhoeck & Ruprecht, pp. 9–13.

————. [1926] 1948. *Linguistique historique et linguistique générale*. Paris: Champion.

Meinhof, Carl. 1948. *Grundzüge einer vergleichenden Grammatik der Bantusprachen*. 2nd ed. Hamburg: Dietrich Reimer.

Mendel, Daniela, & Ulrike Claudi (eds.). 1991. *Ägypten im afro-orientalischen Kontext: Aufsätze zur Archäologie, Geschichte und Sprache eines unbegrenzten Raumes, Gedenkschrift Peter Behrens*. (Afrikanistische Arbeitspapiere, Special Issue.) Cologne: Institut für Afrikanistik, University of Cologne.

Miller, George A., & Philip N. Johnson-Laird. 1976. *Language and perception*. Cambridge: Harvard University Press.

Moravcsik, Edith A. 1969. Determination. *Working Papers on Language Universals* (Stanford) 1:64–98.

Morrissey, Michael D., & Günter. Kellermann (eds.). 1992. *Diachrony within synchrony: Language, history and cognition*. Bern: Peter Lang Verlag.

Mosel, Ulrike. 1983. *Adnominal and predicative possessive constructions in Melanesian languages*. (Arbeiten des Kölner Universalien-Projekts, 50.) Cologne: University of Cologne.

Needham, Rodney (ed.). 1973. *Right and left: Essays on dual symbolic classification*. Chicago: University of Chicago Press.

Newman, Paul, & Robert D. Botne (eds.). 1989. *Current approaches to African linguistics*. Vol. 5. Dordrecht: Foris.

Newman, Paul, & Russell G. Schuh. 1974. The Hausa aspect system. *Afroasiatic Linguistics* 1,1:1–39.

Nichols, Johanna. 1988. On alienable and inalienable possession. In: Shipley, *In honor of Mary Haas*, pp. 557–609.

———. 1992. *Linguistic diversity in space and time*. Chicago: University of Chicago Press.

Nikiforidou, Vassiliki. 1991. The meaning of the genitive: A case study in semantic structure and semantic change. *Cognitive Linguistics* 2,2:149–205.

Noonan, Michael. 1992. *A grammar of Lango*. (Mouton Grammar Library, 7.) Berlin: Mouton de Gruyter.

Norman, Donald A., & David E. Rumelhart (eds.). 1975. *Explorations in cognition*. San Francisco: Freeman.

Norvig, Peter, & George Lakoff. 1987. Taking: A study in lexical network theory. *Berkeley Linguistics Society* 13:195–206.

Orr, Robert. 1984. An embryonic ergative construction in Irish? *General Linguistics* 24,1:38–45.

———. 1991. More on embryonic ergativity. *General Linguistics* 31:163–75.

———. 1992. Slavo-Celtica. *Canadian Slavonic Papers (Revue canadienne des slavistes)* 34,3:245–68.

Otten, Dirk. 1992. Strategien prädikativer Possession in afrikanischen Sprachen. Unpublished manuscript, Institut für Afrikanistik, University of Cologne.

Pagliuca, William (ed.). 1994. *Perspectives on grammaticalization*. (Current Issues in Linguistic Theory, 109.) Amsterdam: John Benjamins.

Pagliuca, William, & Richard Mowrey. 1987. Articulatory evolution. In: Ramat, Carruba, & Bernini, *Papers from the Seventh International Conference*, pp. 459–72.

Palmer, Frank R. 1965. Bilin "to be" and "to have". *African Language Studies* 6:101–11.

Park, Insun. 1994. Grammaticalization of verbs in three Tibeto-Burman languages. Ph.D. diss., Department of Linguistics, University of Oregon, Eugene.

Parsons, F. W. 1960. The verbal system in Hausa. *Afrika und Übersee* 44,1:1–36.

Pasch, Helma. 1985. Possession and possessive classifiers in 'Dongo-ko. *Afrika und Übersee* 68,1:69–85.

Paul, Hermann. [1880] 1975. *Prinzipien der Sprachgeschichte*. 9th ed. Tübingen: Niemeyer.

Pawley, Andrew. 1973. Some problems in Proto-Oceanic grammar. *Oceanic Linguistics* 12, 1/2:103–88.

Pawley, Andrew, & Lois Carrington (eds.). 1985. *Austronesian linguistics at the 15th Pacific Science Congress*. Pacific Linguistics, C-88.

Pei, Mario A., & Frank Gaynor. 1954. *Dictionary of linguistics*. New York: Wisdom Library.

Perlmutter, D. M. 1968. *On the article in English*. ERIC/PEGS 29.

Peschke, Andreas. 1995. Metaphorik in afrikanischen Rätseln. Paper presented at the *Forschungskolloquium* of the Institut für Afrikanistik, University of Cologne, 31 May.

Pit'ha, Petr. 1973. On some meanings of the verb *to have* (on material from the Czech language). *Folia Linguistica* 6:301–4.

Plank, Frans (ed.). 1979. *Ergativity: Towards a theory of grammatical relations*. New York: Academic Press.

Pott, Friedrich August. 1868. *Die Sprachverschiedenheit in Europa, an den Zahlwörtern nachgewiesen, sowie die quinäre und vigesimale Zählmethode*. Halle: Verlag der Buchhandlung des Waisenhauses.

Poulos, George. 1990. *A linguistic analysis of Venda*. Pretoria: Via Afrika.

Pountain, Christopher J. 1985. Copulas, verbs of possession and auxiliaries in Old Spanish: The evidence for structurally interdependent changes. *Bulletin of the Hispanic Society* 62:337–55.

Pütz, Martin (ed.). 1994. *Language contact and language conflict*. Amsterdam: John Benjamins.

Quirk, Randolph, Sidney Greenbaum, Geoffrey Leech, & Jan Svartvik. 1985. *A comprehensive grammar of the English language*. London: Longman.

Qvonje, Jørn Ivar. 1980. Die Grammatikalisierung der Präposition *na* im Bulgarischen. *Folia Linguistica Historica* I,2:317–51.

Ramat, Anna Giacalone, O. Carruba, & G. Bernini (eds.). 1987. *Papers from the Seventh International Conference on Historical Linguistics*. (Amsterdam Studies in the Theory and History of Linguistic Science, Current Issues in Linguistic Theory, 48.) Amsterdam: John Benjamins.

Ramat, Paolo (ed.). 1980. *Linguistic reconstruction and Indo-European syntax*. Proceedings of the Colloquium of the Indogermanische Gesellschaft. Amsterdam: John Benjamins.

———. 1992. Thoughts on degrammaticalization. *Linguistics* 30:549–60.

Ramos, Teresita V., & Resty M. Ceña. 1980. Existential, locative and possessive in Tagalog. *Philippine Journal of Linguistics* 11,2:15–26.

Rauh, Gisa (ed.). 1991. *Approaches to prepositions*. (Tübinger Beiträge zur Linguistik, 358.) Tübingen: Gunter Narr.

Raum, J. [1909] 1964. *Versuch einer Grammatik der Dschaggasprache (Moschi-Dialekt)*. Berlin. Reprint, Ridgewood, N.J.: Gregg Press.

Ray, Sidney H. 1919. The Melanesian possessives and a study in method. *American Anthropologist* 21:347–60.

Redfield, Robert. 1930. *Tepoztlan, a Mexican village: A study of folk life*. Chicago: University of Chicago Press.

Reh, Mechthild. 1983. Krongo: A VSO language with postpositions. *Journal of African Languages and Linguistics* 5,1:45–55.

———. 1985. *Die Krongo-Sprache (nìino mó-dì). Beschreibung, Texte, Wörterverzeichnis*. (Kölner Beiträge zur Afrikanistik, 12.) Berlin: Dietrich Reimer.

———. 1994. Anywa language: Description and internal reconstructions. Habilitationsschrift. Unpublished manuscript. University of Bayreuth.

Renzi, L. 1989–91. *Grande grammatica italiana di consultazione*. 2 vols. Bologna: Il Mulino.

Robins, Robert H. 1985. Numerals as underlying verbs: The case of Yurok. In: Pieper, Ursula, & Gerhard Stickel (eds.), *Studia linguistica diachronica et synchronica*. Berlin: Mouton de Gruyter, pp. 723–33.

Romaine, Suzanne. 1988. *Pidgin and creole languages*. London: Longman.

Ross, Malcolm. 1995. Proto Oceanic terms for meteorological phenomena. Unpublished manuscript, Canberra, Australian National University.

Sanford, Anthony J. 1985. *Cognition and cognitive psychology*. New York: Basic Books.

Santandrea, Stefano. 1965. *Languages of the Banda and Zande groups: A contribution to a comparative study*. Naples: Istituto Universitario Orientale.

Sapir, Edward. 1921. *Language: An introduction to the study of speech*. San Diego: Harcourt Brace Jovanovich.

——. 1949. *Selected writings in language, culture and personality*, edited by D. G. Mandelbaum. Berkeley: University of California Press.

Sasse, Hans-Jürgen. 1982. *An etymological dictionary of Burji*. (Cushitic Language Studies, 1.) Hamburg: Buske.

Saussure, Ferdinand de. 1922. *Cours de linguistique générale*. Paris: Payot.

Saxe, Geoffrey B. 1981. Body parts as numerals: A developmental analysis of numeration among remote Oksapmin in Papua New Guinea. *Child Development* 52:306–16.

——. 1982. Culture and the development of numerical cognition: Studies among the Oksapmin of Papua New Guinea. In: Brainerd, *Children's cognition*, pp. 157–76.

Schladt, Mathias. 1997. *Kognitive Strukturen von Körperteilvokabularien in kenianischen Sprachen*. (Afrikanistische Monographien, 8.) Cologne: Institut für Afrikanistik, University of Cologne.

Schlegel, August Wilhelm von. 1818. *Observations sur la langue et la littérature provençales*. Paris: Librairie Grecque-Latine-Allemande.

Schmidt, P. W. 1926. *Die Sprachfamilien und Sprachkreise der Erde*. (Kulturgeschichtliche Bibliothek, 5.) Heidelberg: Carl Winter's Universitätsbuchhandlung.

Schneider, Gilbert Donald. 1966. West African Pidgin English: A descriptive linguistic analysis with texts and glossary from the Cameroon area. Ph.D. diss., Athens, Ohio.

Schuh, Russell G. 1976. The Chadic verbal system and its Afroasiatic nature. *Afroasiatic Linguistics* 3,1:1–14.

Sebeok, Thomas A. 1943. The equational sentence in Hungarian. *Language* 19:320–27.

Seiler, Hansjakob. 1973. Zum Problem der sprachlichen Possessivität. *Folia Linguistica* 6,3/4:231–50.

——. 1977a. *Sprache und Sprachen: Gesammelte Aufsätze*. (Struktura: Schriftenreihe zur Linguistik, 11.) Munich: Wilhelm Fink.

——. 1977b. On the semanto-syntactic configuration 'Possessor of an Act'. In: Seiler, *Sprache und Sprachen*, pp. 169–86.

——. 1977c. Universals of language. In: Seiler, *Sprache und Sprachen*, pp. 207–29.

——. 1983. *Possession as an operational dimension of language*. (Language Universals Series, 2.) Tübingen: Gunter Narr.

——. 1988. *Die universalen Dimensionen der Sprache: Eine vorläufige Bilanz*. (Arbeiten des Kölner Universalien-Projekts, 75.) Cologne: University of Cologne.

——. 1989. *A dimensional view on numeral systems*. (Arbeiten des Kölner Universalien-Projekts, 79.) Cologne: University of Cologne.

Serzisko, Fritz. 1984. *Der Ausdruck der Possessivität im Somali*. (Continuum—Schriftenreihe zur Linguistik, 1.) Tübingen: Gunter Narr.

Shibatani, Masayoshi. 1996. Applicatives and benefactives: A cognitive account. In: Shibatani & Thompson, *Grammatical constructions*, pp. 157–94.

Shibatani, Masayoshi, & Sandra Thompson (eds.). 1996. *Grammatical constructions: Their form and meaning*. Oxford: Oxford University Press.

Shipley, William (ed.). 1988. *In honor of Mary Haas: From the Haas Festival Conference on Native American Linguistics*. Berlin: Mouton de Gruyter.

Spradley, James P. 1979. *The ethnographic interview*. New York: Holt, Rinehart and Winston.

Stafford, R. L. 1967. *An elementary Luo grammar. With vocabularies*. Nairobi: Oxford University Press.

Stampe, David. 1976. Cardinal numeral systems. *Chicago Linguistic Society* 12:594–609.

Stassen, Leon. 1985. *Comparison and universal grammar*. Oxford: Basil Blackwell.

————. 1995. The typology of predicative possession. Paper presented at the Annual Meeting of the Societas Linguistica Europaea, 31 August to 2 September, 1995, University of Leiden.

Steere, E. 1933. *Swahili exercises* (revised by Canon Hellier). London: Sheldon Press.

Stern, Gustaf. 1931. *Meaning and change of meaning. With special reference to the English language*. Bloomington: Indiana University Press.

Stolz, Christel, & Thomas Stolz. 1994. Spanisch-amerindischer Sprachkontakt (Hispanoindiana I): Die 'Hispanisierung' mesoamerikanischer Komparationsstrukturen. Unpublished manuscript, University of Essen.

Stolz, Thomas. 1991. *Von der Grammatikalisierbarkeit des Körpers*. Part I: *Vorbereitung*. (Prinzipien des Sprachwandels, 2.) Essen: University of Essen.

————. 1993. Wege zu einer Typologie des Komitativs. Paper presented at the Philosophische Fakultät, University of Potsdam, 3 December.

————. 1994a. Über Komitative: Natürlichkeit und Grammatikalisierung, Prädiktabilität von struktureller Organisation und Dynamik. Unpublished manuscript, University of Bochum.

————. 1994b. *Sprachdynamik: Auf dem Weg zu einer Typologie sprachlichen Wandels*. Vol. 2: *Grammatikalisierung und Metaphorisierung*. Bochum: Brockmeyer.

Svorou, Soteria. 1986. On the evolutionary paths of locative expressions. *Berkeley Linguistics Society* 12:515–27.

————. 1987. The semantics of spatial extension terms in Modern Greek. *Buffalo Working Papers in Linguistics* (University of Buffalo) 87,1:56–122.

————. 1988. The experiential basis of the grammar of space: Evidence from the languages of the world. Ph.D. diss., State University of New York at Buffalo.

————. 1994. *The grammar of space*. (Typological Studies in Language, 25.) Amsterdam: John Benjamins.

Swadesh, Morris. 1971. *The origin and diversification of language*. Edited by Joel Sherzer. Chicago: Aldine, Atherton.

Sweetser, Eve E. 1990. *From etymology to pragmatics: Metaphorical and cultural aspects of semantic structure*. (Cambridge Studies in Linguistics, 54.) Cambridge: Cambridge University Press.

Takizala, Alexis. 1974. On the similarity between nominal adjectives and possessive forms in Kihungan. *Studies in African Linguistics* (Supplement 5) (Los Angeles: University of California): 291–305.

Tannen, Deborah. 1993. *Framing in discourse*. New York: Oxford University Press.

Taylor, F. W. 1923. *A practical Hausa grammar*. Oxford: Oxford University Press.

————. 1959. *A practical Hausa grammar*. 2nd ed. Oxford: Oxford University Press.

Taylor, John R. 1989. *Linguistic categorization: Prototypes in linguistic theory*. Oxford: Clarendon Press.

Taylor, John R., & Robert E. MacLaury (eds.). 1995. *Language and the cognitive construal of the world*. Berlin: Mouton de Gruyter.

Tomlin, Russell S. (ed.). 1987. *Coherence and grounding in discourse*. (Typological Studies in Language, 11.) Amsterdam: John Benjamins.

Trask, R. L. 1979. On the origins of ergativity. In: Plank, *Ergativity*, pp. 385–404.

Traugott, Elizabeth C. 1980. Meaning-change in the development of grammatical markers. *Language Science* 2:44–61.

————. 1986. From polysemy to internal semantic reconstruction. *Berkeley Linguistics Society* 12:539–50.

Traugott, Elizabeth C., & Bernd Heine (eds.). 1991a. *Approaches to grammaticalization*. Vol. 1. Amsterdam: John Benjamins.

————(eds.). 1991b. *Approaches to grammaticalization*. Vol. 2. Amsterdam: John Benjamins.

Traugott, Elizabeth C., & Ekkehard König. 1991. The semantics-pragmatics of grammaticalization revisited. In: Traugott & Heine, *Approaches to grammaticalization*, Vol. 1, pp. 189–218.

Tsunoda, Tasaku. 1996. The possession cline in Japanese and other languages. In: Chappell & McGregor, *Grammar of inalienability*, pp. 565–630.

Tuan, Yi-Fu. 1974. *Topophilia: A study of environmental perception, attitudes, and values*. Englewood Cliffs, N.J.: Prentice Hall.

Tucker, A. N., & J. Tompo ole Mpaayei. 1955. *A Maasai grammar with vocabulary*. (Publications of the African Institute, Leyden, 2.) London: Longmans, Green.

Turner, Katherine. 1988. Salinan numerals. In: Shipley, *In honor of Mary Haas*, pp. 795–804.

Ullmann, Stephen. 1962. *Semantics: An introduction to the science of meaning*. Oxford: Basil Blackwell.

Ultan, Russell. 1972. Some features of basic comparative constructions. *Working Papers on Language Universals* (Stanford) 9:117–62.

————. 1978a. Toward a typology of substantival possession. In: Greenberg, *Universals*, Vol. 4, pp. 11–49.

————. 1978b. Some general characteristics of interrogative systems. In: Greenberg, *Universals*, Vol. 4, pp. 211–48.

Unseth, Pete. 1986. Word order shift in negative sentences of Surma languages. *AAP* (Afrikanistische Arbeitspapiere) 5:135–43.

Valdman, Albert (ed.). 1977. *Pidgin and creole linguistics*. Bloomington: Indiana University Press.

van Coetsem, Frans, & Herbert L. Kufner (eds.). 1972. *Toward a grammar of Proto-Germanic*. Tübingen: Max Niemeyer.

van Rootselaar, B., & T. F. Staal (eds.). 1968. *Logic, methodology, and philosophy of science*. Vol. 3. Amsterdam: North-Holland.

Vennemann, Theo. 1974. Theoretical word order studies: Results and problems. *Papiere zur Linguistik* 7:5–25.

Verhaar, John W. M. (ed.). 1968a. *The verb 'be' and its synonyms*. Part 2. (Foundations of Language, Supplementary Series, 6.) Dordrecht: Reidel.

————(ed.). 1968b. *The verb 'be' and its synonyms*. Part 3. (Foundations of Language, Supplementary Series, 8.) Dordrecht: Reidel.

————(ed.). 1972. *The verb 'be' and its synonyms*. Part 5. (Foundations of Language, Supplementary Series, 14.) Dordrecht: Reidel.

Viberg, Åke. 1984. The verbs of perception: A typological study. In: Butterworth, Comrie, & Dahl, *Explanations for language universals*, pp. 123–62.

Vincent, Nigel, & Martin Harris (eds.). 1982. *Studies in the Romance verb*. London: Croom Helm.

Voeltz, Erhard F. K. 1976. Inalienable possession in Sotho. *Studies in African Linguistics* (Supplement 8) (Los Angeles: University of California):255–66.

Vorbichler, Anton. 1965. *Die Phonologie und Morphologie des Balese (Ituri-Urwald, Kongo)*. (Afrikanistische Forschungen, 2.) Glückstadt: J. J. Augustin.

————. 1971. *Die Sprache der Mamvu*. (Afrikanistische Forschungen, 5.) Glückstadt: J. J. Augustin.

Watkins, Calvert. 1967. Remarks on the genitive. In: *To honor Roman Jakobson. Essays on the occasion of his 70th birthday*. Vol. 3. The Hague: Mouton, pp. 2191–2198.

Weissenborn, Jürgen, & Wolfgang Klein (eds.). 1982. *Here and there: Cross-linguistic studies on deixis and demonstration*. Amsterdam: John Benjamins.

Wells, Rulon S. 1947. De Saussure's system of linguistics. *Word* 3:1–31.

Welmers, William E. 1968. *Jukun of Wukari and Jukun of Takum.* (Occasional Publication, 16.) Ibadan: Institute of African Studies.

————. 1973. *African language structures.* Berkeley: University of California Press.

Werner, Alice. 1904. Note on the terms used for "right hand" and "left hand" in the Bantu languages. *Journal of the African Society* 13:112–16.

Westermann, Diedrich. 1907. *Grammatik der Ewe-Sprache.* Berlin: Dietrich Reimer.

————. 1924. *Die Kpelle-Sprache in Liberia: Grammatische Einführung, Texte und Wörterbuch.* (Zeitschrift für Eingeborenen-Sprachen, Beiheft 6.) Berlin: Dietrich Reimer.

Whitney, William Dwight. 1875. *The life and growth of language: An outline of linguistic science.* New York: Dover.

Whorf, Benjamin Lee. 1956. *Language, thought and reality: Selected writings of Benjamin Lee Whorf,* edited by J. B. Carroll. New York: Wiley.

Wierzbicka, Anna. 1972. *Semantic primitives.* Frankfurt: Athenäum.

————. 1980. *Lingua mentalis: The semantics of natural language.* New York: Academic Press.

————. 1988. *The semantics of grammer.* Amsterdam: John Benjamins.

————. 1992. *Semantics, culture, and cognition: Universal human concepts in culture-specific configurations.* New York: Oxford University Press.

Wilkins, David P. 1989. Mparntwe Arrernte (Aranda): Studies in the structure and semantics of grammar. Ph.D. diss., Australian National University, Canberra.

————. 1993. *From part to person: Natural tendencies of semantic change and the search for cognates.* (Cognitive Anthropology Research Group, Working Paper 23.) Nijmegen: Max Planck Institute.

————. 1996. Natural tendencies of semantic change and the search for cognates. In: Durie & Ross, *Comparative method reviewed,* pp. 264–304.

Williams, Joseph. 1976. Synaesthetic adjectives: A possible law of semantic change. *Language* 52:461–77.

Wilson, Bob. 1983. An examination of crosslinguistic constraints on the lexicalization of predications of ownership, possession, location and existence. *Working Papers in Linguistics* (University of Hawaii) 15,2:1–15.

Witkowski, Stanley R., & Cecil H. Brown. 1985. Climate, clothing, and body-part nomenclature. *Ethnology* 24:197–214.

Wolff, Ekkehard. 1993. *Referenzgrammatik des Hausa zur Begleitung des Fremdsprachenunterrichts und zur Einführung in das Selbststudium.* (Hamburger Beiträge zur Afrikanistik, 2.) Münster: Lit Verlag.

Wolff, Ekkehard, & Hilke Meyer-Bahlburg (eds.). 1983. *Studies in Chadic and Afroasiatic linguistics.* Hamburg: Buske Verlag.

Wright, S., & T. Givón. 1987. The pragmatics of indefinite reference: Quantified text-based studies. *Studies in Language* 11,1:1–33.

Wüllner, Franz. 1831. *Über Ursprung und Urbedeutung der sprachlichen Formen.* Munich: Theissingsche Buchhandlung.

Zigmond, Maurice L., Curtis G. Booth, & Pamela Munro. 1990. *Kawaiisu: A grammar and dictionary with texts.* (University of California Publications in Linguistics, 119.) Berkeley: University of California Press.

Zimzik, Helena. 1992. Komparativkonstruktionen in afrikanischen Sprachen. Unpublished manuscript, Institut für Afrikanistik, University of Cologne.

Ziv, Yael. 1976. On the reanalysis of grammatical terms in Hebrew possessive constructions. In: Cole, *Studies in modern Hebrew,* pp. 129–52.

人名索引

言語索引

用語索引

訳注

1　この方策は特に私たちがより抽象的な関係を理解しようとするときに見られる。例えば，除法や乗法の概念を表すのに「割る」「かける」のような日常的概念を用いたり，電子メールに添付するファイルが「重い」と言ったりするとき，私たちはある概念を，別の具体的な概念を用いて述べることで理解し，またその際に本来的には異なる概念どうしを関連づけていると言える。こういったメタファー的な転用は，私たちのコミュニケーションの基礎をなしていると考えられる。このような見解の古典的な研究としては Lakoff & Johnson（1980）がある。本書はこのような転用方策が，言語における文法の構築にも大きな役割を果たしているという立場をとっている。詳しくは Heine, Claudi, & Hünnemeyer（1991），Hopper & Traugott（2003）などの文法化理論の概説書を参照のこと。

2　一般に同音異義とは例えば「意志」と「医師」のように発音は同じだが互いに関連がない意味を持つ場合で，多義とは「途上国に学校を建てる」と「今日は学校がある」のように，前者の「学校」は建物，後者は授業を指すものの、相互の意味に関連がある場合のことである。

3　例えば Is the game over yet?「もうその試合は終わったのか」における over は副詞用法からの派生と考えられるが，同時にまた「終わった」という形容詞と考えることもできる。

4　例えばここに挙げた日本語訳に見られるように，日本語でも方向と受け手をともに「に」で表すことが可能である。こういった事実がさらに他のいくつかの言語でも観察されるなら，類型的相似基準を満たしていることになる。ちなみにこのような言語には，他にトルコ語やペルシア語などがある。

5　ここでは説明が省かれているが，英語の to と too は起源的多義の例である。英語と同じく西ゲルマン語派に属するドイツ語では，両者の対応形が現在でも同じように表記される。例：Ich sprach *zu* ihm. = I spoke to him.「私は彼に向かって話した」Das Buch ist *zu* teuer. = The book is too expensive.「その本は高すぎる」

6　以下でも挙げられるように，直示定位の代表的な表現は「上」「下」「左」「右」ようなものである。これらの表現は，話し手がどこに位置しているかによって，指示対象がそのつど異なる直示的な性質を持ちうる。例えば「右に川が見える」という発話の「右」によって指される方向は，話し手が発話の際どこに位置しているかを考慮しないと特定できない。このように直示定位表現の背後には「私の現在の位置から見て」という関係が存在している。

7　このような直示の中心の移動は，例えばバスガイドが乗客に景色の説明をする際に見られる。そのような場面では，バスガイドの直示定位に従うと右にあるはずの景色が，乗客の直示定位に基づいて「左手にございますのが」と表現されることになる。

8　話し手と聞き手が対面している場合に直示が逆となるのは，主に「左」「右」に関してである。「上」や「下」は話し手と聞き手が坂の上と下に位置しているような特別な

場合を除けば，通常は直示が逆になることはない。

9　この定位は話し手の視点からではなく，ある対象物を基準として定位を行うという点で，直示定位と異なっている。この違いは次のような例を考えると理解しやすい。例えば話し手がちょうど車のヘッドライト側と向かい合っているとしよう。その場面における「車の右横に自転車がある」という発話は，場合によって直示定位的解釈と，対象直示的解釈が可能である。直示定位的解釈に従うなら，話し手を直示の中心とするので，自転車があるのは話し手から見た右，すなわち日本の車の助手席側となる。一方，車を基準とする対象直示的解釈では，自転車があるのは運転席側，すなわち左となり，直示定位の解釈とは逆になる。

10　対象物を参照点にする際，対象物には内在的な位置が備わっていることが前提となる。例えば「車の横」と言った場合，乗車するドアのついた側を指すのが普通である。これは車はヘッドライト側が前であり，それに対応して左右が側面となるという内在的な位置関係を私たちが車に読み込み，前提としているためだと言える。なお本文にもあるが，対象直示定位を表すのに使われるのは，多くの場合直示定位と同じ「前」「後」「左」「右」といった表現である。これは私たちが対象物に私たちの経験する直示方向を読み込むために生じると考えられる。

11　日本語の一人称の「僕」や二人称の「君」もビルマ語と同じような発展をたどったと考えられる。なお日本語では「（お）前」「あなた」のような空間表現が次第に代名詞的な用法を獲得する傾向があるという点で興味深い。また「きさま」のように，本来敬意を表す表現だったものが，相手を貶める表現へと変化していく過程も観察される。

12　『岩波古語辞典』によれば，西の「ニ」は動詞「姿を消す」を意味する動詞「イヌ」の名詞形「イニ」の「イ」が脱落した形で，「シ」は方角を表すという。すなわち全体で「姿を消す方向」という意味になり，このパターンとほぼ一致する。

13　上掲の辞典によれば，東は上代では「ヒムカシ」で，「日向し」すなわち「日の出に向いた方向」の意だという。東が日の出と関係する点で，世界の言語に見られるパターンと共通性がある。

14　例えば第4章で一部が扱われる冠詞は，指示対象の同一性や不定性といった，語彙的な意味とはかけ離れた抽象的な機能を担うという点で，所有や比較のような語彙的な意味から派生しやすい概念に比べ，より文法的な概念だと言うことができる。

15　例えば後の表2-5に見られるように，6, 7がそれぞれ「親指」「人差し指」と表される言語がある。

16　命題的な構造とは，8, 9がそれぞれ「二本の指を残すもの」，「一本の指を残すもの」のような動詞や目的語を伴う節の形で表されるような場合を指している。

17　Kluge（1989: 8）によれば，インドヨーロッパ祖語の「8」の再建形は *oktōu であり，この語の語尾は双数形のものと考えられ，単数は古典ギリシア語の παλαιστή「手のひら，4本の指の広さ」などに含まれる部分と関係しているという。

18　マムヴ語はこのタイプの例と考えられる。このような場合，語源的に不透明な形式が古い体系に属すると言える。

19 英語に ten, -teen, -ty の形が見られるのは，このためだと考えられる。ちなみにドイツ語では zehn, -zehn, -zig のように，最初の二つは異なる環境でも同一の形式で表現される。

20 以下に見られるように，ズールー語の社会では，数を数える際に日本とは異なる指の用い方をしていることがわかる。6 は親指，7 はそれに人差し指を加えて表される。

21 統合関係と連合関係は複数の要素からなる言語表現に見られる基本的な関係で，Saussure が提案する重要な区別の一つである。統合関係は連鎖をなす言語表現のそれぞれの要素どうしの水平レベルの関係のことであり，例えば「私の本」という言語表現のそれぞれの要素「私」「の」「本」は統合関係にあると言える。連合関係とは「私の本」と「君の本」の間に見られる関係で，入れ替え可能な要素どうしの垂直レベルの関係であるというのが一般的な理解である。ただし Saussure が提案する連合関係の概念はさらに広義のもので，「教える」と「教え」の間に見られるような派生関係なども連合関係に含められている。現在一般的に用いられる意味はむしろ Hjelmslev の統合関係・範列関係の区別に対応するもので，原著の「連合関係」も，むしろこの範列関係の意味で使われている。

22 オーバーカウンティングとは，例えば31 を表すのに 40（までのうち）の 1 のように，より大きな基準数に基づいて数を表現する方法である。

23 前章で見た表現は，数詞としての意味の他に，レキシコンと結びついた本来の具体的な意味を有している事例であったが（例えば「手」と「5」が同じ表現で表される），本章で扱われる空間定位表現では，本来の語彙的な意味が失われていくことが多い。

24 接語（clitics）とは，語のようであるが，もはや単独では現れることができず，常に他の要素に付随して現れる形式である。例えば英語の I'm, It's における 'm, 's は接語だと言える。

25 定形とは，動的概念を表す形式が，人称や時制や法などに応じて形態的に変化した形で，不定形とはそのような特徴を示さない形式である。したがって例えば英語の場合，（She）plays や（She）played は定形であるが，（to）play は不定形である。

26 『岩波古語辞典』では，日本語の「前」が「マ（目）へ（方）」と分析されている。「マ」は「目（メ）」の古形であり，「まぶた」「まなこ」などの語にも残っている。したがって日本語もこのタイプに属すると言える。

27 『岩波古語辞典』では，日本語の「後ろ」は「ミ（身）」の古形「ム」と，「シリ（尻）」の古形「シロ」とが結合した「ムシロ」が転じたものとされる。したがって日本語の「後ろ」も，このタイプの一種だと言える。

28 『岩波古語辞典』によれば，「ナカ（中）」は古語でも空間的な中間部を現す表現であるという。したがって現代日本語の「おなか」という表現は，ここで述べられている発展とは逆に，空間定位表現が「腹部」を指す表現へと発展した例だと考えられる。

29 例えば以下で述べられるように，アフリカのバントゥ諸語に見られる発展過程は，この一例である。そこでは「空」というランドマークが「上」を表す表現に転用され，最終的に身体の上部も指すことができるようになったと考えられている。

30 すなわち「上」は身体部位の「頭」もしくはランドマークの「空」，「前」は身体部

位の「顔」,「後」は身体部位の「背」,「中」は身体部位の「腹」,下はランドマークの「地面」が使われるような状況が,世界の言語における典型的なパターンと言える。

31 主要部名詞とは,名詞句の核となる名詞のことである。例えば日本語では「家の前に」のように,「前」という主要部名詞を伴う属格構造によって空間の接置詞表現が作られる。日本語ではここで言うような,名詞的接置詞が多く見られる。

32 日本語における動詞的接置詞としては,「を通って」や,以下の日本語訳に見られる「に先だって」,「に続いて」などが挙げられる。

33 この例に関する限り,次で述べられる三段階は現代ドイツ語においても,すべて平行して存在している。しかしドイツ語の文法記述では,第三段階の hinauf は接置詞ではなく,動詞と一体をなす不変化詞(いわゆる分離動詞の前綴り)として解釈されるのが普通である。

34 例えばアフリカのマリ共和国の公用語の一つであるバンバラ語では,声調によってbà dôn「ヤギ(不定)だ」bǎdòn「ヤギ(定)だ」という対立が見られる。この言語では声調という超分節音が,不定冠詞の機能を果たしていると言える。

35 すなわち,表 4-5 の un と dei の二つを指している。

36 中国語標準語(普通話)では,「了」が動詞の構成素として使われると liǎo と声調を伴って発音されるが(例:了解 liǎojiě),アスペクトの標識,すなわち文法標識として使われると le と発音され,声調上の対立を示さなくなる。したがってこの文法要素は,連続声調の際などの声調上の制限を受けなくなる。

37 例えば上注の中国語の場合はアスペクトという文法領域に関わる事例であるが,この領域でも文法化の進行とともに,音韻的実質の減少(声調の消失と母音数の減少)が観察される。

38 例えば英語の in the face of は,全体で「~に直面して」という意味の前置詞になっていると言える。ここではこの複合的前置詞に含まれる face「顔」という語彙が前置詞に変化したと捉えることもできるが,さらにこの構文が全体で前置詞に変化したと見ることもできる。このようにある表現の文法化を議論する際,形態素や語彙中心の見方と,それを取り囲む構文をも視野に入れた見方の両方が可能である。構文の立場からの文法化のアプローチについては,Traugott & Trousdale(2013)を参照。

39 以下で見るように,所有表現は例えば「~と共にある」のような命題的なスキーマ構造が,しだいに所有表現として定着してゆくことで生まれてくる。このように命題構造が文法領域の起点となる例としては,他に次章で扱われる比較構文などが挙げられる。

40 日本語の付加語的所有標識には「の」と並んでさらに「が」がある。これは「塞翁が馬」のような慣用句中の例を除けば,現代日本語ではほぼ「わが」という形でしか用いられなくなっている。『岩波古語辞典』はこの「が」と「の」の違いについて,「『が』がウチなるものを承けたのに対して,『の』はソトにあるもの・ことを承けた」(1485)としている。この相違は不可譲渡と可譲渡の違いと対応しており,日本語でも古くはこの二つのカテゴリーが別の形式で表わされていたと言える。

41 例えば中国語では非所有者,つまり所有されるものが可譲渡である本(书)などの

場合は，我的书「私の本」のように所有標識「的」が間に現れるが，不可譲渡である母親（妈）などの場合は，我妈のような所有標識を伴わない構造的に緊密な形をとる。

42 例えば日本語の付加語的所有の古風な形式と言える「わが」は，不可譲渡所有の対象物と特によく用いられるようである。「わが家」「わが街」「わが子」「わが故郷」「わが友」「わが妻」のような，不可譲渡として扱われやすい対象とは共起しやすいが，「わが本」のような可譲渡の対象物とは，実際に自分が書いた本のような，所有者とのつながりが強い場合にだけ，共起可能となるようである。

43 日本語や中国語は「私の〜」「我的〜」のように所有者に所有標識がつくので，従属部表示型の言語だと言える。一方主要部表示型の言語には，例えばペルシア語がある。ペルシア語では kitab-e shoma「本・所有標識　私」のように，主要部に所有標識が現れる。

44 例えばトルコ語では「私の本」を表すのに，ben-im kitab-ım「私・所有標識（一人称）本・所有標識（一人称単数）」のように，二重表示が可能である。

45 例えばインドネシア語では「私の本」は buku saya「本　私」であり，従属部と主要部ともに所有標識は現れない。

46 英語，フランス語，ドイツ語の付加語的所有の場合に可能な the book of the friend, le livre de l'ami, das Buch von dem Freund「友達の本」のような場合を指している。ここでは所有標識（of, de, von）が所有者の前に置かれている。所有標識が所有者の後におかれる言語とは，日本語（友達の本）や中国語（朋友的书）のような言語である。

47 ノルウェー語にはこのような表現が比較的多く見られる（例: Bilen til Tor（=Tors bil)「トールの車」; til は英語の to に相当）。なおこのような表現が使われるのは所有関係に限られる。

48 Greenberg（1963）の普遍性第 22 番は，次のようなものである。「優等比較において，その唯一の語順または選択可能な語順の一つが基準項・標識・形容詞なら，その言語は後置詞言語である。唯一の語順が形容詞・標識・基準項なら，その言語はほぼ間違いなく前置詞言語である。」

49 日本語の「おやゆび」「こゆび」はこのような例だと言える。

50 つち骨，きぬた骨，あぶみ骨の三つの骨のこと。

51 日本語の「腕（うで）」も，「手（て）」が拡大したものと考えられる。

52 日本語も漢字で表記しなければ「足」と「脚」の区別をしないことから，このような両義性が見られる言語だと言える。

監訳者解説

本書は Bernd Heine: *Cognitive Foundations of Grammar*. Oxford University Press. 1997 の邦訳である。原著の出版からはしばらく時間が経過しているものの，文法化研究や言語類型論の面白さを伝えることのできる入門書として，今なお価値の高いものである。2004 年には韓国バギジョン出版社から，本書の韓国語訳が出版されている。原題は *Cognitive Foundations of Grammar* であり，直訳すると『文法の認知的基礎』となるが，邦訳に際しては本書の全体の内容をよりわかりやすく反映したものとするため，タイトルを『ことばはなぜ今のような姿をしているのか』とし，『文法の認知的基礎』を副題とした。

本書の翻訳は当初，早稲田言語研究会の活動の一環として行い，宮下は1章，7章，8章を担当し，2章は山崎，3章は甲斐崎，5章は小倉，6章は小林が担当した。4章に関しては当時研究会のメンバーであった渡邉勇人氏が下訳を担当し，宮下が手を加えた。その後甲斐崎，小倉，小林，宮下で訳文をチェックし，宮下が全体に目を通して訳文の統一をはかった。また当時早稲田大学文学部助手で，早稲田言語研究会のメンバーでもあった久保さやか氏に訳文を通読してもらい，わかりにくい点や読みにくい点を指摘していた

だいた。久保氏の指摘を参考に，原著で説明が足りない部分や，原著の内容の理解に役立つような補足的な情報を訳注として加えた。これにより本書の内容がより理解しやすくなったのではないかと思う。訳者一同，久保氏に謝意を表したい。

著者の Bernd Heine 氏はケルン大学アフリカ学研究所の名誉教授で，ドイツを代表する言語学者の一人である。Heine 教授のこれまでの研究はとりわけ二つの領域を中心としている。一つはアフリカ言語学者としてのアフリカ諸言語の研究であり，もう一つが本書の背景をなす文法化研究である。Heine 教授は，文法化研究の古典的著作である Heine & Reh (1984) や Heine et al. (1991) などにより文法化研究の理論的基礎を築き，またこれまでに知られている文法化の方向性を辞典の形でまとめた Heine & Kuteva (2002) や，言語進化の問題を文法化の観点から扱った Heine & Kuteva (2007) などで知られ，文法化研究を常に主導してきた一人である。本書の基本的な枠組みをなしているのはこの文法化研究であるが，本書では文法化研究自体については詳しく述べられていない。それゆえ以下では本書の内容を補完すべく，文法化とはどのような現象であり，またどのような特徴を有するのか，さらに文法化研究の特徴はどのようなもので，これまでどのような議論が行われてきたのかを，最近の動向も含めて解説してみたい。

1 文法化と文法化研究

文法化（grammaticalization）とは，文法が生じてくるプロセスを指す用語である[1]。文法化研究は，その源を 19 世紀の歴史・比較言語学の伝統にさかのぼることができるが[2]，とりわけ 1980 年頃から欧米で重点的な研究が始まり，それ以降活発に研究が行われている言語学の一分野である。文法化研究は，我々が目にする言語の文法がどのようにして生まれ，定着していくのかといった問いかけに答え，文法がなぜ今あるような姿をしているのかを説明しようとする，言語学の諸分野の中でもとりわけ興味の尽きない分野である。

文法化とは何かを考える際，まずその出発点となるのは，そもそも「文法」とは何を指すか，ということであろう。「文法」をどのようなものと捉える

かによって，文法化研究で問題となる現象の範囲が異なってくるからである。

　文法はまず形態論的な視点から捉えることができる。この見方に従うと，文法は語彙のような拡大可能なクラスではなく，ある限定された数の要素からなる，いわゆる閉じたクラスの形態素[3]の集合と見なされる。例えば日本語の格助詞や，「見た」の「た」や「食べている」の「ている」のような時制やアスペクトの標識は，文法機能を表示する形態素である。形態論的な視点で文法を捉えるなら，このような形態素の集合が文法だということになる。この立場に立つと，文法化は，開いたクラスに属する形式が，格助詞や時制・アスペクト標識のような閉じたクラスに属する形式へ，さらには閉じたクラスに属する形式が，別のさらに閉じたクラスの形式へと変化する一方向的な過程として捉えることができる[4]。

　しかし一般に文法には形態論だけでなく，文の構成要素の配列に関する規則を扱う統語論も含まれる。したがって文法化の研究はある統語構造がどのように生まれてくるのかという問題にも関わることになる[5]。文法化研究の課題は，以上のように把握される文法がどのように生まれ，現在の姿をしているのかを明らかにすることである。

2　文法化研究の特徴

　文法の通時的変化の研究は，「文法化」という標語のもとで研究が行われるより以前に，歴史的統語研究という形で行われてきた[6]。このような研究と，1980年代より盛んになってきた近年の文法化研究とは，どのような違いがあるのだろうか。ここでは両者の相違を観察することで，近年の文法化研究の特徴について見ていきたい。

　歴史的統語研究は，ある言語，もしくは系統を同じくする諸言語の文法の変化を記述するのが大きな目標であった。それに対して文法化研究においては，諸言語の文法変化の記述に基づき，さらなる一般化が目指される。すなわち，文法化研究は言語類型論的な視点から，世界の言語に見られる，文法変化のパターンの解明を目標としている[7]。この点において文法化研究は従来の歴史的統語研究とは大きく異なっている。またこの言語類型論的な研究方向の中で指摘されるのが，上で述べたような，文法化は一方向に進んでい

くという仮定，すなわち「一方向性の仮説」である。以下で見るように，この仮説は近年その反例が指摘されてはいるものの，大局においては正しいと考えられる。これは文法化研究が明らかにした最も重要な仮説の一つと言える。

　文法化研究のさらなる特徴は，文法化が生じてくる背後にある，言語使用者の認知的プロセスが問題とされる点である。文法化研究においては，文法が言語使用者のどのような営みによって生じてくるのかが重要な研究対象となる。このような考察は人間の認知やコミュニケーションの在り方に関する考察と密接に関わるものとなる。そのため文法化研究はしばしば通時的な認知言語学の分野と見なされる。文法化研究におけるこのような特徴も，従来の歴史的統語研究においては意識的な形では見られなかったものである。

　さらに文法化研究の特徴として，ソシュール以来の通時論と共時論を明確に区別する言語学研究の伝統には立たないという点が挙げられる（汎時論的立場）。文法化研究においては，共時的に観察される文法構造は通時的な文法化の結果であり，共時的な文法構造も通時的考察によって最もうまく説明できると仮定される。またそこからさらに一歩進んで，共時的な構造の考察をもとに，通時的な文法化の過程に関する仮説を導き出すことも可能とされる[8]。

　以上のように，近年の文法化研究は言語類型論や認知言語学といった分野と密接に関わるような形で行なわれる[9]という点で，歴史的統語研究と大きく異なっている。そこには言語類型論的な意味での言語普遍性と認知的類型パターン，さらにそれらの認知的動機づけの探求という方向性が見て取れる。またこのような方向性ゆえに，文法化研究は現代言語学のアクチュアルな研究領域の一つをなしていると言える。

3　古典的文法化理論

　以上で文法化研究の一般的特徴について見てきたが，文法化研究においてはこれまで文法化が生じる過程についてのいくつかの法則性が指摘されてきた。このような法則性の考察はしばしば「文法化理論」と呼ばれる。ここでは70年代以降の古典と呼びうるいくつかの文法化理論[10]について紹介したい。

　まず古典的文法化理論のさきがけと見なされるのが，Givón（1971: 413）の「今日の形態論は昨日の統語論である」（Today's morphology is yesterday's syntax）という見方である。この標語は歴史的に見ると本来は統語的な結合であったものが，次第に融合していって形態論の領域に移行していくというプロセスを指すものである。このようなプロセスは，文法が生み出される言語変化の至るところに見られる。例えば中世日本語の助動詞「たり」は，接続助詞「て」[11]と，存在を表す動詞「あり」が融合したものであることが知られている。この「てあり」から「たり」への変化は，Givón の指摘の一例と見ることができる。この変化においては，本来「て・あり」という統語的な結合であったものが融合して「たり」となることで，形態論的に助動詞の領域へと移行したと言える。他の例としては，古典ラテン語の不定詞と所有動詞の統語的結合 cantare habemus（歌う・不定詞（私たちが）持つ）が，ラテン語から派生したフランス語においては chanterons「私たちは歌うだろう」となり，未来形の形態論的なパラダイムを形成するようになったことが挙げられる。Givón の以上の標語は，形態素が，かつての統語的な結合から生まれてくるという，言語変化のダイナミズムを明示したものと言える。

　Givón（1979）はこれをさらに拡大して，以下のようにまとめている。

(1) 談話（discourse）　>　統語（syntax）　>　形態（morphology）　>　形態音韻（morphophonemics）> ゼロ（zero）

　ここでは統語構造がさらに談話の中から生じてくるというプロセスと，形態論が形態音韻の領域へ，さらにはゼロへと変化していくプロセスが加えられている。Givón は特にこのうちの前半のプロセスを統語化（syntacticization）と呼び，詳しく扱っている[12]。このプロセスの一例が，英語に見られる次のような変化である（Givón 1979: 219）。

(2) I know that, (i.e.,) it is true.　>　I know that it is true.

　このプロセスの最初の段階では，左の例のように最初の文の指示代名詞 that が後方照応的に先取りして表れ，それに続く文が，その内容となるような構造となっている。この段階では，指示代名詞が後続する文を指示する

という談話レベルの照応関係が成り立っている。一方，この構造の統語化が進むと，右の例のように指示代名詞はもはや照応詞ではなく，補文接続詞として解釈される。この段階では，that が文の埋め込みの統語構造を作り出す機能語へと変化している。以上の Givón の研究は，文法が生じてくる通時的プロセスの全体的な流れを捉えようとした点が特徴的だと言える。

　文法化が（1）で示されているような方向に進行していくという指摘は，その後の研究に大きな影響を与え，またこのような見方は現在も文法化研究で共有される重要な主張のひとつとなっている。しかし上のような文法化の捉え方では，ある形式がどのような状態になると文法化したと言えるのかについては，必ずしも明確ではない。ある形式の文法化の程度は，何らかの基準に基づいて判断する必要がある。この点に関して Lehmann（1995 [1982]）は，文法化の度合いを測るのに言語記号の自立性の程度が基準となると考え，文法化の程度を，自立性を計るパラメータの組み合わせで捉えることを提案している。そのパラメータとして挙げられるのが，「重点性」，「結束性」，「可変性」の三つと，ソシュール以来よく知られた区別である「範列的」，「統辞的」[13] の二つである。これらのパラメータを組み合わせた6つの基準により，文法化の程度が把握できると Lehmann は考えている。これは次のようにまとめられる。

表1　文法化のパラメータ　（Lehmann 1995[1982]: 123）

	範列的（paradigmatic）	統辞的（syntagmatic）
重点性（weight）	完全度（integrity）	構造スコープ度（structural scope）
結束性（cohesion）	範列度（paradigmaticity）	結合度（bondedness）
可変性（variability）	範列的可変度（paradigmatic variability）	統辞的可変度（syntagmatic variability）

　まず範列的な軸から見てみたい。最初に挙げられている範列的重点性，すなわち完全度とは，ある記号が，他の同じクラスに属する（すなわち範列的関係にある）記号に比べて，意味的，音韻的にどの程度完全であるかに関わるものである。例えば「てあり」と「たり」を比較すると，「てあり」の方

が「あり」という存在の意味を持つ語彙を含んでおり、「て」と「あり」が融合しておらず、音韻的にも完全である分、完全度が高いことになる。完全度はしたがって文法化が進めば進むほど減少すると言える。

次の範列的結束性、すなわち範列度は、ある記号が言語の変化パラダイムのなかにどの程度組み込まれているかに関わる。ある記号の文法化が進めば進むほど、範列度は高くなるとされる。例えば「たり」を連用形に接続する助動詞のパラダイムの一員と考えるならば、動詞を含む「てあり」に比べて範列度が高く、文法化の度合いが高いと言える。

範列的な軸の最後のものが範列的可変度である。これはある記号が文法化した場合の、範列上の自由度や義務的度合いに関わる。例えば「て・あり」の段階では、「て・はべり」のように範列的な置き換えが可能であったはずであるが、これが「たり」を経て、さらに文法化が進んだ現代語の「た」になると、過去を表す場合にほぼ義務的に用いられる形態素になっており、「行った」「書いた」のように、音韻的に本来の動詞の語形が保たれない場合もあり、他の要素との範列的な置き換えは限定されている。このように文法化が進むと、範列的可変度は減少することになる。

次に統辞的な軸について見てみたい。統辞的重点性、すなわち構造スコープ度は、ある記号がそれと統辞的関係にある他の要素とどの程度の重点性の差があるのかに関わるものである。例えば「行きてあり」という表現される段階では、「行きて」と「あり」の両方に意味的、音韻的に重点が置かれ、統辞的な重点性が見て取れるが、「行きたり」の場合は、すでに意味的、音韻的に「行き」の方に重点が置かれるようになっている。

次の結合度は、ある記号が他の記号とどの程度緊密に結合しているかに関わるものである。例えば「てあり」の段階では「て」「あり」と分割可能だが、「たり」は分割できずすでに一つの単位となっている。これはこの結合度の違いとして捉えることができる。結合度が高いほど、文法化の度合いは高くなる。

最後の統辞的可変度は、統辞的な自由度に関わるものである。この例としてLehmann（1995［1982］：158）が挙げているのは、古典ラテン語の不定詞と所有動詞の統辞的結合 epistulam scriptam habeo「書かれた手紙を私は持っている」である。古典ラテン語ではこの結合は統辞的に自由度があり、

さまざまな語順が可能であったという。しかしそこから派生したイタリア語の対応表現 ho scritto una lettera「私は手紙を書いた」では，もはやそれぞれの要素の語順は固定されている。イタリア語ではもはやこの統辞的可変度が見られなくなっていることから，ラテン語に比べて文法化の度合いが高くなっていると言える。

　以上の Lehmann のいくつかのパラメータについては，文法化のパラメータとして有効かどうか疑問視されるものもあるものの[14]，パラメータによってある形式がどの程度文法化しているのかを把握しようする Lehmann の試みは，文法化研究に対する重要な貢献であったと言える。

　Lehmann とほぼ同時期に，Heine & Reh（1984）は主にアフリカの諸言語を対象とした文法化研究を行なっている。この研究において Heine らは文法化に関わる次の三つのプロセスを区別し，文法化の際にはこれらの独立したプロセスがそれぞれ関与すると考えている。

　(3)　文法化に関わる三つのプロセス（Heine & Reh 1984: 16）
　　　I　音声的プロセス
　　　II　形態統語的プロセス
　　　III　機能的プロセス

　まず文法化の際には，音声レベルにおいて変化が観察される。すなわち形式の持つ音声的な実質が失われていく傾向が見られる。このプロセスは侵食（erosion）や磨耗などと呼ぶことができるものであり，「てあり（te-ari）」が「たり（tari）」へと変化していく過程にも，この音声的な消失が見られる[15]。

　また文法化の際には形態統語的な側面においても変化が見られる。ある形式が文法化すると，接語化（cliticization）や接辞化（affixation）などの特徴を示すようになる。例えば「てあり」から「たり」への変化の過程では，「たり」は「助動詞」，すなわち一種の動詞接辞となったと言え，そこには形態統語的な変化が見られる[16]。

　さらに機能の面では，文法化により意味の抽象化（desemanticization）[17]が見られるとされる。例えば「てあり」においては「あり」の語彙的な「存在」の意味が残っていたと考えられるが，「たり」の段階では「完了・存続」という，より抽象的な意味に変化している。

　以上のように，Heine & Reh はレベルの異なる三つのプロセスを基準として，文法化を捉えようとしている。Lehmann とは異なり，言語形式の持つ音声・形態統語・機能の面を明確に区別して文法化を捉えようとする点で，非常に理解しやすいものとなっている[18]。

　以上の Lehmann や Heine らの文法化へのアプローチは，文法化する形式の音韻的，形態統語的な側面を重視して文法化を把握しようと試みたものだと言える。このような文法化の捉え方と並んで，主に意味の側面から文法化を考察しようとする一連の研究がある。そういった研究では，具体的な意味が文法的な意味へと変化していく際にどのような変化の傾向が見られるのかに，とりわけ関心が払われる。

　このような方向の代表の一人である Traugott（1982）は，文法化の際に見られる意味変化の一般的な傾向として，次のようなものを挙げている。

　(4) 命題的（propositional）＞テクスト的（textual）＞感情表出的（expressive）

　このような傾向を示す変化は，さまざまな言語に見られると考えられるが，ここでは日本語の例を挙げてみよう（Matsumoto 1988: 340 を参照）。

　(5) 太郎は若いが，よくやるよ。　＞　太郎は若い（よ）。が，よくやるよ。

　左の文に見られるように，「が」は本来，二つの命題を逆説的に連結する働きをする接続助詞であった。しかし右の新しい用法では，それが独立して，談話標識というテクスト的な機能を帯びている。ここに見られる「が」の用法の拡大はしたがって命題的な用法からテクスト的な用法への変化と捉えることができる[19]。

　また Sweetser（1990）はモダリティ表現を考察し，次のような文法化の傾向を挙げている[20]。

　(6) 義務的モダリティ（deontic modality）＞認識的モダリティ（epistemic modality）

　例えば本来「しなければいけない」という義務的なモダリティを表す表現であった英語の must は，「に違いない」という認識的モダリティを表す表現へと変化したが，これは (6) の変化の例である。Sweetser はこの変化を，「しなければならない」という社会・物理的な要請を表す領域から，「ちがい

ない」という話し手の信念を表す認識的領域へのメタファー的な適用として説明している。

さらに Heine et al.（1991）は，意味のレベルにおける次のような文法化の方向性を指摘している。

(7) 人（PERSON）> 対象物（OBJECT）> 活動（ACTIVITY）> 空間（SPACE）
> 時間（TIME）> 質（QUALITY）

この方向性の典型的な例としては，英語の back（背中）に見られるように，本来「背中」という身体部位（＝人）を表していた語が，対象物の後部，さらには「後ろ」という空間を表す表現へと文法化していくような場合が挙げられる。

以上の意味に基づくアプローチにおいて明らかとなるのは，文法化の起点となる意味から，目標となる意味への変化の際に，一定の方向性が確認できるという点である。このような文法化の方向性の通言語的な研究は，さらにBybee et al.（1994）によって進められた。このグループは世界の 76 言語を対象として，時制，アスペクト，モダリティに関する文法化の道筋を明らかにした。また Heine & Kuteva（2002）は，さまざまな研究で明らかにされた文法化の道筋を，辞典の形で包括する試みを行っている。

以上で見た一方向の変化は，いったいなぜ起こるのだろうか。Bybee et al.（1994）などが明らかにしたように，多くの言語に同様の方向性が見られるとすると，その背後には話し手と聞き手の間の，言語を超えた共通の基盤が存在していることが関係していると考えらえる。そのような基盤とは，人の認知様式やコミュニケーション様式だと考えられる。では文法化には，具体的に話し手・聞き手のどのような認知・コミュニケーション上のプロセスが介在しているのであろうか。

文法化の際の意味の変化の際に関わる認知プロセスに関しても，これまで活発な議論が行われている。そのようなプロセスとしてこれまで指摘されてきたのは，とりわけメタファーによる拡大と語用論的推論による拡大という，二つの一般的なプロセスである。

メタファーとはある領域に属するものを，異なる別の領域のものに見立てる認知プロセスである。例えば多くの言語において，「心」や「腹」を表す

表現が「中心」を指す表現へと変化したことが知られているが，これは「心」や「腹」が身体の中心に位置するものと把握され，その位置関係が他の対象を表す際にメタファー的に拡大したためと考えられる。このようなプロセスの背後には，話し手が聞き手に対し抽象的なものごとを表現するのに，よりわかりやすい具体的な領域のものごとに依拠して話すという傾向があると言えるだろう。

　もう一つの重要なプロセスである語用論的推論は，あるコンテクストにおいてある形式が使われる際に生じてくる推意が，しだいにその形式の意味として定着していく過程である（Traugott & König 1991 参照）。このようなプロセスのよく知られた一例として，英語の since（古英語 siþþan）が挙げられる。この表現はまず「〜以来」という時間の意味で使われたが，状態的なコンテクストで使われることにより，次第に理由の意味が定着した。このプロセスの背後には，聞き手が話し手の使用した表現に，コンテクストから引き出される新しい意味を読み込んで，その用法をさらに話し手として積極的に使用していく傾向がある。

　以上の二つの認知プロセスは基本的に互いに別のものと捉えることができるものの，Heine et al.（1991）も指摘しているように，文法化の際には両方のプロセスが関わることが多い。またこの二つは対立するものではなく，実際は相補的なもので，メタファーは二つの異なる領域を結びつけ，語用論的推論はその間に見られる段階を結びつけるプロセスと捉えることができる[21]。

　以上のプロセスは，主として話し手と聞き手の間の意味的なやり取りを反映した文法化のメカニズムと捉えることができる。それに対して，言語構造を主要な契機として文法化のメカニズムを把握する立場もある。Hopper & Traugott（2003: 51）の次の例を見てみたい。

(8)　[[back] of the barn]　　　　　>　　　　　[[back of] the barn]

　ここで示されているように，「背中」が「後ろ」へと変化したのは，後続する前置詞句が back を修飾するという本来の解釈から，隣接する back of を一つの単位とみなす解釈へと移行したためと捉えることが可能である。このようなプロセスは再分析（reanalysis）と呼ばれ，Hopper & Traugott（2003）では類推（analogy）[22]とともに文法化の主要なメカニズムとされて

いる[23]。しかしこの例をメタファー（身体部位から空間表現へ）の視点から考察することも可能なことからもわかるように，このような言語構造の再分析が関わる文法化の背後にも，上で述べた意味的なプロセスが密接に関わっていると考えられる。

4 文法化をめぐる議論

以上ではこれまでの文法化研究の古典的な見解を中心に概観してきた。ここでは引き続き文法化研究のその後の議論や新しい方向性のいくつかを紹介してみたい[24]。

4.1 文法化する際の意味に関連する議論 －主観化－

これまでの研究で，文法化の際には一定の方向性を持つ意味の変化が観察されることが指摘されてきた。そういった研究の中で，文法化の際に起こる一方向の意味の変化は「主観化」（subjectification）の方向へと向かう傾向があることが指摘されている。この主観化の捉え方に関しては，Traugottと Langacker による，若干異なる二つの立場がある。ここではまずこの二つの立場を見てみたい。

まずは Traugott（1995）の見解である。Traugott は主観化を，命題に対する話し手の主観的態度が，次第に表現の意味へと取り入れられていく語用論・意味論的なプロセスと考えている。例えば命題機能から談話機能への拡張は，そのような主観化の過程の一つとされる。このような拡張の例として次の例を見てみよう。

(9) a. He will go to New York *to take part in the conference.*
b. *To tell the truth*, it is too expensive.

（9b）では，to 不定詞句が持つ本来の機能である主文との目的関係の表示という命題的な機能から，自分の発言の前置きを示す，談話的機能への拡張が見られる。通時的に見て，（9b）に見られる用法は，（9a）の用法から生じてきたと考えられる。これらの二つの用法を比較すると明らかなように，（9b）のような談話的な用法においては，表現自体に話し手の態度という主

観的な意味が増加している。この用法では (9a) の用法と異なり，明示され
ていない to tell the truth の主語は，常に話し手となる。

　主観化の関わる他の過程としてはまた，上で見た非認識的意味から認識的
意味への変化がよく知られている。「しなければならない」のような義務を
表す must から，「に違いない」のような話者の主観性を表す must への変化
が，この例の代表的なものである。

　以上の主観化のプロセスの背後にあるメカニズムとして，Traugott は上
で見た語用論的推論を想定している。このプロセスによって，次第に主観的
な意味が増大していくとされる。

　主観化についてのもう一つの見解は Langacker (1991, 2000) のものであ
る。Langacker の言う主観化は，客観的に捉えられる事物や出来事の本来の
意味が希薄化して，把握の背後にある概念化主体 (conceptualizer) の視点
が次第に前景化するプロセスと捉えられる。この過程の例として，英語の
be going to を見てみよう (Langacker 2000: 303 の例を若干変更)。

(10) a.　Sam *was going to* mail the letter but couldn't find a mailbox.
　　 b.　Something bad *is going to* happen.

　(10a) では，主語である Sam の物理的な空間的移動が表されている。し
かしこの文の意味に含まれるのは物理的な移動のみではない。そこには主語
が時間的な流れに沿って移動を行うという，概念化主体の認知プロセスが同
時に存在している。一方 (10b) では，もはや移動の意味は存在せず，状況
を把握する概念化主体の時間軸に沿った，概念化主体の心的な動きのみが存
在する。両者を比較すると，後者の意味は前者の意味のうちの空間の移動の
意味が薄れ (attenuation)，物理的な移動の意味と共に存在していた時間軸
に沿った心的な動きのみが残ったものと捉えることができる。Langacker の
主観化は，このように概念化主体の認知プロセスが顕在化する過程を指して
いる。

　ここで Traugott と Langacker の主観化の捉え方をもう一度まとめてみる
と，Traugott の主観化は，語用論的な過程を経て，ある形式にそれまでに
なかった主観的な意味が加わっていく過程を指しているのに対し，
Langacker の主観化は，ある形式の意味にあらかじめ存在している概念化主

体の視点が浮かび上がる過程を指すと言える。ここで問題となるのは，両者が同じような現象を対象にし，同じ主観化という用語を用いているにもかかわらず，なぜこのような見解の相違が生じるのかという点である。この問題に対する解答は，分析の際の出発点の違いに求めることができる。Traugott は，ある一定の意味を有する形式に注目して主観化を捉えている。形式に着目して意味を捉えるならば，すでにその形式の意味として慣習化した意味と，また慣習化していない意味が区別される。そして慣習化していない意味，この場合は主観的意味が，新しい意味として形式に加わる過程が主観化として把握される。それに対し Langacker が主観化を問題にする際には，概念主体がある出来事を概念化する場合に関わる意味の側面が着目される。このような見方に立つと，話し手が概念化を行う以上，主観的な認知プロセスは，基本的にすべての発話に存在することになる。そしてこの認知主体の視点が特に言語形式によって表されるようになる過程が主観化と見なされる。両者の相違はしたがって主観化を問題にする際に形式を出発点にするか，意味を出発点にするかという相違と考えられる。

4.2 文法化の一方向性と脱文法化

　以上で見たように，文法化研究の最も重要な主張の一つは，文法化が一方向に進んでいくということであった。これは古典的な研究として挙げた Givón，Lehmann や Heine & Reh などによって主張されてきたものである。しかし近年，この主張の妥当性に関して議論が行なわれている。

　Ramat（1992）は，文法化に逆行する脱文法化（degrammaticalization）と言える現象を多く集め，文法からレキシコンへという，文法化研究が仮定する方向とは逆方向の変化の可能性を指摘している。このような変化の例としては，以下のようなものが挙げられる。

　　(11) 脱文法化の例（Ramat 1992）
　　　　a.　fascism「ファシズム」　　　　　　＞　ism「イズム」
　　　　b.　forget me not「私を忘れるな」　　＞　forget-me-not「ワスレナグサ」

　これらの例においては，拘束形態素が独立した語となったり（11a），統語的な連鎖が語となったりしている（11b）。Newmeyer（1998: 263ff.）はこの

ような例をさらに多く列挙し，文法化研究の一方向性の仮説に対する批判を行っている。これに対し Heine（2003）は，このような場合には文法化の際に見られるような規則的な方向性が観察されず個別的であり，全体的な割合からすると，文法化の一方向性の仮説は有効であると論じている。

　また Haspelmath（1999）は，文法化の一方向性を支持する立場から，文法化がなぜ一方向に進み，逆行することはないのかに関して考察を行っている。Haspelmath はそれまでの文法化の不可逆性に関わる議論を詳細に検討した後，文法化が不可逆であるのは，話し手が「聞き手の注意を引くように話せ」という原則（目立ちの公理 maxim of extravagance）に従うためだとする [25]。話し手はこのような原則に従うため，既存の表現手段とは異なる目新しい表現手段を，文法的な意味を表現する際にも導入するようになる。その際に目新しい表現は，文法的な意味を担わない語彙的な表現から選ばれる。目新しさを伴わない既存の文法領域の表現は，もはや他人の注意を引かないからである。このような理由により，文法化の際には具体的な意味を持つ形式化から，抽象的な意味を持つ形式への一方向の変化が起こり，またそれは不可逆になるとされる。また目新しい表現がその言語を話す人々の間に広まると，その表現の出現の頻度が高くなる。音声的な弱化はこのために生じてくると考えられている。

　近年，脱文法化に関しても，より包括的な研究が行われている。Norde（2009）は上で見た Lehmann（1995［1982］）の文法化のパラメータを利用して脱文法化の類型化を行い，脱文法化を脱文法素化（degrammation），脱屈折化（deinflexionalization），脱結束化（debonding）の三つに分類している。脱文法素化とは曖昧なコンテクストにおいて機能語が主要な品詞の語として再分析され，その品詞に特有の形態統語的特徴ならびに意味的な実質を獲得する過程である。脱文法素化の例としては，ペンシルバニアドイツ語における仮定法過去の助動詞 welle が「望む」を表す本動詞 wotte に変化した例や，古代教会スラブ語の不定代名詞 něčīto「何か」がブルガリア語においては nešto「もの」に変化した例が挙げられるが，このような脱文法素化は稀であるとされる。脱屈折化とは屈折語尾が新しい機能を獲得し，屈折語尾に比べて拘束の弱い形態素へと変化する過程である。この例としては男性もしくは中性単数属格の屈折語尾 –(e)s が，英語やデンマーク語などにおいて

s- 属格後接語へと変化した例が挙げられる。この脱屈折化は脱文法化の中でも最も稀なものである。最後の脱結束化（debonding）とは，拘束形態素が自由形態素へと変化する過程を指す。脱結束化は比較的よく見られるが，その起点領域は多様で，屈折語尾，接語，派生接辞の場合がありうる。屈折語尾が起点となる例としてはアイルランド語の一人称複数の人称代名詞 muid が 1 人称複数の動詞接辞から生じた例，接語の例としては日本語の接続助詞の「が」が，「しかし」を表す接続要素「が」に変化した例，派生接辞の例としては英語の数詞の派生接辞 -ty に相当するオランダ語の tig やドイツ語の zig が「多数の」を表す数量詞に変化した例が挙げられる。Norde はこのように脱文法化の現象を重点的に扱った後，脱文法化は文法化の一方向性の仮説に異を唱える面もあるものの，同時にその数が比較的少ないことから，むしろ一方向性の仮説を支持することにもつながるとしている。

　以上のように，一方向性の仮説に関しては，それに対する反論を含め近年様々な議論がなされているが，一方向の仮説は絶対的ではないものの，強い傾向として十分に主張可能なものであり，引き続き文法化研究の重要な前提と見なすことができよう。

4.3　文法化と語彙化

　レキシコンはしばしば文法と対立する領域と見なされる。文法化は新しい文法項目の成立に関わる変化であるが，レキシコンにおける新しい語彙項目の成立に関わる変化は語彙化と捉えることができる。文法化への関心が高まる中，語彙化も注目されるようになった。語彙化という用語は，これまで研究者によってさまざまに使われてきた[26]。したがって語彙化をどのようなものと考えるかが，まず大きな問題となる[27]。また特に文法化研究の立場から見て問題となるのは，語彙化が文法化とどのように関係しており，また文法化との関連でそれがどのように捉えられるのかという点である。

　文法化と語彙化に関する近年で最も包括的な研究である Brinton & Traugott（2005）は，領域は異なるものの，音韻・形態的な融合が見られ，両者とも融合の方向に一方向に進んでいくという点で，両者が類似する部分があることを指摘している。

　また両者の関係に関しては，語彙化が文法化の逆方向の変化であるか否か

という問題がある。これは上で見た一方向性の議論とも関わるものである。文法化に対する逆方向の変化は，上で見たように脱文法化と言われるが，これはまた語彙化が脱文法化とどのような関係にあるのかという問題とも言える。

　この問題に関して Ramat（1992）や van der Auwera（2002）は，脱文法化を文法からレキシコンへと変化する語彙化の一種と見なすことができ，それゆえまた脱文法化・語彙化と文法化は鏡像関係にあると考えている。このような見解に対し，脱文法化と語彙化は別の現象だと考える研究者もいる。例えば Haspelmath（2004）は，語彙化が移行段階のない，いわば突然の変化なのに対し，文法化は移行段階を伴いつつ進行する点で異なるとしている。そのため仮に脱文法化があるとするなら，そこには文法化のような連続的な逆方向の変化が見られなければならないとする[28]。

　文法化と語彙化の関係に関してはまた Brinton & Traugott（2005）が，両者がどの点で類似しており，どの点で異なっているのかを詳細に検討している。そして両者の類似点と相違点を以下のようにまとめている。

表2　文法化と語彙化の平行性　（Brinton & Traugott 2005: 110）

	語彙化	文法化
段階性	+	+
一方向性	+	+
形態的融合	+	+
音韻的弱化	+	+
動機付けの消失	+	+
メタファー・メトニミー化	+	+
脱カテゴリー化	−	+
意味の希薄化	−	+
意味の主観化	−	+
生産性	−	+
頻度	−	+
類型論的一般性	−	+

　ここでわかるように，語彙化と文法化は共通点も多いものの，文法に特有の特徴（意味の希薄化や生産性など）に関しては，大きな相違があるといえる。また文法は類型論的に見て共通の方向性が確認されるが（類型論的一般性），語彙化にはそのような傾向がみられないという点も興味深い。

4.4　地域類型論と文法化

　これまでの文法化研究においては，文法化はどちらかというと個別言語内で自立的に生じる過程として捉えられてきた。しかし近年，個別言語内の要因だけでなく，それぞれの個別言語に隣接する諸言語との言語接触もまた，文法化を引き起こす要因として重要な役割を担っていることが注目されてきている。このような点に注目した包括的な研究が，Heine & Kuteva (2005) である。この研究でHeine & Kutevaは文法の複製(grammatical replication) という考え方を採っている。文法の複製とは，モデルとなる言語（モデル言語）の文法的な意味が，別の言語（複製言語）へと転用されていく過程を指すものである。このような転用の一例は，例えばブラジルのタリアナ語に見られる（Heine & Kuteva 2005: 3）。この言語を話す若い世代は，ブラジルで優勢なポルトガル語で疑問代名詞が関係代名詞としても使われるのを知っている。そのため若者たちは，本来のタリアナ語にはそのような用法はないにも関わらず，タリアナ語の疑問代名詞「誰」をポルトガル語に倣い，関係代名詞として使用している。ここで見られるのは通常の借用ではなく，文法的意味の転用の仕方が，他の言語に取り入れられるという過程である。Heine らは，世界の言語に見られるこの文法の複製のさまざまな事例を扱っている。

　また Heine らは，文法の複製が起こる際には，ある言語に見られる文法化の過程がそのまま他の言語に取り入れられ，複製言語においてもモデルの言語と同じような過程を経て，文法化が引き起こされることを指摘している。また文法の複製がいったん始まると，それは通常の文法化と同じように一方向に進行することを明らかにしている。

　これまで言語接触の研究においては語彙レベルの借用はよく問題にされてきたが，バルカン言語連合のように文法の地理的影響が古くから知られてきた例はあるとはいえ，どちらかというと文法はあまり影響を受けないかのよ

うに考えられてきた。しかし文法もしばしば借用され，その際に複製という
プロセスが想定できることを示したことが，Heine らの研究の大きな功績と
言えるだろう [29]。

4.5　言語進化と文法化

　ことばの起源に関する問いは，言語学においては 19 世紀後半にパリの言
語学会で禁止されて以来，長いこと扱われてこなかった。しかし近年，脳科
学や進化心理学，認知科学やコンピュータ科学などの発展の中で，ことばの
起源，さらにはことばがどのように発達して現在の姿となったのかという言
語進化の問題が学際的に議論されるようになってきている。このような流れ
の中で，文法化研究がこの問題に対する言語学による重要なアプローチの一
つとなりつつある。文法化研究はこれまでさまざまな文法化の道筋を明らか
にしてきたが，それを逆にたどることで言語進化の問題に解答を与えられる
可能性がある。このような試みが Heine & Kuteva（2007）である。現在目
にする文法カテゴリーは，それぞれ文法化の過程をさかのぼることができ
る。例えば接置詞は動詞や名詞から文法化することが知られ，その逆のプロ
セスは稀である。またテンスやアスペクトの文法標識は動詞から生じてくる
が，その逆はない。このようにさかのぼっていくと，最終的に行き着くのは

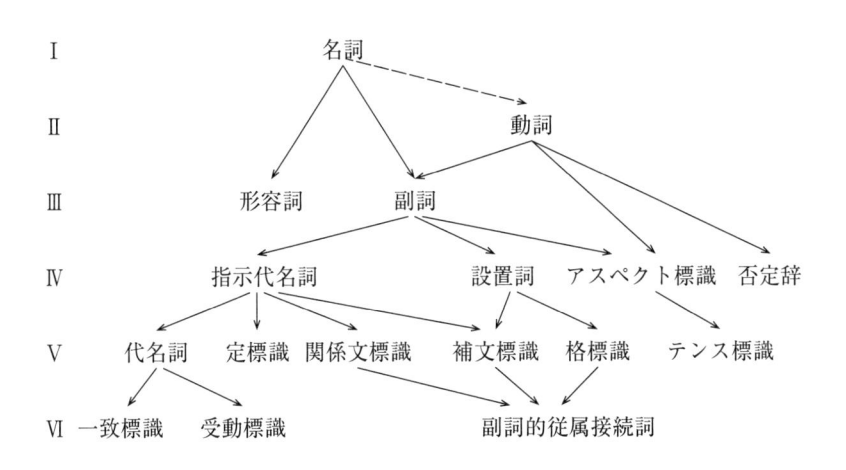

図 1　文法発展の階層　（Heine & Kuteva 2007: 111）

名詞または動詞である。このような文法化の方向性は，言語の進化の過程を反映していると考えることができる。すなわち言語進化の過程では名詞や動詞がまず生まれ，そこから複雑な文法カテゴリーが派生してきた結果，現在我々が目にするような文法を持つ言語へと変化してきたと仮定できる。このような立場に立ち，これまでの文法化研究の成果に基づいて言語進化の様相を捉えようとするなら，図1のような階層的な文法の進化の仮説が立てられる。

文法はこの階層の上から下へと発展していったと考えられる。それぞれの段階については次のような文法の革新を想定することが可能である（Heine & Kuteva 2007: 299）。まず第Ⅰ段階においては，事物を表す名詞のみが存在する段階が考えられる。動詞に先んじて名詞が成立したと考えられるのは，動詞が出来事を表し，項となる名詞を含むことが前提とされるためである。この段階は，一語発話が成立した段階と考えることができる。第Ⅱ段階では動詞が加わることで，単文による命題が表されるようになる。第Ⅲ段階では形容詞や副詞が生まれてくることで，修飾構造が成立する。第Ⅳ段階において指示代名詞，接置詞などが発展することで，句構造の精緻化が行われる。さらに第Ⅴ段階ではテンス標識や補文標識が文法化することにより，発話場面からの時間・空間的な引き離しや，従属構造の使用が始まると考えられる。最後の第Ⅵ段階では，一致標識が生じることで文法標識の必須化が生じ，また副詞的従属接続詞が生まれることで精緻化した従属構造が形成されるようになる。この段階が現在我々が目にする多くの言語に見られるもので，発展の最終段階と位置づけられる。このように文法化研究は，言語進化の問題に対しても，言語学的記述に基づいた説得力のある仮説を提示することが可能である。

4.6　文法化と構文化

認知言語学的における文法研究の中心的な枠組みの一つとして，構文文法が挙げられる。構文文法にはいくつかの流派が存在するものの[30]，どの流派にも共通する仮定の一つは，生成文法のように文構造のパターンを文法規則によって作り出された副次的産物するのではなく，文構造のパターンそのものが意味を持ち，それを形式と意味の両面を持つ「構文」とみなす点にある。

このように考えた場合，文法だけでなく語彙も構文と見なされ，両者の区別
も明確なものでなくなり，構文の概念が形式と意味を持つすべての言語形式
へと拡大されることになる。言語体系はしたがって構文の集合体として理解
される。また多くの構文文法の流派に見られる重要なもう一つの仮定とし
て，構文が階層的にネットワークをなしていると考える点が挙げられる。低
次の階層にある構文は，より抽象的なスキーマ的意味を持つ高次の構文の性
質を引き継いだ，より具体的な意味を持つ構文であると見なされる。

　このような構文文法の立場に立つと，文法化は構文が生じる過程である
「構文化」の一種として再定義されることになる。では文法化は構文化とい
う新しい視点から見たとき，どのように位置づけられるのだろうか。この問
題に取り組んだのが，Traugott & Trousdale（2013）である[31]。

　Traugott & Trousdale は構文文法のうち，記号基盤構文文法と認知構文
文法に依拠しつつ，構文の変化の問題に取り組んでいる。Traugott &
Trousdale は構文が関わる変化として，構文化（constructionalization）と構
文変化（constructional change）の二つを区別している。構文化とはまさし
く構文が生まれる過程を指すもので，形式と意味のペアが作り出される過程
である。一方，構文変化とは既存の構文の意味，形態音韻，コロケーション
の制限などの特性が変化する過程であり，これは主に構文が成立した後に起
こる変化だと言える。また構文は以上のように文法だけでなくいわゆる語彙
も含む概念であるため，文法的構文化（grammatical constructionalization）
と，語彙的構文化（lexical constructionalization）が区別される。ここでは
特に文法化との関係が問題となる，文法的構文化について見ていきたい。

　まず文法化へのアプローチとして，Traugott & Trousdale は二つの立場
を区別する。一つは「縮小と従属度の強化としての文法化」である。これは
上で見た Lehmann（1995 [1982]）の文法化のパラメータで測られるもので，
ある形式がどの程度文法化しているかに注目するものである。これは従来の
文法化研究で主流であった立場とされる。もう一つの立場は「拡張としての
文法化」である。これは Himmelmann（2004）によって区別されたもので，
文法化を意味・語用的，統語的，コロケーション的環境の拡大の過程と見る
立場である[32]。Himmelmann はまた文法化の過程においては，文法化に関
わる個々の形式のみではなく，むしろその形式が使われるコンテクストの拡

張に注目して文法化を把握すべきだとしている[33]。Traugott & Trousdale は
このような Himmelmann の見解に同調しつつ，文法的構文化においてもこ
れまでの文法化研究ではあまり注目されなかった拡張の側面が注目されるこ
とを示している。このような構文変化の側面がよく観察できる一例が，英語
の it の分裂構文の発展である（Patten 2010）。歴史的に見ると，初期にはコ
ピュラの後は名詞句のみが可能であり，後続する関係文も旧情報であった。
これは次の例に見られるような状況である。

(12) a: Is he the murderer?
　　 b: No. It was the therapist that killed her.

　ここではコピュラの後に名詞句 therapist が現れ，また後続する関係文の
「彼女を殺した」という情報は会話の参与者にとって既知の情報である。こ
のような性質を持つ構文が時代を経るにつれ，コピュラの後の位置に名詞句
以外の句を許容するようになり，また次の例のように，後続する関係文に聴
き手にとっての新情報が現れるようになる[34]。

(13)（講義の開始）
　　 It was Cicero who once said, 'Laws are silent at times of war'.

　講義の開始においては，キケロが言った内容は聴き手にとって新情報であ
るはずだが，この例では関係文にその新情報が現れている。このように構文
化の立場は，文法化研究ではそれほど注目されてこなかった，成立した構文
の使用範囲の拡張に関する考察を含められるという点で，非常に有益だと言
える。また Gisborne & Patten (2011: 100f.) が指摘しているように，構文
は言語体系において階層的な体系をなしているため，構文化の概念を用いる
ことで，高次の構文に関連づけつつ，体系の中での文法変化が把握できると
いう点も，構文化の立場をとる利点だと言える。
　さらに文法化に見られたような変化の方向性は，構文化においてはどのよ
うに位置づけられるのだろうか。Traugott & Trousdale は構文化に際し
て，生産性（productivity）の増加，スキーマ性（schematicity）の増加，
構成性（compositionality）の減少が見られるとしている。そしてこの立場
は文法化研究で指摘されてきた変化の方向性とも両立するとしている

（Traugott & Trousdale 2013: 123）。

　以上のような構文化の研究がさらに進んでいくと，文法化研究で扱われてきた現象はすべて構文化の枠組みで置き換えられるのかという疑問が浮かんでくる。この点に関しては文法化がある形式，典型的には語彙が文法的な意味や形式を獲得する点に注目した変化であるのに対し，構文化はその変化によって同時に生じる，そのような形式が有する構文の変化を扱うという役割分担を想定することが可能であるという立場がある（Trousdale 2012）。しかし語彙も形式と意味からなる構文であるという立場からすると，文法化もすべて構文化の一部として把握しうる可能性も残されている。このように構文化と文法化の関係に関してはさらに議論の余地があると考えられる。

4.7　文法化と談話文法

　以上で見た Lehmann の文法化のパラメータのうち，特に問題とされてきたのが結合度のパラメータである。Lehmann によれば，文法化が進行すると結合度が強くなるということであった。これは文法化の多くのケースに当てはまるものの，そのような変化を伴わない文法的変化も指摘されてきた。例えば次の例を見てみたい。

　　（14）　　Peter will get married next Sunday, *I guess.*

　ここで最後の I guess はコメント句と言われ，先行する発話内容全体に制限を加える働きをしているが，機能的にはより文法的になっているように思えるものの，形式的には主文から独立して機能している。この表現が従属文を伴う構造（I guess that ...）から発展したと考えるなら，この変化には Lehmann の結合度のパラメータがうまく当てはまらないと言える[35]。そのため，このような表現の発展過程を文法化と考えるか否かは文法化研究でも大きな問題となる。このような現象に関しては語用論化(pragmaticalization)という文法化とは別のプロセスが関わると考える立場（Aijmer 1997）や，語用論化も文法化の一種と考える立場（Günthner 1999），また上で見た Traugott & Trousdale(2013)のように，この問題を構文化という観点で捉えることで解決しようとする立場などがある。このような議論がある中で，この現象を大きな枠組みで把握しようするのが，Heine et al. (2013)の談話

文法の構想である。Heine らはまず談話文法を文文法（Sentence Grammar）と談話要素文法（Thetical Grammar）の二つの領域からなると考える。文文法とは主に命題の形成をつかさどる文法であるのに対し，談話要素文法は命題から独立した談話構成要素（Theticals）を形成するための文法領域だとする。談話要素とはそれが置かれた環境から統語的に独立しており，韻律的に切り離され，非制限的な意味を持ち，配置が比較的自由で，その形成は文文法の原則に基づくものの，省略的でもありうるものとされる。上の I guess もこのような特性を持っているため，談話要素ということになる。談話文法は次のような構成をしているとされる。

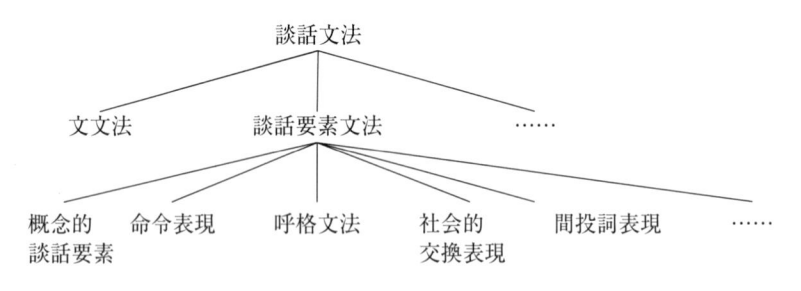

図2　談話文法の基本構成　（Heine et al. 2013: 181）

　この図から見て取れるように，談話要素文法にはここで概念的談話要素に分類されるコメント句のような表現以外にも，命令表現，呼格表現，あいさつなどの社会的交換表現，間投詞表現などが含まれる。概念談話要素とはテクストの構成に関わるような談話要素であり，例えば as it were, for example などがここに含まれる。談話要素文法で重要となるのが選出（cooptation）と呼ばれる操作である。これは文文法の何らかの構成要素が談話要素として使われる際に見られる操作であり，これによって構成要素のスコープが統語領域から談話状況へと移行し，それはまた文文法における統語的構成要素としての制限を受けない表現となる。次の例を見てみたい。

(15) a.　They told *briefly* about my case.

　　　b.　*Briefly*, there is nothing more I can do about it.

(15a)では briefly が動詞で表された事態の様態を規定しているのに対し，(15b)では談話要素としての選出の操作が行われている。したがってここで briefly は韻律・統語的に，文の一部の要素ではなくなり，その意味も談話的なものとなっている。ここで上で挙げた議論と関連させるなら，コメント句やディスコースマーカーは，この選出によって適宜作り出されるもので，文法化とは全く別のプロセスであるということになる[36]。

以上で見た談話文法の枠組みは，これまでどちらかというと文文法の付属物のように見なされてきた談話要素文法を文文法と対置するものとして重視するところに大きな特徴がある。このようなアプローチにより文法記述においてこれまであまり注目されてこなかった現象に焦点が当てられることが期待される。

5 今後の文法化研究の展望

以上で文法化研究のこれまでの発展を俯瞰してきたが，ここでは今後の文法化研究にさらにどのような余地が残されているかについて私見を述べ，結びとしたい。

まず記述的なレベルにおいて，さまざまな個別言語を対象にした，さらなる一方向性のパターンの調査を行う余地が残されている。例えば Heine & Kuteva (2002) には取上げられてはいないものの，日本語には通時的に見て次のような変化が知られている。

(16) 日本語の格標識における文法化の方向
　　　へ（「端・境界」）　　>　　へ（方向標識）　　EDGE > ALLATIVE
　　　が（属格標識）　　　>　　が（主格標識）　　GENITIVE > NOMINATIVE

このような変化が世界の言語にどの程度観察されるかは明らかではないが，比較的よく知られている言語である日本語の文法化の道筋に関しても，文法化研究においてまだ十分に考慮されていないものが多くあるように見受けられる。日本語のような長期に渡る通時的資料の存在する言語に注目し，さらなる文法化の道筋の整理と類型化が行われることが望まれる[37]。

また文法化の際の認知メカニズムに関しても，さらなる詳細な分析が可能

だと思われる。これまでの研究では，ある領域から別の領域への文法化の過程は明らかになっているものの，具体的にどのような場面でそのような拡張が生じ，またどのような認知的要因でその拡張が生じたのかは依然としてそれほど問題とされていないようである。個別の文法化の起こるコンテクストの分析，および意味拡張の背後にある詳細な認知的メカニズムの解明は，今後の文法化研究を精緻化する上で重要だと考えられる。

　また文法化理論の要とも言える，一方向性の仮説の精密化も課題として挙げられる。これまで通言語的に観察される，さまざまな文法化の道筋が指摘されてきたが，なぜある言語ではあるタイプの文法化が起こり，ある言語では起こらないのかという点に関する考察は，いまだ必ずしも十分ではない。今後の課題となるのは，複数の言語で同様の文法化が起こる背後にあると考えられる言語構造等の要因に関する考察であろう。文法化を引き起こす要因となるそのようなパラメータが発見されるならば，そのパラメータがある言語に確認できるかどうかによって，ある言語においてある文法化が引き起こされるか否かをあらかじめ予見しうる可能性がある。そのようなパラメータの有望な候補としては，基本語順や，トピック優位言語・主語優位言語の相違，個別言語の体系の中の競合する形式との関係などが考えられる。このような研究がさらに進めば，言語がどのように変化しうるかが，ある程度予測できるようになるかもしれない。

　このように文法化研究は，文法がどのように生まれ，またなぜ現在のような姿をしているのかという問いかけにより正確な解答を与えるべく，さらなる発展の余地を残している。

注

1　文法化という用語は，フランスの言語学者 Meillet（1912）によって初めて使われたものとされる。

2　文法化研究の源流に関しては，Lehmann（1995[1982]: 1-8），Heine et al.（1991: 5-11），Hopper & Traugott（2003: 19-25）などを参照。

3 これは語彙素（lexem）に対して文法素（gram）と呼ばれる。

4 このような文法化の捉え方は，Meillet（1912）以降，広く見られるものである。文法化研究では，文法化の流れが大局的に見てレキシコンから文法へと進んでいくと把握されることも多い。その際，両者の境界は厳密ではなく，むしろ連続的なものと見なされる。

5 文法化研究はこれまで形態論を中心とする文法観に基づいて展開してきた。統語構造の文法化に注目した研究としては，例えば Li & Thompson（1974）の中国語の統語構造の歴史的変化（SVO > SOV）を扱った研究などが挙げられるものの，比較的少数であった。しかし以下の解説で扱うように，近年の構文文法の発展に伴い，構文の歴史的発展を扱う構文化（constructionalization）が取り上げられるようになっており（Traugott & Trousdale 2013），統語的な視点での文法化研究は今後進展していくと考えられる。

6 例えばドイツ語の文法の歴史的研究に関しては，Behaghel（1923-1932）を参照。

7 このような方向の代表的な研究としては，Bybee et al.（1994）や Heine & Kuteva（2002）が挙げられる。

8 通時的な文法化の過程は，共時的にはコンテクストにおけるバリエーションの形で現れる。それゆえ共時的研究では，文法化する形式がどのようなコンテクストで現れるかが特に考察の対象となる。文法化とコンテクストの関わりについては，例えば Diewald（2002）や Heine（2002）を参照。

9 生成文法の枠組みから文法化を捉えようとする研究も見られる。例えば Roberts & Roussou（1999, 2003）や van Gelderen（2004）参照。

10 ここで文法化理論と呼ぶものは，かならずしも厳密な意味での理論を指すわけではなく，むしろ文法化の過程に傾向として見られる法則性である。

11 また「て」は本来，完了の助動詞「つ」の連用形であったとされる。

12 統語から形態への流れは，形態化（morphologization）と呼ばれている。

13 syntagmatic の訳である。本稿では「統語（的）」という用語も用いているが，syntagmatic には，「統辞的」を用いることにする。

14 Diewald（1997: 23）や Hopper & Traugott（2003: 31f.）を参照。

15 Heine & Reh（1984）は，音声プロセスとして侵食の他に，適応（adaptation），融合（fusion），消失（loss）を挙げている。しかし Heine の後の研究（例えば Heine & Kuteva 2002）では，侵食が音声的プロセスを代表する扱いを受けているため，ここでも侵食のみに触れるに留める。

16 Heine & Reh は，形態統語的プロセスとして，他に交替（permutation），複合（compounding），化石化（fossilization）を挙げている。なお Heine & Kuteva（2002: 2）はこのプロセスを脱カテゴリー化（decategorialization）と呼んでいる。

17 これと似た概念の，文法化の際の意味の漂白化（semantic bleaching）に関しては，Sweetser（1988）を参照。なお機能的プロセスに関して Heine & Reh（1984）では他に拡張（extension），単純化（simplification），意味融合（merger）が挙げられている。また Heine & Kuteva（2002: 2）では，意味の抽象化（desemanticization）と拡張

(extension) がそれぞれ別の文法化のプロセスとして扱われている。

18 文法化をこのように捉えると，この3つのプロセスのうち，どれが最初に生じるのかという問題が生じる。Heine & Reh はこのうちで機能プロセスが他のプロセスに先行すると考えているが，これには異論もある。これらのプロセスの順序に関する議論については Newmeyer（1998: 248ff.）を参照。

19 この例は意味を中心として文法化を捉える Traugott のような立場に立つと文法化の一例ということになるが，文法化を形式的に捉えようとする立場からすると，文法化の程度を測る基準の一つである結合度が逆に緩くなる方向の変化であることから，文法化の問題例となる。この点に関してはまた Hopper & Traugott（2003: 209ff.）参照。

20 この方向性は Traugott（1989）も指摘している。しかし Traugott は Sweetser と異なり，意味の語用論的強化の観点から説明を行っている。

21 Hopper & Traugott（2003）に見られるように，近年これらのプロセスは，それぞれメタファー的プロセスとメトニミー的プロセスとしてまとめられる傾向にある。

22 Hopper & Traugott（2003）ではまたルール一般化（rule generalization）とも呼ばれている。

23 なお再分析は，一般に生成文法的な言語変化の研究において，言語変化の主要なメカニズムと考えられている。そういった枠組みでは，次の世代の学習者が言語を学習する過程において，言語構造の再分析が行われることで言語変化が生じると仮定される。Hopper & Traugott のように，再分析を文法化のメカニズムの一つとして認める研究者がいる一方，Haspelmath（1998）のように，文法化は再分析の考え方なしで説明できるという立場もある。

24 ここで取り上げていないテーマを多く含んだ，文法化研究の広範な概説としては Narrog & Heine（2011）を参照。

25 この原則は Keller（1994）の「見えざる手理論」との関連で議論されている。この理論によると，言語変化はあたかも「見えざる手」に支配されているかのように，意図せずして起こってくるプロセスと捉えられる。

26 Brinton & Traugott（2005: 18ff.）は，語彙化という用語が大きく分けて共時的な意味と通時的な意味で使われるとしている。共時的な意味での語彙化は，ある状況が言語にどのようにコード化されるのかに関わるものである。例えば日本語の「その瓶は洞窟の中へ漂って行った」は，英語では The bottle floated into the cave. となる。ここで日本語で「行った」で表される移動の意味は，英語においては float という動詞に「語彙化」されていると言われる。一方，通時的な語彙化は，新しい表現がレキシコンに定着する過程を指すものである。文法化との関連では，特に後者の意味での語彙化が重要となる。

27 語彙化に関する詳細な議論は，Brinton & Traugott（2005）第2章を参照。

28 Haspelmath はこのような本当の意味での文法化の逆のプロセスを反文法化（antigrammaticalization）と呼ぶことを提案している。

29 また Heine & Kutiva（2006）は同様のアプローチでヨーロッパの言語を中心に扱っている。

30 例えば Fillmore らによるバークレー構文文法（Berkeley Construction Grammar, cf. Fillmore 2013），Boas & Sag(2012)らによる記号基盤構文文法(Sign-Based Construction Grammar)，Croft(2001)による言語類型論的な視点を取り入れた急進的構文文法（Radical Construction Grammar），コンピュータによる形式化を目指した Steels（2011）らによる流動的構文文法（Fluid Construction Grammar），身体経験をも形式化して構文の意味に取り組もうとする Bergen & Chang(2005)らによる身体化構文文法(Embodied Construction Grammar)，そしてここで特に重要となる Lakoff（1987）や Goldberg(1995, 2006)らによる認知構文文法(Cognitive Construction Grammar)がある。

31 また Gisborne & Patten（2011）も参照。

32 文法化研究ではしばしば接続詞，ディスコースマーカーやコメント句などへの発展が文法化であるか否かが問題となり，この発展過程は文法化と区別されて「語用論化」（Diewald 2011）とも言われる。「拡張としての文法化」の立場からすると，このような発展も文法化とみなすことが可能となる。4.7 で見る談話文法の構想は，文法化研究で問題となるこのような形式の発展を，文法化とは別の原理から把握することを提案するものである。

33 コンテクストの拡張に関しては受け入れクラス拡張，統語的拡張，意味・語用的拡張の三つのタイプを区別している。

34 本来許容しにくい要素を構文に合わせるこのような拡張は強制（coercion）と呼ばれ，構文文法の重要な概念の一つとなっている。

35 結合度のパラメータが当てはまらない他の形式としては，ディスコースマーカーや語用論的機能をもつ不変化詞などが挙げられる。

36 しかしいったん選出が行われた後，その表現がさらに文法化することもあるとされる。

37 これと関連するものとして，中国語などのアジアの言語の文法化の道筋を多く含む Heine & Kuteva（2002）の増補版が目下準備されている。

引用文献

Aijmer, Karen. 1997. *I think*: an English modal particle. In: Toril Swan & Olaf Jansen Westvik (eds.), *Modality in Germanic Languages: Historical and Comparative Perspectives*. Berlin: de Gruyter, pp. 1-47.

Behaghel, Otto. 1923-1932. *Deutsche Syntax: eine geschichtliche Darstellung*. Heidelberg: Carl Winter.

Bergen, Benjamin K. & Nancy Chang. 2005. Embodied Construction Grammar in simulation-based language understanding. In: Jan-Ola Östman & Mirjam Fried (eds.), *Construction Grammars. Cognitive Grounding and Theoretical Extensions*. Amsterdam: Benjamins, pp. 147-190.

Boas, Hans C. & Ivan Sag (eds.). 2012. *Sign-Based Construction Grammar*. Stanford:

CSLI Publications.

Brinton, Laurel J. & Elizabeth C. Traugott. 2005. *Lexicalization and Language Change*. Cambridge: Cambridge University Press.

Bybee, Joan, Revere Perkins, & William Pagliuca. 1994. *The Evolution of Grammar. Tense, Aspect, and Modality in the Languages of the World*. Chicago: The University of Chicago Press.

Croft, William. 2001. *Radical Construction Grammar. Syntactic Theory in Typological Perspective*. Oxford: Oxford University Press.

Diewald, Gabriele. 1997. *Grammatikalisierung. Eine Einführung in Sein und Werden grammatischer Formen*. Tübingen: Niemeyer.

Diewald, Gabriele. 2002. A model for relevant types of contexts in grammaticalization. In: Wischer & Diewald (eds.), pp. 103-120.

Diewald, Gabriele. 2011. Grammaticalization and pragmaticalization. In: Narrog & Heine (eds.), pp. 450-461.

Fillmore, Charles J. 2013. Berkeley Construction Grammar. In: Hoffmann & Trousdale (eds.), pp. 111-132.

Fischer, Olga, Muriel Norde, & Harry Perridon (eds.). 2004. *Up and Down the Cline: The Nature of Grammaticalization*. Amsterdam: Benjamns.

Gisborne, Nikolas & Amanda Patten 2011. Construction grammar and grammaticalization. In: Narrog & Heine (eds.), pp. 92-104.

Givón, Talmy. 1971. Historical syntax and synchronic morphology: an archaeologist's field trip. In: *Chicago Linguistic Society* 7, pp. 394-415.

Givón, Talmy. 1979. *On Understanding Grammar*. New York: Academic Press.

Goldberg, Adele E. 1995. *Constructions. A Construction Grammar Approach to Argument Structure*. Chicago: The University of Chicago Press.

Goldberg, Adele E. 2006. *Constructions at Work*. Cambridge: Cambridge University Press.

Haspelmath, Martin. 1998. Does grammaticalization need reanalysis? In: *Studies in Language* 22, pp. 315-351.

Haspelmath, Martin. 1999. Why is grammaticalization irreversable? In: *Linguistics* 37, pp. 1043-1068.

Haspelmath, Martin. 2004. On directionality in language change with particular reference to grammaticalization. In: Fischer et al. (eds.), pp. 17-44.

Heine, Bernd. 2002. On the role of context in grammaticalization. In: Wischer & Diewald (eds.), pp. 83-101.

Heine, Bernd. 2003. On degrammaticalization. In: Blake, Barry J. & Kate Burridge (eds.), *Historical Linguistics 2001. Selected papers from the 15th International Conference on Historical Linguistics*, Melbourne, 13-17 August 2001, Amsterdam: Benjamins, pp. 163-179.

Heine, Bernd, Ulrike Claudi, & Friederike Hünnemeyer. 1991. *Grammaticalization. A Conceptual Framework*. Chicago: The University of Chicago Press.

Heine, Bernd, Gunther Kaltenböck, Tania Kuteva & Haiping Long. 2013. An outline of Discourse Grammar. In Shannon Bischoff & Carmen Jeny (eds.), *Reflections on Functionalism in Linguistics*, Berlin & Boston: de Gruyter, pp. 175–233.

Heine, Bernd & Tania Kuteva. 2002. *World Lexicon of Grammaticalization*. Cambridge: Cambridge University Press.

Heine, Bernd & Tania Kuteva. 2005. *Language Contact and Grammatical Change*. Cambridge: Cambridge University Press.

Heine, Bernd & Tania Kuteva. 2006. *The Changing Languages of Europe*. Oxford: Oxford University Press.

Heine, Bernd & Tania Kuteva. 2007. *The Genesis of Grammar. A Reconstruction*. Oxford: Oxford University Press.

Heine, Bernd & Mechthild Reh. 1984. *Grammaticalization and Reanalysis in African Languages*. Hamburg: Buske.

Himmelmann, Nikolaus P. 2004. Lexicalization and grammaticization: opposite or orthogonal? In: Walter Bisang, Nikolaus P. Himmelmann, & Björn Wiemer (eds.), *What Makes Grammaticalization? A Look from its Fringes and its Components*. Berlin: de Gruyter, pp. 21–42.

Hopper, Paul J. & Elizabeth C. Traugott. 2003. *Grammaticalization*. Second edition. Cambridge: Cambridge University Press.

Keller, Rudi. 1994. *Sprachwandel. Von der unsichtbaren Hand in der Sprache*. Second edition. Tübingen: Francke.

Lakoff, George. 1987. *Women, Fire, and Dangerous Things*. Chicago: The University of Chicago Press.

Langacker, Ronald W. 1991. Subjectification. In: *Cognitive Linguistics* 1, pp. 5–38.

Langacker, Ronald W. 2000. Subjectification and grammaticalization. In: Ronald W. Langacker, *Grammar and Conceptualization*. Berlin: de Gruyter, pp. 297–315.

Li, Charles N. & Sandra A. Thompson. 1974. An explanation of word order change SVO → SOV. In: *Foundations of Language* 12, pp. 201–214.

Lehmann, Christian. 1995 [1982]. *Thoughts on Grammaticalization*. München: LINCOM.

Matsumoto, Yo. 1988. From bound grammatical markers to free discourse markers: history of some Japanese connectives. In: *Berkeley Linguistic Society* 14, pp. 340–351.

Meillet, Antoine. 1958. L'évolution des formes grammaticales. In: Antoine Meillet, *Linguistique Historique et Linguistique Générale*. Paris: Champion, pp. 130–148.

Narrog, Heiko & Bernd Heine. 2011. *The Oxford Handbook of Grammaticalization*. Oxford: Oxford University Press.

Norde, Muriel. 2009. *Degrammaticalization*. Oxford: Oxford University Press.

Newmeyer, Frererick J. 1998. *Language Form and Language Function.* Cambridge, Mass: The MIT Press.

Ramat, Paulo. 1992. Thoughts on degrammaticalization. In: *Linguistics* 30, pp. 549–560.

Roberts, Ian & Anna Roussou. 1999. A formal approach to grammaticalization. In: *Linguistics* 37, pp. 1011–1041.

Steels, Luc (ed.). 2011. *Design Patterns in Fluid Construction Grammar.* Amsterdam: Benjamins.

Sweetser, Eve E. 1988. Grammaticalization and semantic bleaching. In: *Berkeley Linguistic Society* 14, pp. 389–405.

Sweetser, Eve E. 1990. *From Etymology to Pragmatics. Metaphorical and Cultural Aspects of Semantic Structure.* Cambridge: Cambridge University Press.

Traugott, Elizabeth C. 1982. From propositional to textual and expressive meanings: some semantic-pragmatic aspects of grammaticalization. In: Winfred P. Lehmann & Yakov Malkiel (eds.), *Perspectives on Historical Linguistics.* Amsterdam: Benjamins, pp. 245–271.

Traugott, Elizabeth C. 1989. On the rise of epistemic meanings in English: an example of subjectification in semantic change. In: *Language* 65, pp. 31–55.

Traugott, Elizabeth C. 1995. Subjectification in grammticalisation. In: Dieter Stein & Susan Wright (eds.), *Subjectivity and Subjectification in Language.* Cambridge: Cambridge University Press, pp. 31–54.

Traugott, Elizabeth C. & Ekkehard König. 1991. The semantics-pragmatics of grammaticalization revisited. In: Elizabeth C. Traugott & Bernd Heine (eds.), *Approaches to Grammaticalization.* Vol. 1. Amsterdam: Benjamins, pp. 189–218.

Traugott, Elizabeth C. & Graeme Trousdale. 2013. *Constructionalization and Constructional Changes.* Oxford: Oxford University Press.

Trousdale, Graeme. 2012. Grammaticalization, constructions and the grammaticalization of constructions In: Kristin Davidse, Tine Breban, Lieselotte Brems, & Tanja Mortelmans (eds.), *Grammaticalization and Language Change. New Reflections.* Amsterdam: Benjamins, pp. 167–198.

van der Auwera, Johan. 2002. More thoughts on degrammaticalization. In: Wischer & Diewald (eds.), pp. 19–29.

van Gelderen, Elly. 2004. *Grammaticalization as Economy.* Amsterdam: Benjamins.

Wischer, Ilse & Gabriele Diewald (eds.). 2002. *New Reflections on Grammaticalization.* Amsterdam: Benjamins.

原著者

ベルント・ハイネ

ケルン大学アフリカ学研究所名誉教授。現在の主要研究分野は談話文法，文法化理論，アフリカの危機言語。主要著作には本書の他に *Possession: Cognitive Sources, Forces, and Grammaticalization*（CUP, 1997），*Auxiliaries: Cognitive Forces and Grammaticalization*（OUP, 1993），*African Languages: An introduction*（CUP, 2000, Derek Nurse との共著），*World Lexicon of Grammaticalization*（CUP, 2002），*Language Contact and Grammatical Change*（CUP, 2005），*The Changing Languages of Europe*（OUP, 2006, 以上 Tania Kuteva との共著），*The Oxford Handbook of Linguistic Analysis*（2010），*The Oxford Handbook of Grammaticalization*（2011, 以上 Heiko Narrog との編著）がある。

監訳者

宮下博幸　　関西学院大学教授　ドイツ語学，認知言語学，文法化研究

訳者

小倉博行　　早稲田大学講師　ラテン語学，フランス語学
甲斐崎由典　ドイツ語学，デンマーク語学
小林　潔　　ロシア語学，ロシア語教育
山崎雄介　　早稲田大学高等学院教諭　ドイツ語学，ドイツ語教育

ことばはなぜ今のような姿をしているのか
文法の認知的基盤

2017 年 7 月 25 日 初版第一刷発行

著　者　ベルント・ハイネ
監　訳　宮下博幸

発行者　田中きく代
発行所　関西学院大学出版会
所在地　〒 662-0891
　　　　兵庫県西宮市上ケ原一番町 1-155
電　話　0798-53-7002

印　刷　協和印刷株式会社